AF224860

Maurice RONDET-SAINT

LA GRANDE BOUCLE

NOTES ET CROQUIS
DE L'ANCIEN CONTINENT ET DES DEUX AMÉRIQUES

Avec une Préface de Pierre BAUDIN

PARIS
LIBRAIRIE PLON

PLON-NOURRIT et Cⁱᵉ, IMPRIMEURS-ÉDITEURS
8, RUE GARANCIÈRE — 6º

1910

LA GRANDE BOUCLE

Maurice RONDET-SAINT

LA GRANDE BOUCLE

NOTES ET CROQUIS
DE L'ANCIEN CONTINENT ET DES DEUX AMÉRIQUES

Avec une Préface de Pierre **BAUDIN**

PARIS

LIBRAIRIE PLON

PLON-NOURRIT et Cⁱᵉ, IMPRIMEURS-ÉDITEURS

8, RUE GARANCIÈRE — 6ᵉ

1910

Tous droits réservés

PRÉFACE

Un Français a fait, l'an dernier, le tour du monde. Ce n'est pas là un événement extraordinaire. Bien qu'on ne rencontre pas sur les grandes routes de l'univers autant de Français que d'Américains ou d'Anglais, cependant il est arrivé à quelques-uns de s'y aventurer.

Mais le voyage dont je veux parler aujourd'hui eut ceci de notoire qu'il fut accompli par un homme indépendant, qui, au long du chemin, se souvint de sa qualité de Français et s'imposa la tâche de relever des observations utiles relatives aux intérêts français et aux ressortissants français; qui sut rédiger ses notes avec soin, scrupules et clarté, au jour le jour, et qui, enfin, une fois rentré au foyer, au lieu de tirer de son livre de bord un prétentieux ouvrage, où la description littéraire de décors archi-connus, de terres découvertes par Vasco de Gama et Christophe Colomb, aurait reçu l'enseigne aguichante et trompeuse d'un titre romanesque, a tout prosaïquement mis de l'ordre dans

ses papiers afin d'en dégager un enseignement utile
à ses compatriotes.

Et ne pensez-vous pas avec moi que ce faisant
M. Rondet-Saint, car tel est le nom de ce bon citoyen,
a justifié son titre de conseiller du commerce extérieur, dont tant de gens se parent qui seraient bien
embarrassés de rendre le moindre service commercial
à leur pays?

Il n'est pas, du reste, donné à tous ceux qui font une
croisière autour des Continents de pénétrer précisément leur vie économique et de fixer leurs regards au
point sensible.

M. Rondet-Saint l'a su faire, et cette tournée d'ins-
pection volontaire a cela d'original et de vraiment
profitable qu'elle reflète la connaissance des affaires
et la liberté d'esprit d'un homme qui n'est pas de la
carrière consulaire et n'a sollicité aucune mission
officielle.

Je ne pourrai, ici, passer en revue tous les chapitres
du livre de M. Rondet-Saint.

Quelques observations importantes méritent cependant de retenir une attention particulière : par exemple,
cette constatation rassurante que les colonies françaises, en pays étrangers, sont très hautement esti-
mables, et que leurs efforts méritent d'être appuyés
par la mère-patrie.

On ne saurait, en effet, rendre un plus grand service à la France que de détruire le préjugé malfaisant,
accrédité par des hommes importants, et notamment

par certains consuls et des ministres de la vieille école, contre la réputation des Français expatriés.

— Nous nourrissons un tel amour du *home* national, que nous sommes naturellement portés à mal juger ceux d'entre nous qui vont chercher fortune au loin.

Cette prévention, toujours dangereuse, même quand elle n'a aucun objet précis, a trouvé des propagandistes étrangement redoutables en ceux de nos représentants diplomatiques auxquels je faisais allusion tout à l'heure. On les a vus — et il n'y a pas très longtemps — prendre la porte et fuir leur résidence afin d'échapper plus sûrement aux visites ou aux recours de leurs compatriotes.

J'aime à croire qu'il n'en est plus guère qui professent si ouvertement leur répulsion pour les gens et les choses françaises, mais il n'en manque pas qui sont dans leur chancellerie comme dans un blockhaus inaccessible et qu'on sent sur la défensive, à l'écart des affaires auxquelles nos compatriotes peuvent être mêlés, en un mot à la fois loin des gens et loin du cœur des négociants et des voyageurs français.

On en connaît un cependant qui s'est installé à l'extrémité et tout en haut de sa résidence, une grande ville. Près d'une heure est nécessaire pour s'y rendre du port, qui, du reste, est très important et fréquenté régulièrement par des marins français. Aucun écusson extérieur, aucune plaque, aucune hampe ne signale à l'attention publique cette habitation à laquelle la fiction internationale attribue le privilège d'être en terre française.

— « Lorsque je m'y présentai, continue M. Rondet-Saint, à 11 heures du matin, je ne trouvai qu'une servante ne parlant pas français. Le consul général, qui occupe ce poste, est un homme fort distingué, si j'en juge par les rapports que j'ai lus de lui. »

Ceci prouve que certains de nos représentants sont d'ingénieux fonctionnaires. Ils écrivent de jolis rapports bourrés de statistiques, ornés de fioritures, de quelques phrases arrondies sur la paresse de nos commerçants. Ils se croient quittes ainsi de travailler de leur métier, qui est de se tenir à leur poste et à la portée des résidents, et même des passants.

Comment, dès lors, ne pas excuser l'hostilité à l'égard de l'esprit consulaire que constate M. Rondet-Saint chez la plupart de nos colons? Après les avoir observés de près, M. Rondet-Saint porte sur nos agents ce jugement qui me paraît fort mesuré et bien rapproché de la vérité. « Nos consuls sont en majorité des fonctionnaires au sens étroit du mot, hiérarchisés matériellement et moralement, le plus souvent incroyablement indifférents aux questions économiques les plus élémentaires. *La plupart ignorent la langue de leur résidence,* à plus forte raison les rouages, les besoins. Et puis ils sont hypnotisés par la néfaste devise : « Pas d'affaires », avec laquelle on achève sa propre tranquillité au prix de l'effacement de son pays. »

Bien entendu l'auteur s'empresse de proclamer le

dévouement de plusieurs de nos consuls et consuls généraux. Il n'est pas nécessaire de tourner autour du globe pour les connaître et les compter.

Les qualités des Colonies françaises à l'étranger s'expliquent par la nature même de notre exportation d'hommes. Ce n'est pas le troupeau lamentable des émigrés qu'on entasse dans l'entrepont des paquebots. A part quelques dévoyés qui fuient leurs créanciers ou leur mauvaise renommée, nous envoyons au dehors des éléments de valeur. Regardez les 80 000 Français de l'Argentine, les 20 000 Français du Chili, les 15 ou 20 000 du Brésil, et j'ajoute les 10 ou 12 000 du Mexique. Vous n'y trouvez que de braves gens, inventifs, actifs, même méthodiques, et qui font de bonnes affaires. Telle colonie, comme celle de Mexico, a à sa tête des hommes qui joignent à la plus haute probité une hardiesse heureuse, une grande générosité, et, ce qui ne gâte rien, une irréprochable fidélité à la France et aux intérêts français.

M. Rondet-Saint a peu stationné au Mexique : il a touché à d'autres pays moins connus de nous, et où son exploration nous a été plus utile; mais il m'est bien permis, en passant, de rendre hommage à une phalange de braves gens dont l'intelligence et le zèle ont, là-bas, maintenu très haut et en face d'une bien ardente concurrence le renom de notre pays.

Les quelques citations que j'en ai faites témoignent de l'intérêt de ce livre. C'est une lecture, je vous assure, aussi intéressante que le récit romanesque d'un coureur d'aventures, d'un fumeur d'opium, ou d'une grande tragédienne. Si M. Rondet-Saint n'était un modeste, il aurait pu lui donner ce sous-titre : *Notes de voyages d'un Français clairvoyant.*

PIERRE BAUDIN.

LA GRANDE BOUCLE

LE DÉBUT DE LA BOUCLE

Puissant et majestueux, son pavillon tricolore fièrement déferlé, notre navire vient se ranger le long du
grand môle élevé au centre du port de Gênes. Là se
concentre tout l'afflux du mouvement maritime : deux
gros transatlantiques italiens flanquent déjà les quais du
môle; l'un prend des émigrants pour l'Amérique; l'autre
des recrues pour Naples. Celles-ci s'avancent en troupe,
ordonnée et profonde, par rangs de quatre. Les hommes
ont conservé leurs vêtements civils. Mais tous ont déjà
reçu le manteau, roulé en sautoir, et la musette; sans
doute afin de faciliter leur classement, d'éviter des écarts
possibles, on a enlevé à chacun sa coiffure, échangée
contre celle de son futur régiment. Chaque arme, accom-
.pagnée par ses officiers et ses sous-officiers, forme un
groupement à part. Et rien n'est plus particulier que le
contraste de ces vestes, de ces jaquettes, de ces bourge-
rons, et de tous ces chefs ornés du képi de la cavalerie,
du bonnet à double pointe de l'infanterie, du fez à gros
gland bleu, petite tenue des pimpants bersagliers qui
vous ont ainsi un faux air de marchands de nougat
mobilisés...

Le spectacle d'un départ d'émigrants vaut d'être
observé.

Le long de la voie qui mène au môle, les émigrants arrivent entre deux haies de marchands en plein vent, modestes négociants établis, d'un commerce devenu régulier et coutumier ; là on vend de tout : des vivres, des objets de bazar, des jouets, d'économiques et très démocratiques chaises longues pour le pont. La plupart de ces émigrants sont des hommes jeunes, vingt à trente ans ; peu de femmes ni d'enfants ; moins encore de vieillards. La foule est silencieuse ; pas de cris ; pas de manifestations bruyantes ; pas de pleurs non plus. Les visages sont graves, presque impassibles : ces gens ont voulu s'exiler ; ils « savent » où ils vont. Et lentement, un à un, en une file ininterrompue, mélancoliques, sans tristesse, ils défilent devant le poste des douaniers au costume fantaisiste, au chapeau piqué d'une grande plume d'aigle, et qui contemplent ce spectacle d'exil d'un œil indifférent, comme une chose trop souvent vue. Sans fin, dans le flanc entr'ouvert du grand navire qui les absorbe, tel un insatiable minotaure, lentement, sans à coups, les déracinés montent, entrent, disparaissent.....

L'émigration est, pour l'Italie, une des plus sérieuses questions d'ordre public : c'est la fissure par laquelle ce pays laisse échapper, depuis longtemps, le meilleur et le plus pur de son sang. Certaines années, sept cent mille Italiens ont quitté leur patrie pour aller chercher au loin, sinon la fortune, du moins un sort meilleur. Naples, le point d'émigration le plus important de la Péninsule, expédie à lui seul un chiffre oscillant entre deux cent cinquante-cinq et deux cent quatre-vingt-cinq mille individus par an !

Ce phénomène est dû à des causes multiples : la situation de plusieurs provinces, déjà précaire, s'est aggravée sous l'influence de certains faits économiques ou de cataclysmes, tels que les tremblements de terre; la perspective de mesures prochaines tendant à restreindre l'immigration aux États-Unis a provoqué une nouvelle poussée de l'exode vers l'Amérique du Nord, dans la hâte, de la part des intéressés, de profiter encore des conditions actuelles. Si la crise américaine a quelque peu entravé le mouvement, c'est là seulement un cas fortuit et temporaire. Puis une fraction importante de ce courant se dirige vers l'Amérique du Sud. Aussi, en Calabre, dans la province de Nolise, en Campanie, la population apte au travail s'est-elle trouvée parfois réduite à moitié, voire à un tiers. Il ne faudrait pas croire cependant que l'émigration intense constitue une perte sèche pour le pays : d'abord par le fait même de la raréfaction de la main-d'œuvre, longtemps dépréciée, celle-ci a vu ses salaires remonter à un taux élevé. Puis, beaucoup de ces émigrants reviennent, aisés, s'établir définitivement dans leur patrie. Les capitaux qu'ils rapportent à leur lieu d'origine y provoquent une augmentation considérable de la valeur foncière. Le principal intérêt de l'émigration réside surtout dans l'accroissement de la richesse résultant des dépôts des émigrants. Ce chiffre représente plusieurs centaines de millions par an; il n'a rien de surprenant si l'on considère le nombre formidable des « épargnants » ayant conservé des attaches dans leur pays, ou revenant s'y fixer. Au retour, se forment parfois entre les rapatriés, relativement enrichis, des associations pour l'achat et l'exploitation en commun de domaines jusqu'alors incultes ou mal cultivés. Dans une étude sur cette question, un économiste italien, M. Scalise, constate, dans les provinces les plus déshéritées qui alimentent l'émigration, une diminution de délits, une plus grande fusion entre

les diverses classes, un équilibre meilleur ; et il conclut :
« Pour celui qui veut bien évaluer le phénomène de
l'émigration dans son ensemble, il doit bien reconnaître
qu'elle constitue, dans les provinces qu'elle intéresse, un
des plus puissants facteurs de transformation et de
relèvement moral. »

Je vous livre telle quelle cette opinion d'un des
esprits éclairés de l'Italie, et quelque paradoxale qu'elle
puisse paraître à nos yeux de Français peu prolifiques
et casaniers.

*
* *

Maintenant, le soir est venu, le quai est désert, deux
gendarmes, tricorne large et bas, habit à queue vieillot,
gants blancs, briquet vétuste au flanc, continuent leurs
cent pas solitaires, sans avoir eu à intervenir une fois
dans ce remue-ménage populeux de toute une journée.

Peu à peu, la ville s'est éclairée. Au faîte des montagnes qui l'enserrent, sur le ciel clair se profile la
silhouette des vieux forts, témoins de l'héroïsme des
soldats de Masséna. En ces lieux, un peu de notre gloire
a passé ; son souvenir semble planer sur la grande Métropole maritime de l'Italie, comme un lambeau de l'âme
de notre pays.

Notre navire appareille, dans la nuit. Insensiblement
l'illumination du panorama fuit, fuit, puis disparaît.

Le lendemain, au jour, nous longeons l'île d'Elbe,
bloc aride de fer et de pierre.

Les yeux cherchent l'Aigle. Vers l'Ouest, très loin, une
ligne bleutée, presque un nuage : la Corse. Sa Corse,
que, des hauteurs de Porto-Ferrajo, il pouvait voir sans
l'espoir d'y revenir jamais. Hasard, ou cruauté voulue
de ses ennemis ? La Corse, joyau méconnu de notre sol,

dernière terre française que nous apercevrons maintenant ; devenue la proie des commissions, des enquêtes,
des compétitions politiques.

Et c'est là notre finale sensation de la France.

*
* *

Par un admirable lever de soleil, irradiant de ses feux
la crête enfumée du Vésuve, voici Naples, cent fois
décrite, en son décor cent fois admirable.

Le soir même, au moment où le crépuscule souligne
plus encore peut-être la majesté de la rade, de la ville
et des monts, nous continuons notre route. Tour à tour,
du jour ou de nuit, nous apercevons le Stromboli, volcan
perdu en mer, nous devinons l'essaim des îles Lipari,
nous franchissons le détroit de Messine, dominé par
l'Etna. C'est la pleine mer. Puis encore, la Crète, terre
antique et convulsée, dont nous devinons la haute den-
telure sur l'horizon.

Après la dernière terre de France, nous avons vu la
dernière terre d'Europe.

DANS L'ARÈNE DE LA MÉDITERRANÉE

L'enfance de notre génération a connu une époque, peu lointaine encore, où le plus humble des citoyens français avait la conviction d'appartenir à la première nation du monde. On croyait avec foi à l'invincibilité de nos armes, à l'expansion indéfiniment croissante de notre puissance; pour nous, alors, la Méditerranée était « le Lac Français ».

Les apparences pouvaient, il est vrai, donner raison à ce présomptueux paradoxe : l'Espagne, en proie aux premiers symptômes des convulsions intérieures qui la déchirèrent par la suite; l'Italie encore morcelée; l'Allemagne inexistante sur mer. Aucune de ces nations ne figurait, ni commercialement ni militairement, dans la Méditerranée. L'Angleterre tenait Gibraltar et Malte. Mais notre puissante flotte était la seconde du monde. Par la Corse, par l'Algérie, par la prépondérance de notre pavillon, par le percement de l'isthme de Suez, œuvre bien française, celle-là, par notre prédominance en Égypte, en Grèce et dans le Levant, n'étions-nous pas les maîtres incontestés de la grande Mer Latine?

Puis vinrent nos désastres. Et quand notre pays, sorti de la longue période de recueillement consacrée à la résurrection de nos forces, put enfin porter de nouveau ses regards au dehors, la situation avait changé. Notre puissance méditerranéenne s'était effacée. Aujourd'hui la Méditerranée n'est plus un Lac Français. Ce n'est même plus une Mer Latine. Cet admirable domaine maritime est devenu le champ clos des plus ardentes compétitions anglo-allemandes ; et, cela, en dehors de nous, passés, momentanément sans doute, au second plan.

Si les efforts des Anglais pour conquérir et conserver la domination de la Mer Latine, indispensable accès vers leurs possessions des Indes et de l'Extrême-Orient, sont connus, les phases de la lutte formidable entamée par les Allemands contre la prédominance anglaise en Méditerranée le sont moins.

L'abdication de l'Allemagne, sur ce terrain essentiel, eût, au demeurant, comporté l'annihilation de l'impulsion, gigantesque et prolongée, à laquelle ce pays doit une puissance sur mer, bien près de menacer la suprématie de l'Union Jack, et présentant dans son ensemble un caractère général de progression supérieure.

Avec la sûreté de coup d'œil, la décision, l'esprit de suite qui caractérisent les Allemands en matière maritime, ils n'ont pas hésité : ils ont porté résolument l'intensité de leur action au centre même du champ qu'ils s'étaient assigné. Ils ont su mettre à profit les liens politiques qui rattachaient l'Italie à l'Empire, et faire du pays allié la base d'un système de rayonnement maritime que la situation de leurs propres ports, et l'interception éventuelle de l'Angleterre, leur interdisaient de créer chez eux-mêmes. Et ils se sont implantés à Gênes, en Ligurie, au Nord ; à Naples, au Midi.

A Gênes, la marine allemande n'est pas représentée par moins de huit compagnies de navigation, comportant treize lignes et assurant les communications du nord de l'Italie et de l'Europe centrale avec l'Extrême-Orient, l'Australie, New-York, les Indes Néerlandaises, la côte

’Afrique, le Pacifique, Madras, les Échelles du Levant,
Iarseille, l’Asie Mineure et la Mer Noire.

A Naples, trois lignes allemandes se sont établies. Et,
près avoir soutenu la lutte de 1902 à 1904, notre com-
agnie des Messageries Maritimes l’a abandonnée, en pré-
ence de la formidable concurrence que lui oppose une
ompagnie allemande, installée à Marseille même. Bien
ieux, la Hamburg-America fait de Naples la tête de
igne d’un service sur Alexandrie et le Haut-Nil, allant
insi concurrencer la réputée imbattable compagnie Cook
ur son propre terrain ; ce gigantesque *rush* s’appuie sur
out un système de tarifs mixtes permettant un véritable
ragage de produits allemands, suisses, austro-hongrois
t italiens vers les lignes allemandes de la Péninsule. Le
ercement du Simplon a couronné l’œuvre, et menace
Iarseille.

Mais ce n’est pas tout encore : depuis quinze ans,
s’est manifesté un véritable exode des « Tedeschi »,
comme les appellent les Italiens, vers l’Italie. Tandis que
le Français y reste une rareté, d’importantes colonies
tudesques se forment à Nervi, à Rapallo, à Santa-Marga-
rita-Ligure. Les Allemands font de ces beaux rivages
leur Côte d’Azur.

Devant une telle intensité d’offensive non déguisée,
dirigée contre lui, le pavillon britannique a fléchi dans
des conditions qui préoccupent à juste titre l’opinion
anglaise. Pendant les cinq dernières années, à Gênes, et
bien que le trafic des charbons y assure à l’armement
anglais une sorte de monopole obligé, l’accroissement
allemand a dépassé de cent pour cent celui de l’Angleterre.

Aux treize lignes de sa concurrente, la marine anglaise
n’oppose que cinq services qui relient Gênes à Liverpool,

Londres, Hull, etc., mais ne prennent pas part au mouvement transocéanique de l'Italie. A Naples, l'Orient-Line est seule à représenter le pavillon anglais, en recul également là.

Par contre, au point de vue politique et militaire, la situation méditerranéenne que l'Angleterre est parvenue à se ménager en plus d'un siècle de luttes, de prudence et de volonté soutenue, reste inexpugnable. Par Gibraltar, elle tient la clé de la Méditerranée, dont Malte lui assure la maîtrise dans la partie centrale, tandis que, à l'Est, la possession de Chypre et l'occupation de l'Égypte livrent à sa discrétion la route des Indes et de l'Extrême-Orient.

L'ironie du destin a voulu que ce soit, non le Lac Français, appellation prétentieuse et paradoxale, bonne à éveiller de justes susceptibilités, mais la Mer Latine, le champ clos de ce duel redoutable, où ne figurent ni notre nation, ni l'Espagne et l'Italie, sœurs de notre race. Cependant, le voudrions-nous, nous ne pouvons rester neutres, indifférents, à cette lutte, où se joue l'empire de la mer.

La situation politique de l'Angleterre en Méditerranée restera inexpugnable, dans l'état actuel des choses, tant qu'un bouleversement violent n'aura pas arraché aux Anglais les avantages par eux conquis. La possession des grandes routes maritimes est pour l'Empire Britannique une nécessité si impérieuse, son avance navale sur les autres nations si grande encore, la vitalité du principe de l'entente entre ce peuple et le nôtre si évidente, que les Latins doivent accepter pour longtemps encore la priauté du rôle de l'Angleterre en ce domaine maritime, en apparence à eux seuls dévolu par les lois de la nature et de l'Économie générale.

Mais pour les Allemands, il n'en va pas de même. Nouveaux venus, à peu près dépourvus de colonies, ceux-ci se sont implantés de haute main, dans une lice qui ne leur échéait ni géographiquement ni économiquement. Jamais les Allemands ne fussent parvenus à leurs fins si complètement et si vite, s'ils n'avaient trouvé chez leurs alliés italiens un appui, des complaisances, des encouragements, faute desquels leur initiative eût été frappée d'avance de stérilité.

Eh bien, — et c'est l'impression très nette que j'ai emportée de mon séjour à Gênes, et, accessoirement, à Naples, — un lent, mais profond et continu revirement commence à se faire jour en Italie contre l'influence, contre, surtout, l'intrusion allemande ; ce mouvement, très perceptible matériellement déjà, a pour corollaire une évolution francophile.

Lorsque les Allemands commencèrent de s'implanter dans la Péninsule, il y a une quinzaine d'années, la fortune publique était précaire encore. *Spendare poco* — dépenser peu — était la devise publique et privée. Elle convenait à merveille à la camelote allemande, détestable, mais, par contre, d'un inégalable bon marché. Peu à peu, les goûts se sont affinés. L'aisance venue, les Italiens ont compris l'avantage qui consiste à acheter des produits meilleurs quoique plus chers. Par là même, ils viennent ou ils reviennent à nos marchandises françaises, plus coûteuses peut-être, mais supérieures.

Dans les relations d'Italiens à Allemands, l'évolution est plus significative encore : avec toutes leurs qualités de travail, d'obstination tenace vers le but visé, d'esprit d'association, d'initiative audacieuse, les Allemands ont un grave défaut : ils ignorent les nuances du tact ; se montrent lourds et brutaux dans leurs interventions ;

bref, ils se rendent partout où ils s'implantent, rapidement absorbants et insupportables.

Enfin, plus que toutes les autres, une constatation a achevé de désillusionner les Italiens sur le compte de leurs alliés : c'est la certitude de jouer le rôle de dupes : froissement plus sensible peut-être chez eux que partout ailleurs.

En effet, pour recevoir cette immense flotte étrangère qui depuis quelques années a choisi Gênes et Naples comme ports d'attache ou d'escale, l'État et les villes ont dû s'imposer les plus durs sacrifices. Les travaux nécessaires ont absorbé des dizaines, des centaines de millions. Or, dans leur patriotisme étroit, les Allemands n'achètent sur place que l'indispensable minimum. Sauf urgence, leurs réparations se font dans les chantiers de l'Empire ; les approvisionnements, les rechanges, tout vient d'Allemagne. Le charbon lui-même est fourni par une sorte de coopérative allemande, instituée par des Compagnies entre elles, sous le nom de « Deutsch Kohle Depot » ; et, par abrévation, la D. K. D. La D. K. D., installée dans les principaux ports du monde, possède ses vapeurs, ses remorqueurs, ses chalands et son personnel. Si bien que les Italiens, qui ont payé jusqu'ici sans compensation, trouvent la chose amère et n'ont pas tort. Ils n'ont pas tardé à se rendre compte de la sorte de loups auxquels ils avaient ouvert leur bergerie. De là à l'inimitié individuelle il n'y avait qu'un pas, vite franchi. Cet état d'esprit est latent encore, mais il est certain. Et quand, aujourd'hui, vous parlez des Allemands à un Italien, celui-ci avec une moue significative vous répond le plus souvent que l'Allemand est *prepotente* : prépotent, mot intraduisible, qui cependant dépeint bien le personnage à la fois autoritaire, envahissant et gêneur.

La presse italienne n'a pas manqué de souligner cette situation et de seconder l'orientation nouvelle de l'opinion. Le *Secolo*, sous la signature de l'ancien chef de cabinet du ministre Zanardelli, a consacré à ce sujet un article dont le retentissement au-delà des Alpes fut assez grand pour émouvoir le public allemand. Avant le *Seco'o*, le *Pungolo* de Naples, avait dénoncé l'absorbtion du trafic maritime par le pavillon allemand.

D'ailleurs, le langage de la presse germanique elle-même sur cette question s'est appliqué, dirait-on, à justifier une réaction anti-allemande; le publiciste Liedel, dans la *Deutsche Amerikinische Revue* écrivait sous le titre « la Méditerranée du vingtième siècle » ces lignes trop significatives : « Le pavillon allemand finira par supplanter celui de la Grande-Bretagne, jusqu'à ce jour encore prédominant dans cette Mer Latine, et devançant à grande distance les pavillons des nations riveraines, France, Italie et Espagne ».

Vous le voyez, on n'est ni plus clair ni plus net. Si notre race avait un peu de cet esprit d'association solidaire qui fait la force des Germains, il y a beau jour qu'une action combinée des marines menacées aurait opposé une puissante barrière économique au danger commun.

Un mouvement se dessine, cependant. Déjà, l'Espagne n'a pas hésité à faire de Gênes l'escale de quatre de ses lignes, dont l'une pour New-York et une autre pour le Brésil et la Plata. De son côté, notre armement, représenté par la compagnie Freyssinet, la compagnie des Transports Maritimes, les Chargeurs-Réunis et d'autres encore, relie maintenant le grand port italien au Danube, à l'Amérique du Sud, au service de circumnavigation. Aussi les derniers exercices ont-ils marqué un accroissement considérable de notre pavillon, comme tonnage et

nombre de navires. Pour le moment les Allemands
accusent, par contre, un fléchissement. Plusieurs de
leurs lignes seraient en grosses pertes. Ils ont même
supprimé leur service, un peu humiliant pour nous,
côte d'Azur-Gênes. C'est un indice.

Nous commettrions la plus lourde des fautes en ne
mettant pas à profit les tendances francophiles qui se
manifestent aujourd'hui au-delà des Alpes.

Nous devons faire mentir la prédiction allemande. La
Méditerranée qui ne fut jamais un Lac Français doit rester, en dépit même de la situation acquise de l'Angleterre, une Mer Latine.

Sachons le vouloir.

LA PORTE DES MONDES

Le regard cherche en vain la terre, toute proche. Rien de la décèle. Pas un monticule, pas un arbre. Mais voici que paraît, lentement, à l'horizon, le fût frêle et net d'un grand phare; puis des mâts de navires; des maisons; enfin une ville toute entière émerge. C'est Port-Saïd, cité nouvelle, prospère et déjà considérable, surgie des sables du désert par la volonté du créateur de l'œuvre immense : le Canal! Nous entrons dans les jetées. Lentement, nous passons devant l'imposant monument récemment élevé à de Lesseps. Sur le socle, cette inscription : « Il ouvrit les Mondes aux Nations! » Hélas! ce monument, cet hommage rendu au génie français, dans le Grand Français, c'est à peu près tout ce qui reste, propre à notre pays, dans cette Égypte, jadis le plus fécond terrain ouvert à notre activité, à notre influence.

Et pourtant, est-il nulle part ailleurs une contrée où tout semblait davantage propice à l'épanouissement de notre action? Le souvenir, demeuré légendaire dans le peuple, de Napoléon et de l'occupation française. Puis l'Égypte se rattachant peu à peu à la France par des liens plus étroits. La prédilection indémentie du khédive Mehemet-Ali et de son successeur Ismaïl pour notre génie national, attirant auprès d'eux une pléiade d'hommes éminents : savants, financiers, ingénieurs, jurisconsultes, professeurs, dont les noms sont restés, à des degrés différents, célèbres, depuis Mariette-Bey, jusqu'à Linant de Bellefonds. De Lesseps, enfin, consacrant notre œuvre, en attachant le nom français à sa formidable entreprise. Ce furent les sympathies ouvertes d'Ismaïl-Pacha, son appui matériel et politique, qui permirent au Grand Français de mener à bien le percement de l'Isthme. L'inauguration du Canal fut une fête plus française qu'internationale. Le yacht impérial et l'*Hirondelle*, yacht de l'Impératrice — devenu l'école de pêche de Martigues, fondée par M. Pelletan — franchirent les premiers le canal, sous nos couleurs. On connaît la suite : l'apparente révolte d'Arabi-Pacha en 1881, le refus de notre Parlement de s'associer à l'action britannique, puis le bombardement d'Alexandrie par la flotte anglaise, la suspecte victoire de Tell-el-Kebir, où la cavalerie auxiliaire égyptienne, se repliant inopinément en désordre sur le camp d'Arabi, jeta le désarroi dans son armée, et permit aux Anglais d'entrer au Caire presque sans coup férir. Aux premiers coups de canon, l'amiral français Conrad, avec une louable intuition des événements, avait été s'embosser à Port-Saïd. Il s'apprêtait à débarquer, à saisir le gage du Canal, grâce auquel nous pouvions par la suite faire valoir nos droits, exiger des compensations, réparer la faute de notre Parlement. Prévenu, M. de Lesseps accourt ; sa bonne foi excipe de la promesse à lui faite par Arabi que le Canal restera libre, quoi qu'il advienne. L'amiral hésite, diffère son débarquement. Quarante-huit heures après, les Habits-Rouges occupaient Port-Saïd, Imaïlia et Suez. Le Canal était anglais, comme le reste de l'Égypte.

Il semble vraiment qu'une fatalité ait pesé sur notre pays.

A cette époque, la colonie française comportait environ trente-deux mille de nos nationaux. C'était la première de nos colonies à l'étranger. Elle comptait les éléments les plus distingués. Huit cents Anglais à peine résidaient dans la vallée du Nil. Aujourd'hui, l'anglicisation est un fait accompli : un à un, nos compatriotes ont été remplacés dans leurs fonctions par l'élément britannique. Dans quelques années « l'épuration française » sera définitive.

*
* *

Notre navire a stoppé au milieu d'une flotte où les pavillons les plus divers sont représentés : hauts paquebots anglais, lourds bateaux allemands, un vapeur italien chargé de troupes, un autre battant le pavillon austro-hongrois, puis encore des cargos, des charbonniers, tous anglais.

D'ailleurs le pavillon britannique occupe dans le trafic général du Canal une place prépondérante : 2 500 navires, annuellement, et 9 000 000 de tonneaux, contre 600 allemands donnant un tonnage de plus de 2 000 000. Nous venons loin derrière, au troisième rang, malgré nos colonies de l'Océan Indien et de l'Extrême-Orient, avec 275 navires, et 850 000 tonneaux ; suivis de près par l'industrieuse petite Hollande, dont le pavillon compte 220 unités et 578 000 tonneaux.

*
* *

Déjà de larges chalands se sont attachés à nos flancs ; excités par les cris de leurs conducteurs, chantant eux-mêmes, de grands diables noirs montent en une chaîne

sans fin à l'assaut de notre bord et déversent dans les
soutes des tonnes de combustible.

Je vais à terre. C'est toujours la ville cosmopolite que
j'ai connue jadis. A peine si quelques types populaires
rappellent l'Orient. Tous les langages se parlent ou,
plutôt, se baragouinent. Les journaux et les publications
du monde entier s'étalent dans quelques belles librai-
ries. Les magasins vendent de tout, venu de partout. On
a bien la sensation d'être à l'une des portes du monde.
Seulement, de cette porte-là, la Grande-Bretagne a pris
la clé.

Dans les rues droites, régulièrement coupées, d'autres
voies perpendiculaires, récemment et librement tracées
sur un terrain vierge, bordées de constructions sentant
la hâte et le provisoire; pas de soldats du Roi, cependant. Mais à maints détails, on sent la main mise : les
fantassins soudanais ont maintenant la tenue kaki, les
jambières et les buffleteries jaunes des troupes royales.
Les sergents de ville indigènes portent à l'avant-bras le
brassard rayé bleu et blanc des policemen. Les inscriptions officielles sont rédigées mi-partie en arabe, mi-
partie en anglais. A son tour, la poste française, dernier
vestige de notre influence passée, va, me dit-on, disparaître. Sur le quai, le dos tourné au Canal — par
modestie sans doute — s'élève une statue de la reine
Victoria. Sa dimension est exiguë, sans doute, et son
cachet ne dépare pas son hideux socle à vasque, où l'art
arabe et le style fontaine-wallace s'allient fâcheusement.
Le symbole de ce monument n'en reste pas moins entier
et profond. Mais plus loin, tout petit, discret, dispropor-
tionné, sur la haute hampe surmontant une vaste construction, isolée le long du Canal et pourvue d'un quai
spécial, flotte le pavillon militaire anglais. Et l'on me
cite, à ce propos, ce fait bien caractéristique : ce palais,

surmonté de l'Union-Jack, est un ancien grand hôtel, un « palace » comme on dit aujourd'hui, jadis édifié par une société hollandaise, laquelle périclita. Quand les Anglais arrivèrent à Port-Saïd, ils acquirent l'immeuble, moyennant un million et demi; ils le transformèrent en lieu de réception pour leur marine et leurs troupes de passage. Le quai fut réservé à leurs navires. Sur l'édifice, ils hissèrent leurs couleurs; à proximité, ils construisirent des casernements, vides en ce moment, mais tout prêts à loger des troupes au besoin. Et voilà comment ils ont pu hisser leur pavillon de guerre sur Port-Saïd, sans le faire officiellement, puisqu'il s'agit là d'une propriété privée, et bien payée, il est vrai, mais..... nationale.

Nous autres, braves Français, nous n'aurions pas trouvé ce bon tour. C'est par son habile mentalité politique, servie par une ligne de conduite sûre et énergique, malgré des moyens matériels d'une faiblesse presque ridicule — le corps d'occupation en Égypte atteint à peine deux mille hommes — que la Grande-Bretagne est arrivée à tenir le tiers du monde civilisé sous sa domination effective, morale, et économique.

Face au palais anglais, celui de la Compagnie de Suez, son pavillon tricolore déployé, dresse ses formes imposantes. Il est l'expression concrète de ce qui reste de tangible de notre prestige passé sur la vieille terre des Pharaons.

*
* *

Notre tour est venu d'entrer dans le Canal. Sur la rive asiatique, à perte de vue, le désert, image saisissante de ce qu'était ce rivage inhospitalier avant qu'une ville nouvelle en sortît, par la volonté d'un des nôtres.

A droite, le lac Menzaleh, dont la ligne se confond avec l'horizon, jusqu'au moment où le soleil disparaît dans un de ces embrasements que connaissent seuls ces pays chauds et secs. Maintenant, un puissant projecteur, fixé à l'avant, éclaire notre route. De temps en temps, nous rangeons la berge pour livrer passage à des navires gagnant la Méditerranée. La lumière de leurs projections nous aveugle. Leur grande masse noire, silencieusement, nous frôle. Quels sont-ils? où vont-ils? de quelle nationalité? Cela même, nous ne pouvons le savoir. Et tout, jusqu'à ce doute, a son charme.

C'est l'artère du mouvement humain qui bat ici.

Quand, de nouveau, le jour est venu, nous apercevons les hautes montagnes qui dominent Suez, blottie au loin, au pied d'un mont aride, plus élevé que les autres. Avant d'arriver à la mer, voici des arbres, des maisons, une autre ville qui naît : Port-Tewfik. Brusquement l'horizon s'élargit. C'est la Mer Rouge; la fournaise!

PAR LA MER ROUGE

La Mer Rouge; trait d'union entre l'Occident et l'Orient, depuis le percement du canal de Suez. Traversée redoutée des navigateurs. Les eaux sont d'un bleu intense; mais les montagnes dénudées qui les ceinturent ont des reflets rouges de laves. Nous sommes en plein hiver d'Europe; et en dépit des ventilateurs, il fait étouffant dans les cabines. Qu'est-ce dans les chaufferies? Et cependant, l'accoutumance aidant, nos durs chauffeurs, Bretons pour la plupart, résistent. En été, la température infernale impose le plus souvent l'emploi d'Hindous. Combien ce passage sinistre a-t-il vu d'Européens foudroyés par la congestion? que de pauvres diables anémiés par les tropiques n'ont pas trouvé la force de supporter ce rude climat, et dorment là leur dernier sommeil?

Peu à peu, à l'Ouest, les rocs aigus et lugubres de la chaîne arabique s'estompent, cependant qu'à l'Est, apparition fugitive, la haute découpure de Sinaï laisse deviner son cône bleu-rosé. Le soleil disparaît dans un bref flamboyement de rayons verts. C'est la nuit; la nuit des pays chauds avec sa demi-clarté, son intense scintillement d'étoiles...

Les journées se succèdent dans l'accoutumance, bientôt prise, de la vie à bord. Les rencontres de navires sont

fréquentes, car sur les deux rives, les îlots, les écueils,
s'étendent au large, et rendent étroite la route maritime.
Deux jours sans voir la terre. Puis, de chaque bord, les
montagnes limitent de nouveau la vue.

Les côtes se sont rapprochées au point de ne plus former qu'un étroit couloir. Au Sud, c'est une rive française : Djibouti. Des îles, rocs sauvages, se succèdent,
dans un enchevêtrement de dédale. Brusquement, un cul-
de-sac : une île, plus grande que les autres, aussi nue,
aussi désolée, mais couverte de constructions, munie
de phares et de sémaphores, barre l'horizon : Périm.
Ici, comme à Gibraltar, comme à Malte, comme à Port-
Saïd, comme partout dans le monde, en une admirable
intuition de l'évolution moderne et de la formation des
grands courants de la navigation mondiale, l'Angleterre
s'est embusquée. Ce roc n'était à personne, sinon peut-
être à la Turquie, déjà bien empêchée de faire valoir sa
suzeraineté dans la partie de l'Arabie qui lui est nominalement soumise. Aden, située plus à l'Est, sur le Golfe,
n'étranglait pas suffisamment, sans doute, au gré des
hommes d'État britanniques, la route des Indes et de
l'Extrême-Orient. Et le léopard anglais s'est tapi là, sur
ce roc, d'où, maître de son heure, il surveille le défilé
des nations, contraintes de passer à ses pieds !

Nous contournons Périm au point d'en pouvoir observer tous les détails à l'œil nu. Le sol est sec, rocailleux,
sans un arbre, sans une plante. Le séjour dans cette île
damnée doit être un enfer et l'on comprend que la relève
s'en effectue au bout de quatre ou six mois. Par contre,
la topographie de l'île est remarquable : elle justifie le
choix de l'Amirauté : un fer à cheval presque fermé dont

le courbe forme un port naturel et bien abrité, d'une profondeur convenable. Au centre, une éminence favorable
à l'établissement du poste d'observation. Telle est l'aridité de ce rocher perdu que le plus beau cadeau qu'un
navire en relâche puisse faire au personnel anglais, c'est
une salade! Mais quel extraordinaire parti ses possesseurs en ont tiré : une usine à distillation d'eau assure
l'alimentation de vastes citernes; sept feux éclairent les
passes et leur extinction voulue mettrait la navigation à
la discrétion de Périm; un dépôt de charbons, un atelier
de réparation bien pourvu, font de ce coin déshérité,
sans importance apparente, un des points d'appui les
plus puissants de l'Angleterre, dans son jalonnement
judicieux et calculé des grandes routes du monde.

Longtemps, pour contre-balancer Aden et Périm, il fut
question en France d'occuper la position voisine, également très avantageuse, de Cheik-Saïd. Une campagne
fut même entreprise à ce propos, il y a quelques années.
Mais nous ne savons pas vouloir. Les choses en sont restées là; l'idée d'occuper Cheik-Saïd semble définitivement
écartée aujourd'hui, comme ont d'ailleurs été abandon-
nés nos établissements d'Obock.

GUADARFUI, TOMBEAU DE NAVIRES

Voici que le cap Guadarfui se montre, à l'extrémité orientale du Continent Noir. Guardafui que les marins traduisent par « Prends garde et fuis! » C'est, en effet, un des plus dangereux points de la navigation du globe, et aussi un des plus fréquentés, puisque tous les navires, venant de l'Extrême-Orient ou de l'Océan Indien, passent par là pour venir reconnaître la côte avant de pénétrer dans le golfe d'Aden ou de poursuivre vers l'Ouest. La mousson du Sud-Ouest y souffle d'avril à octobre ; la mer y est alors fort dure. Par là, les brumes épaisses enveloppent la terre et les îles qui la prolongent, Kuri, Semha, Dersi. Deux caps, d'aspect semblable, contribuent encore à rendre le lieu plus redoutable.

Guardafui, tombeau des navires! Notre marine y a subi sa large part de sinistres : pour ne citer que les plus récents : l'*Aveyron*, transport de l'État, le *Mékong*, des Messageries maritimes, s'y sont perdus ; puis le *Cho-Doc*, un grand paquebot neuf de six mille tonnes qui, trompé par la brume, vint, le 28 juin 1905, se jeter à la côte à six milles au sud du cap, par une mer démontée. Il y avait six cents personnes à bord, dont trois cents soldats. Un officier du *Cho-Doc*, le lieutenant Anatol, se dévoua pour porter un va-et-vient à terre ; l'embarcation, roulée par les lames, chavira et l'un des cinq hommes qui la montaient fut noyé. Les Somalis contribuèrent au sauvetage; mais ils pillèrent le navire, comme ils pillent tous ceux qui viennent à leur côte inhospitalière. L'énergie du sultan de Wadi-Touhem, Osman Mahmoud, parvint à protéger nos compatriotes contre plusieurs milliers d'indigènes, dangereux écumeurs, accourus de l'intérieur à la nouvelle du fructueux naufrage. Un hasard providentiel amenait quelque temps après sur les lieux le croiseur russe *Rion*, dont le commandant Trojan organisa le rapatriement de nos compatriotes.

*
* *

Bien d'autres sinistres, les uns retentissants, les autres inconnus, se sont produits et se produiront encore à Guardafui. Il en sera ainsi tant que les choses resteront en l'état, et aussi longtemps que les navires iront à l'aveuglette dans ces parages qui comptent parmi les plus fréquentés, et aussi les plus dangereux. Voici des années qu'il est question de l'établissement là d'un grand phare international. Rien n'a été fait cependant, et l'on peut craindre qu'il en soit indéfiniment ainsi. Une telle inaction lèse l'humanité. La Côte des Somalis est sous le protectorat italien. Nominalement, du moins; car, en fait, l'Italie ne possède dans ce « protectorat » ni un soldat, ni même un fonctionnaire. Elle a donc reculé devant une dépense peu justifiée, à ses yeux, par la faiblesse de son trafic dans ces régions. Elle a été d'autant moins incitée à prendre cette initiative que l'hostilité des Somalis, guerriers et pilleurs d'épaves, est connue; ils s'opposeraient par la force à l'établissement d'un phare, qu'il faudrait ensuite garder et défendre. Mais les Anglais, les Allemands, nous-mêmes, les Hollandais, les

Austro-Hongrois, les Italiens, — ceux-là, du fait des obligations résultant de leur protectorat ; — d'autres nations encore : la Norvège, la Russie et jusqu'à la Turquie, dont les pavillons réunis représentent chaque année, passant par ce point, un capital de vingt milliards et un demi-million d'existences : tous ces peuples ont ici, non seulement un intérêt direct, mais à remplir un devoir impérieux, envers leurs marins, envers la civilisation. Il serait souhaitable, et dans la logique de ses traditions, que notre pays prît l'initiative de faire solutionner la question par les nations intéressées. Notre vaillante Ligue Maritime n'a-t-elle pas là l'occasion de manifester son action d'une manière bienfaisante, en provoquant à ce sujet une entente en vue d'une action commune, auprès des Ligues Navales étrangères ?

*
* *

A son tour Guardafui a disparu. Nous suivons de loin les côtes de Socotora : encore, toujours, une possession anglaise ! Et nous quittons le golfe d'Aden, au sein duquel, quelque part, nul, sauf Dieu, ne sait où, reposent tant des nôtres, jadis engloutis, avec l'aviso-croiseur *le Renard*, perdu dans ces eaux, sans qu'on en ait jamais retrouvé même une bouée !

CEYLAN

Sur une île isolée, basse, et plantée d'une épaisse
forêt de cocotiers, si ras sur l'eau qu'ils donnent l'illusion d'en émerger, un grand phare détermine, entre les
archipels anglais des Laquedives et des Maldives, la
route du golfe d'Aden à Ceylan : c'est Minicoï. Un yacht
blanc, affecté sans doute par l'amirauté au service des
archipels, est mouillé près de l'île Minicoï, la sentinelle
perdue de l'Inde.

Deux jours de mer encore, et Ceylan apparaît peu à
peu, se détachant faiblement du lointain, en une note
floue, ponctuée de quelques pics élevés. Ceylan, la terre
mystérieuse, le Paradis Terrestre, — ou, plutôt, un de
ceux de la légende, — aux forêts profondes, peuplées
d'éléphants sauvages, et dont Colombo, la capitale,
présente le contraste des raffinements de la société européenne la plus avancée, juxtaposée à la civilisation hin-
doue demeurée, elle, inentamée par l'occupation anglaise, déjà séculaire cependant.

Un élégant vapeur conduit à bord le pilote, gentleman correct, rasé, vêtu avec recherche d'un fashio-
nable complet gris, d'un casque bas à grande visière,
très dissemblable du casque militaire; et je reconnais de
suite ce soin particulier, chez les coloniaux anglais, quelle
que soit leur classe, d'éviter dans leur mise tout ce qui
peut rappeler la tenue de l'armée.

Notre entrée en rade trouble une régate à la voile : les gracieux racers donnent l'illusion d'une réunion nautique qui se déroulerait sur nos côtes d'Europe ; quelques voiles rouges, comme à Cowes.

A son tour, dans un irréprochable autocanot, le médecin de la Santé vient nous donner la libre pratique ; même mise soignée, même type froid, élégant et correct que le pilote. Seule la physionomie, en dépit du visage glabre et des allures anglo-saxonnes, dénote un peu de sang mêlé. Seulement, ici, le métis, d'ailleurs très rare, s'est visiblement anglicisé.

Les formalités de libre pratique vont se compliquer, car nous devons débarquer un passager américain, frappé de folie furieuse, en pleine intelligence, par l'implacable soleil de la Mer Rouge. Le consul des États-Unis aura à intervenir. Mais c'est samedi de la semaine anglaise, et toute vie est arrêtée depuis midi jusqu'au lundi.

Enfin, notre navire est à son poste, en rade ; de la passerelle haute, le port se montre dans son ensemble. Deux grandes digues, en voie d'achèvement, ferment la rade où plusieurs flottes pourraient aisément s'abriter. Sur tout un des côtés du rivage, d'immenses amoncellements de charbons jettent une note sombre et brutale, qui jure avec l'éblouissante nature.

*
* *

Un économiste prudhommesque a appelé jadis le charbon « le pain de l'industrie ». Aujourd'hui la formule s'est élargie ; le charbon, c'est le « pivot de la maîtrise du globe ». Tout simplement. Seule, la possession de points de ravitaillement échelonnés le long des grandes voies maritimes peut permettre à une nation de déployer librement son pavillon sur les océans, de protéger son domaine mondial, et de défendre au besoin son honneur et ses droits. Sans cet élément essentiel, les plus redoutables escadres sont rivées à un rayon d'action qui les rend impuissantes, ou tributaires du bon vouloir étranger.

Nous possédons aujourd'hui un empire colonial considérable; les progrès maritimes de l'Allemagne sont tels que, en dix ans, la part du pavillon allemand dans le trafic de Suez est passée de vingt-cinq à cent soixante et un pour mille, tandis que le pavillon britannique rétrogradait de huit cent treize à six cent trente six pour mille. Mais, jetez les yeux sur une carte : l'Angleterre a jalonné les routes maritimes avec une précision, une sûreté, une continuité de vues extraordinaires. Elle a installé ses points d'appui partout où il y avait un détroit à surveiller, où l'opportunité d'un lieu de refuge ou de ravitaillement se manifestait; elle s'est implantée tantôt par la temporisation politique ou la force, tantôt par le droit de premier occupant ou l'indifférence des autres gouvernements. D'Espagne en Extrême-Orient, en Australie et au Cap, il n'est pas une place essentielle où ne flotte seul, hautain, le pavillon britannique; Gibraltar, Malte, l'Égypte, Périm, Aden, Colombo, Singapore, Hong-Kong et Weï-Haï-Weï, pour ne parler que de la route d'Extrême-Orient, toutes possessions britanniques, chacune commandant l'accès d'une des parties du globe. Et, pour compléter l'œuvre, l'Angleterre a enserré le monde dans le réseau de ses câbles sous-marins : elle est maîtresse des nouvelles qui font l'opinion, comme des ordres qui engendrent l'action.

Et c'est pourquoi l'Allemagne, malgré son essor maritime, nous, en dépit de nos possessions d'outre-mer, et les autres peuples avec nous, nous sommes, dans les

questions mondiales, livrés à la discrétion de l'Angleterre. Nous le resterons jusqu'au jour où un fait nou-
nouveau renverserait l'état actuel des choses, en anéantissant le système anglais.

*
* *

Colombo est un de ces échelons; elle est à la grande
navigation ce qu'est la gare de jonction à plusieurs
réseaux de railways. Et dans ces eaux britanniques, les
couleurs de toutes les nations viennent tour à tour chercher les ressources nécessaires.

J'examine la rade : près de nous, un grand navire
compatriote, *le Malte,* qui ramène en France des fonctionnaires coloniaux — trafic important sur nos lignes
— et des troupes; à la lorgnette on aperçoit distincte-
ment les casques et la tenue kaki de nos soldats. Puis
un cuirassé autrichien, un navire de la flotte volontaire
russe, deux énormes paquebots, l'un de Brême, l'autre
de Liverpool, une malle hollandaise. Puis, encore, des cargos austro-hongrois, danois, allemands, anglais, sans
omettre les inévitables charbonniers, ces chemineaux de
l'Angleterre : une Babel navale. Ici l'amirauté n'a pas
d'escadre, ni même de stationnaire. Seul, un vapeur
portant la mention « police » fait la navette entre les
paquebots, à bord de chacun desquels il a déposé un
policeman spécial pour assurer l'ordre, et surveiller les
mercantis indigènes, dont l'importunité est, dans tous les
pays, un des menus ennuis du voyage.

Les bateaux sillonnent la rade en tous sens, dans l'enchevêtrement le plus pittoresque : vapeurs de service,
embarcations à pétrole, voiliers hindous, à l'allure
antique de grands bibelots, étroits esquifs bizarres dont
un contrepoids flottant compense l'instabilité, lourds

chalands évoluant lentement au chant de leurs rameurs;
allant et venant, les vedettes du cuirassé autrichien
remorquant les canots chargés de permissionnaires; et,
se faufilant dans ce mouvement, les racers « dernier-
cri » achevant leur régate. Tout cela heurté, imprévu,
contradictoire, amusant à contempler de la yole qui
nous conduit à terre.

*
* *

Le débarquement après une longue traversée! Qui n'a
jamais éprouvé la sensation que l'on ressent à ce moment ne peut se la représenter. Depuis le départ, quels
événements se sont passés? Quelles nouvelles des siens?
Quelles bonnes ou mauvaises choses apprendre? Le premier geste est de se procurer un de ces journaux, spéciaux aux grands ports d'escale : un fascicule quotidien
où, jour par jour, pendant toute une semaine, les télégrammes des agences sont reproduits et groupés en brochure. J'ouvre au hasard. Le premier câblogramme sur
lequel je tombe est une communication Reuter ainsi
conçue : « Le rapporteur du budget français de la marine indique les déplorables conditions de la marine,
laquelle n'existe que sur le papier, en raison du petit
nombre de navires ayant une valeur militaire; il souligne
le défaut de munitions, etc., etc. »

Arriver si loin à l'étranger, après un isolement de
longs jours, et recevoir de son pays cette première impression d'une critique acerbe commentée par des adversaires! On éprouve une humiliation, un serrement de
cœur, et je sens mieux combien on peut plus sainement
juger du dehors l'œuvre de nos politiciens et les résultats
extérieurs de leurs méthodes!

*
* *

Cette première impression pénible est vite dissipée
par la beauté du cadre. La surprise et l'enchantement,
confus encore à l'arrivée, produits par Ceylan sur l'étranger, se précisent à terre ; d'abord de grands hôtels, très
modernes, où les gentlemen, parfois en tenue de soirée
en usage aux Indes, habit ou smoking de toile blanche,
ceinture rouge formant gilet, les femmes en grande toilette, un peu outrée, viennent dîner au son d'un
orchestre « très dans le train ». Note spéciale, mais
« select ». Dans les rues, les tramways électriques,
les autos, les pousse-pousse, les chariots attelés de petits
zébus, au trot menu, les fakirs aux longs cheveux, les
coolies, les torses nus aux reflets de bronze, les lourds
turbans, les têtes rasées sous un soleil de plomb des
bonzes drapés de jaune, les calottes pointues des riches
marchands, graves dans leurs robes voyantes ; l'imprévu,
la variété des couleurs, des costumes, accentués encore
par la rencontre, ici d'un Afghan, haute taille, traits
durs, là d'un Persan, le chef couvert d'un bonnet de
fourrures, sans souci du climat brûlant ; les femmes portant leur enfant à califourchon sur la hanche ; l'odeur
âcre des échoppes pittoresques. Tout un grouillement de
foule, docile cependant, aisément maintenue par quelques
policemen anglais, au casque blanc, enrubanné de
rouge, ou indigènes, à la tenue correcte et... les pieds
nus, en scrupuleux boudhistes auxquels l'usage du cuir,
produit de la mise à mort d'un animal, est interdit.

*
* *

Au centre du quartier européen, on a construit un

phare élevé, dont les rayons se projettent au large par-dessus la ville ; tout près, vaste et pratiquement com-prise, la poste, où des employés indigènes assurent le service sous la direction de quelques rares Anglais, sui-vant le principe britannique connu : peu de fonction-naires, très bien payés, aidés par des auxiliaires auto-chochtones.

Plus loin, la caserne des troupes royales : deux ou trois compagnies, vastement logées. Contigus aux ter-rains de manœuvre, des jeux de golf, de tennis, de cricket. On sent ici le souci d'éviter aux hommes l'ennui, qui conseille l'alcoolisme et l'opium, fléaux coloniaux, pires que les pires climats. Ces quelques fantassins forment, je le crois bien, toute la garnison de Colombo qui compte deux cent mille habitants et même de Cey-lan, qui en a plus d'un million. Nos avisés voisins s'en-tendent, où que ce soit, à suppléer à la force militaire par l'économique prestige du policeman.

*
* *

A la nuit, par l'une des interminables voies bordées de maisons basses, de bungalows, de bizarres étalages, voire de boutiques, patentées sans doute, où se pratique officiellement, sans pudeur, un galant commerce, heu-reusement plus discret en Europe, nous allons hors la ville, sous les cocotiers. Parmi les feuilles des bananiers, sur un champ mortuaire gazonné, entourant une cha-pelle bouddhiste où brillent des lumières funéraires, vo-lettent des milliers de lucioles lumineuses, vers luisants ailés, petites flammes vertes fantastiques. Parfois, sur le ciel clair, se détache la silhouette lugubre d'un vampire, cette chauve-souris tropicale de l'envergure d'un grand-duc. Rompant le silence, une procession passe à la lueur

des torches, au son des tambours, bannières au vent :
c'est un mariage ou bien une fête religieuse. Dans
l'ombre, sans cesse, la foule des indigènes défile indifférente, nonchalante, bizarre et colorée.

La pensée se désoriente devant cet aspect si divers des
hommes et des choses, avec la sensation d'être en un
monde autre.

*
* *

L'Américain frappé d'aliénation est encore à bord.
Notre départ dépend de son consul dont la patente nous
est indispensable puisque nous devons aller aux États-
Unis. Le juge anglais a, sur les instances du représentant
yankee, consenti à siéger spécialement le dimanche pour
donner l'autorisation nécessaire au cas. Quant au consul, il a déclaré nettement à notre commandant « qu'il
s'occuperait de ses nationaux, le malade et sa mère
d'abord, et du bateau français ensuite ». Simples détails
que je livre à la méditation, sinon de nos magistrats, du
moins de nos agents à l'étranger, dont certains se sont
fait une solide réputation de zèle énergiquement contenu.

Et, en effet, le consul revient à bord lui-même
prendre le malade ; il en assure personnellement le
débarquement, et part, remerciant en termes excellents
les Français des soins et de l'assistance donnée à ses
compatriotes.

Nous quittons Colombo. Du plus loin que nous pouvons voir Ceylan, nous suivons des yeux cette terre
bénie où la nature est si empoignante, le peuple si beau,
les magistrats si zélés, les consuls si dignes de servir de
modèles.

SINGAPORE

Dans la demi-obscurité scintillante de mille étoiles, la vigie a envoyé un coup de trompe, signal d'un feu à tribord, navire ou phare. C'est le phare d'Achem, éloigné encore, et puissant. Érigé à l'extrémité Nord de la possession néerlandaise de Sumatra, ce feu, éclaire l'entrée du long détroit de Malacca; situé en pays sauvage, exposé aux attaques des indigènes, les Hollandais l'ont isolé dans une forteresse, comme d'ailleurs tous ceux de cette côte, quand on n'a pas pu les construire sur des îlots. Sumatra est restée en effet — avec Bornéo — un des pays les plus hostiles du monde : le tigre, le rhinocéros, l'orang-outang y sont communs; l'abondance des reptiles dangereux, les nuées d'insectes nuisibles, l'insalubrité d'un climat où la fièvre des tropiques, la dysenterie et le béri-béri sont à l'état endémique, en ont jusqu'ici fermé l'accès à l'action bienfaisante de la civilisation blanche. Les Instructions Nautiques, encore aujourd'hui en vigueur, recommandent aux capitaines de ne pas admettre en nombre les indigènes à leur bord, même sans armes apparentes. Cependant, chaque jour, une file ininterrompue de paquebots, palais flottants où s'étalent les derniers raffinements du confort, cargos chargés de richesses du monde, longent le mystère de ces rivages et s'en rapprochent assez parfois pour qu'on

puisse distinguer à la lorgnette les détails du paysage
tantôt volcanique, tantôt marécageux de cette terre
inhospitalière. Et ce n'est pas une des moindres surprises éprouvées, à parcourir ainsi les mers, que de
voir les grandes routes maritimes, reliant entre eux les
peuples, tracées depuis toujours si près de ces contrées
démeurées farouchement fermées, non seulement à l'évolution moderne, mais même à l'accession du moindre
progrès matériel. Voilà pourtant cinq siècles que l'Extrême-Orient et l'Occident se tendent la main, qu'ils
cherchent, sous l'influence complexe des intérêts matériels et du domaine philosophique et scientifique, à se
rapprocher, à se toucher davantage par l'établissement
de relations chaque jour resserrées : cinq siècles que les
Portugais, héroïques navigateurs, reconnurent cette terre,
cent ans plus tard partiellement occupée par les Hollandais et les Anglais.

A ce propos, lorsqu'on comprend quelles rigou-
reuses précautions, malgré les feux, les balisages, la
sûreté des cartes, la puissance des navires, la perfection
des instruments et la science des états-majors, exige la
grande navigation dans tant de parages où les récifs, les
courants, les hauts fonds, le déchaînement parfois soudain des éléments constituent un danger permanent, on
reste confondu de l'audace de ces marins, Français,
Anglais, Portugais, Espagnols ou Hollandais, auxquels
l'humanité doit la découverte et l'exploitation des
mondes nouveaux. Avec des navires minuscules et primitifs, sans moyens de conserver les vivres, ni même, parfois, l'eau en quantité suffisante, privés de toutes données,
à l'aveuglette, avec la perspective du trépas possible à
chaque instant, ces hommes ont contourné l'Afrique;
ils se sont élancés dans l'immensité de l'Océan Indien
sans seulement savoir quand leur navigation s'arrêterait,

à quelle terre, vers quelle race, pacifique ou sanguinaire,
les conduisait leur sort. Sans souci de ceux d'entre eux
qui sombraient, de la mort frappant sans cesse autour
d'eux, ils ont vogué, vogué, jusqu'au jour où leur destin les a portés vers des rives nouvelles, dont ils ont, tour
à tour, ouvert la connaissance à notre civilisation. Cela
ne confond-il pas en vérité? Et n'a-t-il pas fallu qu'une
force mystique, un irrésistible besoin de répandre dans
le monde ce qu'ils croyaient la Parole Vraie, poussât,
plus encore que l'attrait du lucre peut-être, cette pléiade
de héros vers la mission qu'ils s'étaient tracée?

*
* *

Quand les sciences appliquées provoquèrent le grand
mouvement économique qui a marqué l'évolution
humaine au cours de dix-neuvième siècle, les Anglais,
déjà maîtres de la route de l'Extrême-Orient par leur
colonie du Cap, comprirent, avec leur coup d'œil habituel, de quelle importance était pour eux la possession
de la presqu'île de Malacca, cette stalactite du continent asiatique, commandant l'accès des mers de Chine,
et trait d'union naturel entre les Indes et l'Océanie.
Malacca appartenait à la Hollande. Par une convention
passée en 1825, et assez inexplicable au point de vue
néerlandais, les Anglais cédèrent aux Hollandais leurs
piètres établissements de Sumatra contre la presqu'île
de Malacca. Ils leur « cédèrent » en même temps la
guerre d'Atchin qui dure depuis cette époque, et le droit
exclusif de contracter les fièvres dans un pays, en partie
inexploitable. Notre diplomatie aurait pu songer à cet
exemple…, si elle l'eût connu, lorsqu'elle abandonna notre
situation acquise en Égypte ou à Terre-Neuve en échange
de la permission de nous emparer du Maroc, d'y engager

une guerre, et de nous dépêtrer avec les puissances, en usant de l'autorisation de l'Angleterre, laquelle ne possédait au demeurant aucun droit sur le pays qu'elle abandonnait à notre pénétration, très pacifique, comme chacun sait. Une fois maîtres du pays, les Anglais, délaissant la capitale, Malacca, dont la situation était peu avantageuse, fondèrent résolument une ville à l'extrémité sud de la presqu'île. Et voilà comment, sous leur égide, naquit Singapore, devenue aujourd'hui un des plus grands ports du monde, un des axes du mouvement commercial océanique et asiatique.

J'ai tenu à citer ce fait parce qu'il est une des démonstrations les plus frappantes de la persévérance, de la continuité dans l'effort tenace vers le but visé, sans souci parfois de la qualité des procédés, que la vieille Albion a mis au service de sa lutte pour la prédominance mondiale. C'est pour avoir compris ces méthodes, pour en avoir approprié l'application à leur mentalité germanique, que les Allemands sont parvenus à devenir aux yeux des Anglais d'inquiétants concurrents. Par contre, notre manque d'esprit de suite, notre négligence à tirer parti des circonstances, notre défaut d'opinion publique en matière maritime et coloniale, nous ont amenés à posséder un empire colonial, dont l'accès est à la disposition de nos rivaux, ce qui est un non-sens, et, des colonies, devenues parfois onéreuses par l'application inopportune des méthodes métropolitaines et d'un fonctionnarisme ruineux.

Lorsque je mets en parallèle ces méthodes opposées, et leurs résultats, ce n'est certes point avec le parti-pris fâcheux, et déplacé assurément, d'exalter l'œuvre d'autrui pour déprécier ce qui est français ; mais, au contraire, avec l'ardent désir de voir notre pays tirer profit de ces enseignements, se les approprier et trouver dans l'expan-

sion de ses forces matérielles et morales la juste compensation de sacrifices et d'efforts rendus trop souvent
stériles.

*
* *

Nous avons passé la nuit en rade extérieure. Derrière
les collines se reflète dans le ciel cette traînée lumineuse
projetée par les feux d'une grande ville. Dès l'aube, le
pilote arrive sur un irréprochable petit vapeur. Même
tenue correcte, même aspect froid de gentleman qui
m'avait déjà frappé à Ceylan. Notre navire s'engage
dans un dédale d'îles pittoresques au sol rouge couvert
d'une végétation tombant jusqu'à la mer. Le paysage se
resserre; nous franchissons un étroit goulet entre deux
rives abruptes; nous dépassons de grands chantiers maritimes; nous apercevons une cité lacustre, sans doute
l'ancienne ville indigène, embryon du Singapore d'aujourd'hui; nous saluons un courrier français; nous longeons des quais, des docks. Enfin Singapore apparaît :
immense creuset, créé au confluent des continents; où
les races se coudoient et se superposent sans se con-
fondre, en une rigoureuse ordonnance sociale : Européens représentant la classe dirigeante; Malais, frères
des Hovas, frêles et fûtés, employés ou domestiques;
grands soldats Sikhs de l'Inde, pieds nus, tenue kaki,
immense turban rouge; marchands chinois, ventrus,
sur le nez de grosses lunettes d'or ou d'écaille, le chef
couvert d'un « feutre Morès » ou d'un canotier, très
imprévus; et la foule enfin des coolies cinghalais au
chignon noir, le torse serré dans une jupe, ou chinois,
presque nus, la tête rasée, sauf la mèche nécessaire à la
natte traditionnelle. Masse humaine, aspirée de partout
par les besoins impérieux de la vie moderne. Devant

nous s'ouvre maintenant l'immense rade de Singapore; tous les types de navires sont là, depuis le paquebot desservant les côtes voisines des possessions néerlandaises, jusqu'au puissant cuirassé, à la jonque indigène de forme archaïque, à la frêle pirogue où des Malais nus pagaient en un équilibre invraisemblable, en chassant, d'un geste rapide du pied, l'eau qui, à chacun de leurs mouvements, emplit l'esquif.

Un incident marque notre accostage; pendant la manœuvre, un de nos matelots tombe des dix mètres dont le gaillard d'avant surplombe, sur le quai. Le pauvre gars gît à terre dans la foule. Ni mouvements de pitié ni cris hostiles. Presque aussitôt une civière arrive portée par deux agents Sikhs, qui ramènent notre marin à bord. Ce court drame s'est silencieusement accompli, en quelques secondes.

*
* *

Singapore offre cet aspect des villes neuves, surgies de terre en quelques années, sous la poussée des nécessités économiques. De majestueux édifices d'État, bâtis en trompe-l'œil, comme des palais d'expositions; de riches hôtels, où le confort des « Palace » s'associe à l'exotisme des servants jaunes et à la cuisine cosmopolite; des quartiers chinois ou cinghalais; des popotes où les coolies vivent économiquement en commun; un luxuriant jardin botanique, tenu comme les plus beaux parcs de nos grandes villes, et dominé par la caserne des troupes anglaises; celle-ci est un vaste et somptueux cottage, dont les pelouses elles-mêmes sont balayées par des serviteurs indigènes; çà et là des églises évangélistes, des temples bouddhistes, des mosquées, bien tenus et respectés; face à la baie, de grands espaces gazonnés où des « Natifs » assimilés et des Anglais, sans souci d'un soleil d'après-midi des tropiques, jouent au cricket, tandis que, de la terrasse des clubs contigus, une société élégante applaudit aux beaux coups. Puis, circulant dans les larges avenues, une foule amusante et heurtée où tous les types, toutes les races se confondent; où circulent des tramways électriques frôlant de primitifs attelages de buffles, des camions automobiles, des pousse-pousse tirés par le trot des boys nus; des quarante-chevaux « dernier Salon »; des buggies élégants, à l'arrière desquels, debout, se tient, en livrée, un indigène porteur d'un parasol ou d'un chasse-mouches; des arroseuses à vapeur; des pousse-pousse, encore, où, graves et aristocratiques, se prélassent des soldats du Roi.

L'ensemble, ordonné, propre, non bruyant. Voilà Singapore.

On m'avait recommandé d'aller à Johore; un minuscule railway récemment construit y conduit; il défile d'abord devant les somptueuses demeures des fonctionnaires, des négociants anglais ou des riches indigènes, pour s'enfoncer ensuite dans la splendeur des forêts tropicales, où, en un éblouissement de couleurs, les coûteuses plantes de nos salons sont des arbres, et les plus rares fleurs de nos serres, des herbes folles. Aux bords d'un lac de légende, le train s'arrête. Un coquet steamboat, luisant comme un yacht, nous mène à la ville, bâtie sur la rive opposée; elle est dominée par le palais du sultan, celui du résident, et, encore, par une mosquée dont les minarets accentuent le paysage. Perché sur un mirador, un cipaye veille; dans l'angle d'une cour est un rang de cages où des tigres — dont cer-

tains portent encore la trace de récentes blessures —
attendent, terribles, leur sort. Un convoi de prisonniers,
chaînes au pied reliées à la taille, passe indifférent et
débonnaire. Tout cela tranché, d'un charme qui déroute,
si loin de notre mentalité, si étranger à nous-mêmes !

*
* *

A Singapore nous retrouvons notre bord en rumeur.
Nous avons embarqué un millier de Chinois pour Hong-
Kong. Ces retours en masse des émigrés chinois vers
leur patrie sont, paraît-il, fréquents. Ils constituent un
des reflux de cette mer humaine de la Chine, dont les
flots, pacifiques encore, déferlent sur tous les rivages
ouverts à leur pléthore.

Par un admirable et calme crépuscule, nous quittons
la capitale de ce que les Anglais appellent leurs « Établissements des Détroits ». Comment se défendre d'une
obsession quand on songe que la route naturelle, obligée pour ainsi dire, de notre empire indo-chinois, est à
la merci de cette lointaine terre britannique, devenue
une des assises de l'empire mondial de nos amis du
moment? Qu'aux relations cordiales actuellement en
cours avec l'Angleterre vienne à succéder une période de
tension, qu'une difficulté seulement avec une des puissances d'Extrême-Orient, favorisée par eux, surgisse,
quoi donc subsistera de notre puissance, en cette
partie du monde? Quel est le port français où nos
navires pourront trouver le refuge et les secours nécessaires, en cessant d'être à la merci du bon vouloir étranger? Comment avons-nous pu dépenser là-bas tant d'or
et de sang, sans que ce redoutable problème n'ait cessé
de hanter le cerveau des hommes qui, depuis le jour où
nous avons porté vers ces régions l'effort de notre colo-

nisation, ont assumé la lourde responsabilité de nos destinées?

*
* *

Malgré la proximité de notre Indo-Chine, nous faisons avec les « Établissements des Détroits » un chiffre d'affaires très inférieur à celui de l'Allemagne, et venons seulement au quatrième rang, après les États-Unis. Le trafic du sel, par exemple, qui constituait un coefficient important de nos transactions, est tombé à néant, de l'aveu de notre consulat à Singapore, à la suite des mesures draconiennes prises par l'administration des Douanes de l'Indo-Chine. Sur un mouvement de près de onze mille navires et quatorze millions de tonnes, notre pavillon compte pour cent soixante unités et trois cent quatre-vingt mille tonneaux, loin après l'Angleterre, la Hollande, l'Allemagne — dont le « made in Germany » se retrouve même sur des objets d'apparence indigène. Et cela parce que notre marine est en décadence, parce que le joug d'une législation surannée ou hostile jusqu'à l'aberration ne nous a pas permis la création d'une marine coloniale, renvoyant ainsi aux pavillons étrangers le bénéfice du transport de notre propre trafic.

Chez la vieille nation que nous sommes, où est la fraction du public qui se préoccupe de ces questions? A-t-on donc oublié que c'est la prospérité privée, la libre mise en valeur du patrimoine général qui fait une nation riche, de cette richesse sans laquelle elle ne peut ni être forte, ni concourir à la fortune de l'individu? Notre pays comprendra-t-il? Réagira-t-il?

Angoissante question qui me vient à la pensée pendant que, dans notre sillage, se perdent les mille feux de Singapore.

DANS LES MERS DE CHINE

HONG-KONG

A peine notre paquebot a-t-il pris son corps-mort en rade d'Hong-Kong, qu'un essaim de bateaux nous entoure, grandes allèges à vapeur, ou sampans pittoresques. Dans un tohu-bohu indescriptible, les mille Chinois embarqués à Singapore se pressent, hâtés de débarquer, de revoir leur pays, et, peut-être aussi, de quitter le bord, dont un coup de vent violent a rendu, depuis le départ, le séjour pénible à cette foule entassée. Bon débarras pour nous-mêmes, équipage et passagers ; certains, Anglais ou Américains, familiers des Jaunes, avaient en effet marqué, de les voir si nombreux contre nous, en cas d'incident de navigation, une certaine appréhension ; sentiment incompréhensible à qui n'a pu percevoir, des peuples d'Extrême-Orient, que la passivité docile, silencieuse, presque craintive, avec laquelle ils acceptent la dureté, souvent brutale, de leurs supérieurs, compatriotes ou Blancs. Mais, par contre, quelle note pittoresque ces émigrants nous ont apportée pendant quelques jours ! Les femmes, rendues presque impotentes par la déformation de leurs pieds coquettement réduits à l'état d'affreux moignons, et pudiquement installées à part ; les groupes d'hommes, allongés sur des nattes, entourés de leurs bagages en

carré, formant rempart ; la cuisine commune où se con-
fectionnent les sauces, les mets les plus indéfinissables,
les moins appétissants aussi à nos délicatesses d'Européens ; les fumeries d'opium improvisées, où de pauvres
loques humaines, amaigries, abruties, donnent le spectacle d'une abjection rendue plus lamentable par l'idée
qu'elle représente un vice hideux, devenu familier à certains des nôtres ; les mercantis de toutes sortes dont l'ingéniosité a transformé cette traversée en une occasion
d'affaires ; le jeu, dont la passion semble seule capable de
secouer ces déprimés. Cette foule imprégnée de cette odeur
spéciale à la Chine et aux Chinois, singulier mélange
d'opium, de relents humains, de tabac, de graisse et
d'épices, mais formant un tout d'un intérêt profond
d'observation... pour quelques jours seulement, quand
on vit presque côte à côte avec ces gens.

* * *

Les trois plus belles rades du monde sont, dit-on,
Rio-de-Janeiro, Sydney et Hong-Kong. La rade d'Hong-
Kong, par sa majesté naturelle, par la puissance de
l'effort accompli sur les rives arides de cette île sévère,
cause dès l'abord une impression profonde. En ce coin
désolé de l'Asie, l'Angleterre, — encore l'Angleterre ! —
a créé un des plus importants ports du monde là où, il
y a cinquante ans, existait seulement un misérable village
de pêcheurs. Hong-Kong reçoit et expédie annuellement,
aujourd'hui, un nombre de navires représentant vingt-
cinq millions de tonneaux. En une seule année, cinq mille
six cents vapeurs anglais, treize cent cinquante allemands,
mille japonais, l'ont fréquentée. Ces chiffres, un peu
arides, font singulièrement ressortir le formidable essor
de la jeune métropole maritime de l'Extrême-Orient, port

franc, devenu l'entrepôt d'une partie du continent asiatique.

Dans les eaux profondes de l'immense fer à cheval, formé par de hautes montagnes, fermé au Nord et au Sud par d'étroits goulets reliant la rade à la haute mer, d'innombrables flottes tiendraient ; mouillés sur des bouées qui leur permettent la libre évolution, entourés chacun d'une flottille de petits vapeurs et de jonques, des navires de toutes les nationalités sont là, attestant la puissance d'attraction du grand centre naval des mers de Chine : des paquebots, — ceux de la Canadian Pacific, tout blancs, aux lignes élégantes de bateaux de plaisance, — des cargos anglais, japonais ; des allemands, nombreux ; quelques français dont l'un fut, paraît-il, un des forceurs du blocus de Port-Arthur et de Niu-Tchang ; puis, tout au fond, vers la passe Nord, d'un gris qui les confond avec la terre, cinq grands croiseurs anglais, du dernier type ; plus loin encore, un croiseur allemand, renfrogné dans son isolement, devant une double ligne de torpilleurs britanniques ; et, partout autour, un cercle confus de sampans, de jonques, de vapeurs, de grands et très modernes paquebots fluviaux, assurant les communications entre Hong-Kong, Canton, Macao, Kaoloung et la rivière de l'Ouest. Sur la voie bordant le port, de riches et hauts bâtiments à cinq étages, imposés par le resserrement du terrain entre les montagnes et la mer, des ateliers de construction, une cale sèche, des docks immenses ; du tout se dégage une singulière sensation de force, d'activité, d'organisation dans le travail.

*
* *

La ville même donne une impression identique. Ces grands caravensérails, à l'aspect somptueux, aux détails négligés, comme hâtifs, sont une ruche en rumeur, dont les ascenseurs à l'américaine, manœuvrés par des boys, desservent les étages où travaille tout un personnel de téléphonistes, de dames sténo-dactylographes, de comptables jaunes, quelques Malais ou Hindous. Ici encore, les rares chefs, seuls, européens, en vertu du principe appliqué à toutes les administrations coloniales anglaises, publiques ou privées.

Dans la grande artère centrale, viennent tomber perpendiculairement les rues étagées de la ville chinoise, elle aussi récente; cette voie est garnie de beaux magasins, offrant à l'acheteur les produits « dernier cri » de l'Occident, à côté des objets les plus raffinés de l'art extrême-oriental. Dans les boutiques indigènes, un âtre sacré, où brûlent nuit et jour des parfums, en l'honneur des ancêtres. La foule chinoise domine, depuis le grave négociant, respectueux du costume traditionnel ou risiblement vêtu d'un complet mixte, mi-européen mi-national, et coiffé d'une casquette de lad anglais, jusqu'au coolie à peine couvert, homme ou femme, pauvre bête de somme, trottinant sous sa double charge suspendue aux extrémités d'un fléau de bois flexible. Un tram électrique sillonne la ville basse. Ni chevaux ni voitures : des pousse-pousse et surtout des chaises à porteurs de place ou privées, et dont les coolies obsèdent, par l'importunité de leurs offres. Çà et là, la tache rouge des soldats du régiment de Middlesex vient rappeler que Hong-Kong est un des fleurons de la couronne coloniale anglaise. Enfin, comme partout en terre britannique, cette visible et souple activité de la police, suppléant par son prestige évident au peu d'importance de l'armée, systématiquement réduite. Mais ici, cette police elle-même se ressent du cosmopolitisme local; quelques policemen anglais, au casque blanc orné d'une pointe à la prussienne, alternent avec des cipayes hindous, turban multicolore, tenue noire, guêtres blanches, ou chinois, chaussés de bottes de feutre et coiffés d'un champignon en paille.

Dominant la ville commerciale, les élégantes résidences s'accrochent au flanc de la montagne jusqu'au Pic, comme on appelle là-bas la plate-forme, pourvue d'un bel hôtel, auquel conduit un long et rapide funiculaire. Peu à peu, à travers les villas, les tennis, des points de vue évoquant parfois singulièrement la Turbie et Monaco, le car monte; la vue embrasse la rade, les ateliers, les docks, la ville toute entière, un champ de courses, la multitude des navires, la flotte de guerre, la chaîne des montagnes de Chine, les approches du Si-Kiang. Au-dessus du funiculaire une route cimentée, accessible aux seuls piétons et aux chaises à porteurs, s'élève encore; elle contourne une caserne devant laquelle les soldats du Middlesex-régiment jouent flegmatiquement au foot-ball; elle dessert quelques riches demeures, où la beauté de la vue supplée à la végétation des jardins, passe devant le monumental palais du gouverneur, perché en observatoire sur un faîte, et aboutit enfin au sémaphore, dressé sur l'aiguille finale, et gardé par un blue-jacket. A nos pieds s'étend maintenant, de l'autre côté de la rade, jusqu'à l'infini, la ligne tourmentée des monts et des îles, tombant à pic dans la mer, sous un de ces couchants cuivrés, spéciaux aux mers de Chine.

Nous restons muets devant la grandeur du spectacle.

CANTON

Hong-Kong possède deux satellites : Macao et Canton.
Sur la rive opposée de l'estuaire du Si-Kiang végète la
ville portugaise de Macao, jadis prospère, repliée,
vieillote et caduque de ses quatre siècles d'existence,
gardienne inattendue du tombeau de Camoens. Son
humilité, sa recherche d'une prospérité nouvelle dans
l'établissement de jeux publics, marquent plus vigoureusement encore l'orgueilleux développement de sa jeune
rivale et la destinée des races.

*
* *

Quelques heures de paquebot fluvial séparent Hong-
Kong de Canton. La grande ville chinoise, de quinze cent
mille habitants, présente un des facteurs les plus importants du mouvement économique de la Chine méridionale,
et constitue l'hinterland direct de Hong-Kong. Rapides et
confortables comme des paquebots, des vapeurs fluviaux
relient Hong-Kong à Canton ; ce sont de grands navires,
de faible tirant d'eau, à plusieurs étages, aménagés pour
recevoir, outre leurs marchandises, jusqu'à deux mille
passagers d'entrepont, et présentant en même temps pour
les Européens tout le confort moderne. Nous embar-
quons sur le *Charles Hardouin* un des bateaux de la
Compagnie Française qui, concurremment avec d'autres
Compagnies, anglaises ou chinoises, dessert la ligne
Hong-Kong-Canton. Le *Charles Hardouin,* comme les
autres navires de la Compagnie, a été construit à
Nantes, d'où il est venu en Chine, par ses moyens :

fait hautement à l'honneur de notre construction, et
de l'équipage. Le commandant, M. Bienaimé, nous
reçoit comme nos compatriotes à l'étranger savent le
faire; hasards de la vie : je reconnais en lui un « laba-
dens » !

La nuit, belle et claire, nous permet de percevoir les
défilés des hautes montagnes qui se dressent entre la
mer et la plaine basse, coupée d'une infinité de bras,
qui sépare Canton de l'estuaire. La navigation est extrêmement délicate dans les méandres du fleuve, sans feux
ni repères; elle est rendue plus dangereuse encore par
les redoutables typhons, fléaux de ce pays; l'un d'eux y
fit, en septembre 1906, dix mille victimes, chiffre expli-
cable par l'importance de la population indigène vivant
ici sur l'eau. Nombre de navires allèrent à la côte, parmi
lesquels un de nos contre-torpilleurs *la Fronde*. Cette
année, en juillet, un autre typhon causa encore la mort
de milliers d'individus. Un des vapeurs fluviaux anglais,
en perdition, mouilla ses ancres, exceptionnellement puissantes sur ces bateaux : les écubiers et l'avant s'arra-
chèrent sous la furie de la tempête; le navire s'engloutit
avec trois cents passagers. L'année précédente, un autre,
anglais également, avait subi le même sort et le chiffre
des victimes fut aussi élevé.

Au jour naissant, le *Charles Hardouin* atteint Canton;
il dépasse le port des navires de haute mer, défile devant
une canonnière anglaise, puis longe nos deux stationnaires, l'*Argus* et la *Vigilante*. Nos « mathurins » pro-
cèdent déjà à la toilette matinale de leur bord; leurs
pompons rouges et leurs cols bleus, leurs types bien
français nous causent, à les voir, un sentiment presque

attendri. Ils symbolisent à nos yeux, sans s'en douter, les braves, un peu de notre patrie.

Canton possède une colonie française, petite, numériquement, mais prépondérante, et très estimable. Le commerce des soies y est, notamment, entre ses mains. Aussi la concession française, c'est-à-dire la partie européenne de la ville réservée surtout à nos nationaux et séparée de la cité chinoise par des fossés, par un pont-levis levé chaque soir, y est-elle d'une élégance d'aspect et d'une belle ordonnance, qui en imposent. Il nous a fallu venir jusqu'ici pour trouver enfin ce chatouillement d'amour-propre national, depuis Marseille! L'impression n'en est que plus vive.

*
* *

On m'avait dit : « Vous ne pouvez avoir une idée de ce qu'est la batellerie chinoise qu'après avoir vu la rivière de Canton, et cela est une chose unique. » Il est impossible en effet de se défendre, quoique prévenu, d'une surprise à laquelle se mêle quelque ahurissement, devant ce spectacle extraordinaire et un peu intraduisible. Figurez-vous, un jour férié, la foule pressée des boulevards, où les badauds seraient remplacés par les appareils flottants les plus imprévus, les plus fous, et vous aurez une faible idée de ce qu'est cela. D'abord des centaines et des centaines de sampans, bateaux plats, intermédiaires entre nos nacelles de pêche et les gondoles, et pourvus d'un dais pour recevoir les passagers le jour, abriter le batelier et sa famille la nuit; un petit mât les surmonte. A l'avant se tiennent deux rameurs; une godille est manœuvrée à l'arrière, où est ménagé un espace de deux ou trois mètres carrés. Et là-dessus, habitant, travaillant, criant, ramant, les femmes comme les hommes, des familles entières, de la marmaille, des poules. Hélas! beaucoup d'insectes aussi !

Puis, extravagants, accouplés parfois à des chaloupes à vapeur, de grands bateaux bizarres, étagés en chars de Mardi-Gras, peinturlurés, l'avant figurant un monstre. A côté, d'autres péniches pourvues à l'arrière d'une roue qu'actionnent, par un chemin sans fin, au son d'un chant nasillard, des coolies faméliques. Et des jonques de rivière. Et des jonques de mer, aux voiles en lattes de jonc, aux formes de nef antique. Et, encore, des barques de pêcheurs, pleines à couler de poissons énormes ou étranges. Tout cela allant, venant, se heurtant au milieu des interpellations rauques, de paroles qui ressemblent à des aboiements, de cris, d'un mouvement affolant.

Je comprends alors cette affirmation, au premier abord exagérée, que des centaines de milliers d'individus vivent, dans ce pays, sur l'eau.

*
* *

Le fait de pénétrer dans la ville chinoise accentue peut-être encore cette impression troublante, ressentie par l'Européen, à son premier contact avec ce monde où rien ne ressemble à ce qui est nulle part ailleurs ; ni les maisons, ni les gens, ni les objets, ni les rues, ni les denrées, ni les couleurs. On sent combien toute cette foule qui grouille dans les rues étroites, où les chaises à porteur closes ont peine à circuler, est composée d'êtres, non seulement loin de nous, mais autres, cela est aisément évident. Ces gens ne nous comprennent pas; ils ont un cerveau aussi différent du nôtre que les pieds de leurs femmes rappellent peu la cambrure Louis XV de

nos élégantes, ou que leurs têtes au front rasé, leurs
longues nattes, se rapprochent de nos coiffures. Je me
remémore ce mot du colonel Marchand, me disant :
« J'ai mis près de deux ans à saisir la mentalité chinoise
et j'ai quitté la Chine sans cependant être sûr de l'avoir
traduite. »

* *
* *

Seuls, et sans doute par le contact de la Concession
européenne, les agents de police portent, revolver en
sautoir, un costume « presque » européen. Ce sont eux
qui semblent déguisés. Nous-mêmes, isolés dans ce
grouillement humain, nous nous sentons un peu carna-
valesques, malgré l'indifférence voulue dont la foule fait
généralement preuve à notre égard, et la perception
nette que ces gens, s'ils haïssent probablement les
Blancs, certainement les méprisent davantage encore. Au
point de vue philosophique, peut-être ont-ils raison, en
fait?

Par exemple, sous le rapport de la propreté, ils ont
certainement tort. Nul ne peut se faire une idée du
résultat, fâcheux à l'œil, plus pénible aux narines,
auquel peuvent parvenir quinze ou vingt siècles de saleté
chinoise accumulée à la même place. Cependant, ces
Jaunes, tout au moins ceux des classes aisées, se soignent
généralement; je l'ai constaté à bord. Seulement, ce qui
nous répugne leur paraît, à eux, normal. Je vous le dis,
ce sont des êtres autres. Et l'on parle d'assimilation, de
civilisation des Célestes! Mais à première vue seulement,
cela est une utopie folle, tout simplement. Peut-être un
jour, profitant de notre humanitarisme, de nos compétitions, de nos appétits européens, ces gens-là nous ayant
emprunté nos méthodes et notre matériel militaires,

comme l'ont fait les Japonais, mettront-ils ces moyens au service de leur mentalité demeurée invariablement chinoise? Et c'est de cet écart entre leurs facultés matérielles et leur intellectualité que naîtra un jour le Péril Jaune si souvent prédit. Mais quand cette redoutable évolution? Je mets au défi les plus clairvoyants prophètes de le prévoir.

*
* *

Le moment est venu de regagner notre navire à Hong- Kong. Nous repartons, cette fois, sur un vapeur anglais. Debout sur la passerelle, le commandant du *Charles Hardouin* nous fait saluer du pavillon. Parfois, quelques heures passées, dans certaines circonstances, avec un homme, vous touchent plus que des années de banales relations mondaines. Et cet officier, ce navire, bien français, construit chez nous, par nos ingénieurs et nos ouvriers, commandé si loin par un des nôtres, contre les difficultés de la nature, les jalousies des concurrents étrangers, l'hostilité latente du pays et des gens, tout ceci m'apparaît à ce moment comme une entité d'ordre élevé et personnifiant nos couleurs elles-mêmes, notre civilisation nationale, nos facultés d'expansion. De tels éléments sont parmi ce que notre pays, dans ce qu'il possède encore du souci de son rayonnement, devrait le plus honorer, protéger, encourager. En est-il ainsi? Non, il faut bien le dire. Nos institutions maritimes, déjà néfastes en France, deviennent, appliquées aux colonies, un non-sens et une malfaisance. Nos procédés administratifs, si difficiles souvent à supporter dans la Métropole, sont, de l'aveu de tous, une cause de stagnation, de ruine parfois, d'annihilation de l'effort individuel toujours, quand ils affectent nos possessions ou nos concitoyens d'outre-mer. Lorsqu'il s'agit de pionniers, plus avancés encore, de notre action, de ces navires français naviguant hors de toute attache avec nos ports, même coloniaux, de ce qu'on appelle administrativement « l'armement dans les mers lointaines », c'est pis encore. La nouvelle loi ne prévoit même pas la situation spéciale, les justes avantages que le pays doit à ces enfants perdus, à ces citoyens d'avant-garde de la Nation ! Légèreté? Indifférence? Ignorance? L'une ou l'autre; les trois peut-être.

* *
*

Nous revoyons la rivière avec sa théorie ininterrompue de bateaux indigènes. Là une colline surmontée d'une pagode, ailleurs des fortifications modernes voisinant avec de vieilles forteresses de la Chine antique. Plus bas, d'immenses pêcheries, ou bien des bandes d'oiseaux aquatiques égaient la route. A bord, dans la partie du navire affectée aux Chinois, des orateurs déclament, à grands cris gutturaux, devant un auditoire impassible. Des restaurants improvisés débitent de singuliers comestibles. A l'étage inférieur, d'immenses cuves, superposées en siphon, constamment alimentées d'eau douce de bas en haut, à grand renfort de baquets, occupent tout l'avant, et portent vivants à Hong-Kong un chargement de ces énormes poissons, déjà vus à Canton. Çà et là, couché, un fumeur d'opium s'emploie à s'abrutir.

A l'étage supérieur, c'est le service européen raffiné. Je prends un journal de Hong-Kong, *The Island.* J'y lis, à la même page, annoncés pour le lendemain dimanche : un meeting militaire de natation, d'importantes régates, l'avis d'un match de cricket « interport », c'est-à-dire intéressant Singapore, Shang-Haï et Hong-

Kong, tout bonnement; un autre meeting de tir aux pigeons, également « interport » ; le compte rendu d'un water-polo; enfin celui d'un concours de natation.

Et je retrouve ainsi, plus fortement confirmée, cette impression d'une volonté bien établie, de la part des dirigeants coloniaux anglais, de faire des sports un auxiliaire social, de canaliser vers eux les énergies latentes, les désœuvrements, les nostalgies possibles chez les expatriés. Ceci est un enseignement à étudier et à retenir, chez nous. Il y aurait, dans cet ordre d'idées, un magnifique champ d'action ouvert à l'initiative de la pléiade d'hommes éminents auxquels nous devons, en France, le magnifique élan sportif de ces dernières années.

Je tourne la page du journal et je tombe... sur un article concernant les femmes cochères parisiennes, mot peu galamment traduit par « females cab-driver » ! *The Island* apprend même aux gens d'Extrême-Orient que nos braves cochers parisiens sont « cruel to his beast and impertinent to his fares » : « cruels avec leurs bêtes, impertinents avec leurs clients »...

Ah! non par exemple. Pas de ces potins de Paris, en Chine! Je laisse là le journal, et je monte sur le pont pour admirer une fois encore cet inoubliable panorama de l'arrivée en rade d'Hong-Kong.

SHANG-HAÏ

Fou-Tchéou, Amoy, Formose, les îles Pescadores. Tandis que nous contournons les côtes de Chine vers le

Nord, nous apercevons tour à tour, très imprécis, leurs feux ou leurs cimes; j'évoque ces noms; ils sont ceux des lieux où jadis nos marins et Courbet se couvrirent de gloire. Courbet! une des plus nobles figures de notre temps, plongée volontairement dans l'oubli par la haine de politiciens flagellés dans ses lettres retentissantes, et par la rancune des bureaux, dont il dénonça l'incurie. Un monument élevé à sa mémoire par ses compatriotes abbevillois perpétue seul dans notre pays, le souvenir de ce grand Français qui, abandonné avec de mauvais bateaux, dans ces mers inhospitalières, où la mousson, les typhons, les innombrables récifs rendent la navigation si difficile et souvent si périlleuse, fit flotter victorieusement notre pavillon, et paya de sa vie son dévouement au pays.

Notre gouvernement ne fut pas alors plus capable de tirer parti des victoires de nos marins qu'il ne s'était montré à même d'organiser dans la Métropole les moyens propres à assurer leur triomphe. Malgré les instances du monde maritime et colonial, il ne sut conserver ni Formose ni les Pescadores, déjà occupées, après la destruction de l'arsenal de Fou-Tchéou, par le général Duchesne, à cette époque colonel. On laissa échapper cette occasion unique de nous réserver la maîtrise des mers de Chine, comme on avait auparavant négligé l'annexion de l'île d'Haïnan, dont la position domine le golfe du Tonkin. Après leurs succès, les Japonais se sont montrés plus avisés. Aujourd'hui, en face d'Amoy, tête de ligne du câble français, leur pavillon flotte sur Formose et les Pescadores, ces possessions jadis dédaignées par nous. Voici les « Jap » devenus les maîtres de l'accès maritime de la Chine septentrionale, du Japon, de la Sibérie, et surtout, éventuellement, de leurs propres approches vers notre Indo-Chine. Puissions-nous un jour ne pas payer cruellement la faiblesse de notre politique sur ce point du globe!

Un groupe d'îles, les Saddle, se montre à nous, plus au Nord encore. Nous avons, par contre, occupé récemment une de ces îles. Mais ce fut involontairement, lorsque le *Chanzy,* un des navires figurant au long bilan de nos pertes en ces dernières années, vint à la côte, et dut y débarquer son équipage. Est-ce ce souvenir qui ajoute sans doute encore à la tristesse de ces terres désolées?

*
* *

Tout à coup, marquée d'un trait brutal, sans transition, la couleur des flots change; leur belle nuance verte s'est muée en un limon opaque. Nous naviguons en pleine mer encore, dans les eaux du Yang-Tsé-Kiang, l'immense fleuve asiatique, dont les sources viennent seulement d'être découvertes par l'explorateur scandinave Swen Hedin. Longtemps nous allons vers la terre sans la voir; pas une éminence, pas un « amer ». Peu à peu, deux berges basses, à peine perceptibles, se laissent deviner, pour se resserrer ensuite et former un des estuaires du fleuve. Puis des mâts, des navires, un croiseur, et des bateaux chinois aux lignes tourmentées, des jonques de guerre peinturlurées et paradoxales — il en existe encore, affectées à des services auxiliaires — un beau paquebot français, aux formes un peu « marquées »; un autre, anglo-canadien, profil fin de grand yacht; blanc, tout proche, un de ses concurrents japonais, dont la couleur, l'aspect, jusqu'à la teinte des cheminées, sont scrupuleusement copiés sur le concurrent anglais; un gros cargo, japonais également, venant d'Europe; et d'autres encore. Notre tirant d'eau nous immobilise là, nous aussi. Nous sommes à Woo-Sung, sur le Wampoo, un bras du Yang-Tsé, à vingt milles de Shang-Haï, dont, fait surprenant, le port ne peut recevoir, en raison de la faible profondeur du fleuve, les navires de grand tonnage : ainsi, le *d'Entrecasteaux,* de notre division navale d'Extrême-Orient, pourtant un bâtiment moyen, est lui-même retenu à Woo-Sung quand il visite ces parages. Shang-Haï est cependant un des grands ports du monde, puisque son mouvement global atteint dix-huit millions de tonneaux.

Cette situation a préoccupé les puissances, toutes directement intéressées à la question. Après la dernière expédition internationale, elles imposèrent donc au gouvernement chinois de consacrer chaque année, pendant vingt ans, 460 000 taels à la rectification et à l'approfondissement du cours du fleuve. Ces travaux, longtemps atermoyés, sont aujourd'hui en pleine exécution sous la direction de spécialistes hollandais.

Un vapeur de transbordement nous conduit vers la ville. Nous croisons, descendant vers la mer, la *Décidée,* notre stationnaire, une des quelques vieilles canonnières, à la mâture seule imposante, entretenues par nous en Extrême-Orient. Malgré leur minime valeur, ce sont ces navires qui s'illustrèrent, voici quelques années, lors de la démonstration de Bangkok, contre le Siam.

Bientôt, sur les deux rives, les constructions se succèdent : docks, ateliers de mécanique ou chantiers de navires, cales, manufactures, usines. L'animation est intense. Mais sauf les jonques et les sampans innombrables, rien ne décèle ici la Chine ; l'impression est bien plutôt celle des abords d'un quelconque centre maritime,

Anvers par exemple. Cette impression s'accuse encore devant Shang-Haï, dont la ligne des hauts et somptueux monuments bordant les quais, marque le caractère exclusivement européen.

*
* *

Le jour où les coryphées de l'internationalisme seront fatigués de leurs tréteaux, je leur conseille de se retirer à Shang-Haï. D'abord, ils seront très loin de nous. Puis, ils trouveront là une réalisation tangible de leurs rêves, et là vivront à leur gré; ils pourront voir toutes les nationalités civilisées du monde confondues en une existence municipale commune, et saluer d'un amour égal les pavillons de tous les peuples, fraternellement déployés côte à côte; ils auront la faculté de postuler un mandat dans une assemblée au sein de laquelle ils auront comme collègues des Allemands, des Anglais, des Américains, et même des Japonais, si l'on n'avait jusqu'ici tenu judicieusement ces derniers à l'écart; ils souriront à voir paisiblement voisiner un stationnaire anglais avec deux croiseurs allemands, — dont le *Leipzig* — flanqués de deux torpilleurs; deux canonnières japonaises faire risette à un timide petit cuirassé chinois; un aviso espagnol se pavaner devant une frégate autrichienne, en l'absence des français, *Alger* et *Bruix*, fréquents visiteurs du port. Ils se réjouiront à l'idée que ce pays chinois n'est même pas à la Chine, puisqu'elle l'a « concédé ». Enfin, sur cette terre bénie, quand ils se sentiront en voix, ils chanteront l'*Internationale* à leur guise, sans offusquer personne.

Leur satisfaction ne sera pas complète cependant, car une partie de Shang-Haï est — aveu pénible à ces Messieurs — territoire français, exclusivement.

*
* *

Ceci comporte une explication; quand on parle de Shang-Haï, capitale extra-chinoise de l'Extrême-Orient, on cite toujours les Concessions particulières à chaque puissance : anglaise, allemande, américaine ou japonaise. C'est une erreur; il existe à Shang-Haï deux concessions : une concession internationale et une autre française. Elles furent accordées en 1840 à la France, à l'Angleterre et aux Etats-Unis. Ces dernières se fondirent en 1869, et créèrent le Consortium International de Shang-Haï. Notre gouvernement refusa d'abandonner son privilège particulier. Il fut bien inspiré, puisque, grâce à cette réserve, nous possédons aujourd'hui, dans cette grande Cité des Nations, un coin de terre bien à nous, et une magnifique colonie composée d'un millier de nos compatriotes, tous négociants, financiers, administrateurs; bataillon carré de notre défense économique en Chine.

Et lorsque, débarquant devant l'imposant consulat de France, on voit le service d'ordre assuré par nos « sergots », de belle prestance, rendue plus militaire encore par l'aiguillon de l'amour-propre national, on éprouve une satisfaction chauvine, fort peu risible, je vous l'assure. Notre corps de police comporte en outre un élément indigène, d'excellente allure sous sa tenue militaire chinoise, européanisée? La municipalité française possède son siège particulier, vaste et convenable monument, précédée d'un square dont la statue de l'amiral Protêt orne le centre. Dans une annexe, une station d'incendie, dotée d'un matériel très moderne. Nous avons notre poste propre. Enfin, les rues portent, comme les trams, des noms français. « Vous le voyez, c'est bien

ici un peu de notre pays qui vit et prospère », me disait
un de nos compatriotes.

En Chine, en général, et à Shang-Haï, en particulier,
l'élément religieux français possède des intérêts considérables; il y bénéficie d'une action profonde, dans certains milieux indigènes. C'est là un état de choses dont
le contre-coup ne peut être que favorable à notre nation.
Je me garderai bien d'aborder ce sujet délicat et complexe de la défense des intérêts religieux français à
l'étranger; et j'aurai sans doute suffisamment indiqué
ma pensée en rappelant le célèbre mot de Gambetta :
« L'anticléricalisme n'est pas un article d'exportation! »
Précepte dont nos hommes d'État actuels, énergumènes
ou gens sensés, devraient toujours peser la profondeur,
lorsque la défense de notre influence au dehors est en
jeu.

*
* *

En face de la nôtre, se dresse la concession internationale, à l'administration de laquelle nos compatriotes
ont accès en principe mais qui, en fait, est entre les
mains des Anglais; à peine si l'on compte dans
son sein deux Allemands et un Américain. En dépit
de leurs efforts, les Japonais, dont la colonie se révèle,
là comme ailleurs, remuante et envahissante, en ont été,
je l'ai dit, systématiquement exclus jusqu'à présent. La
partie non française de Shang-Haï, plus importante, naturellement, puisqu'elle groupe toutes les autres nationalités,
a donc un caractère britannique nettement dominant, et
que les Anglais, bien dans leur rôle, accentuent de leur
mieux. Le réseau des tramways dont les inscriptions
sont en anglais ne se confond pas avec celui de notre
territoire. Les policemen rappellent ceux de Londres;

ils sont assistés d'agents chinois ou de grands diables
de Sikhs hindous, à l'énorme turban rouge. Dans toutes
les colonies extrême-orientales du Royaume-Uni, on
retrouve, d'ailleurs, ces beaux hommes dont le teint
cuivré, la longue barbe enroulée en papilottes autour du
visage, et, parfois, retenue par un élastique, sont si
caractéristiques ; partout ils font fonctions de gardiens,
de policemen, de porte-respect. Leur aspect seul est
belliqueux, au demeurant ; car, pendant la chaude
affaire de Tien-Tsin, dans la marche sur Pékin, lors de
la guerre des Boxers, les troupes sikhs dont se compo-
sait le contingent de nos voisins, détalèrent sous le feu
ennemi de toute la vitesse de leurs longues jambes,
plantant là nos braves « marsouins », restés seuls à
supporter le choc, et que les Japonais durent dégager.
Par exemple, les Sikhs devenus policemen se rattrapent
aujourd'hui ; et nos vaillantes brigades centrales de
jadis ne donnèrent jamais qu'une faible idée de la manière dont les gaillards comprennent la police à l'égard
des Chinois !

*
* *

Ces « Jap », que je vais bientôt voir chez eux, en
aurai-je entendu parler, déjà ! Ils sont la préoccupation
de tout l'Extrême-Orient, des Européens aussi bien que
des Chinois ; ceux-ci ne dissimulent pas leur antipathie
pour les pseudo-éducateurs dont ils ont résolument
boycotté les produits surtout dans le Sud du Céleste
Empire.

Les Nippons, politiquement maîtres de Formose où,
sans rien laisser transpirer de leur action, ils agissent de
même qu'en Corée, sans doute comme le furet « travaille »
dans le terrier, apportent à leur pénétration « pacifique »,

dans le nord de la Chine, la ténacité, la méthode, la ruse, l'intelligence, le défaut de scrupules avec lesquels ils se sont assimilé en si peu de temps tout ce qui, de nous, pouvait contribuer à les transformer en la puissance navale et militaire qu'ils sont devenus. Leurs caboteurs fourmillent sur la côte : sur dix vapeurs rencontrés dans ces parages, six ou sept au moins arborent le pavillon blanc au disque rouge. Sur le Yang-Tsé, ils concurrencent rudement les compagnies européennes, parmi lesquels une française, possédant de superbes bateaux construits à Dunkerque, et dont les services desservent le haut fleuve, vers Nan-King et Han-Keou. Avec leurs équipages dépourvus de besoins, dérisoirement payés ; avec, aussi, les encouragements forcenés de leur gouvernement, les Japs raflent littéralement le fret. Ils ont à peu près fermé à leur profit les marchés de la Mandchourie et de la Corée. Plus avisés que nous, ils savent, eux, que la marchandise suit le pavillon. Et le « made in Japan » se voit ici, comme le « made in Germany »... en Angleterre.

Ils apportent à leurs procédés de concurrence une ingéniosité d'un osé surprenant : ainsi, exploitant le goût des Chinois pour le jeu, dans leurs balles de filés, ils glissent des billets d'une singulière loterie, dont les gagnants ont droit à une balle supplémentaire !

Ces brèves indications suffisent à faire concevoir quelle place tient aujourd'hui la question de l'expansion japonaise en Extrême-Orient, quelles appréhensions elle suscite dans tous les milieux dont les intérêts maritimes, commerciaux, industriels et politiques, sont, à l'heure actuelle, déjà distancés, et, plus gravement encore, par elle menacés dans l'avenir.

*
* *

A côté du Shang-Haï européen, de la grande et riche cité, à laquelle les banques et les administrations monumentales, les belles demeures privées, le théâtre, le vaste champ de courses admirablement aménagé, les édifices publics, les hôtels d'une mise au point parfaite, les larges voies animées d'une circulation intense, tempérée par un service d'ordre à rendre jaloux celui de nos grandes villes, donnent le caractère d'un centre important d'Europe ou des États-Unis, transporté par un coup de baguette en plein continent jaune, il existe toute une ville chinoise, répartie sur les concessions : ville moderne, presque propre, grâce à la pression des municipalités; mais ne présentant, aussi, ni le caractère pittoresque, ni l'intérêt habituel des centres indigènes, en dépit de ses modestes échoppes, de ses magasins soignés, de son théâtre où des acteurs, brutalement fardés, grimés de manière fantastique, remplissent des rôles de femmes dont ils imitent à se méprendre la voix, la démarche, les pieds déformés, et dansent, glapissent, hurlent tour à tour des pièces, durant jusqu'à trois nuits, et dont les scènes se déroulent au son du gong et des flûtes, aigres à faire grincer les dents.

*
* *

Shang-Haï est tête de ligne d'une des voies ferrées de pénétration en Chine. Ce réseau, concédé aux Anglais, doit plus tard rejoindre Pékin, de Nan-King par Tsinan-Fou. On sait l'hostilité violente que les Célestes marquèrent à l'établissement des premiers chemins de fer sur leur territoire. Ce sentiment puisait sa source dans la rigoureuse religion qu'ils professent pour la mémoire de leurs morts, inhumés dans les champs de chaque famille. Un des caractères les plus singuliers de la campagne chinoise est précisément cette infinité de *tumuli* qui la ponctuent à chaque pas, au point de réduire, aux approches des grandes agglomérations, les espaces réservés à la culture. Les tracés des railways nécessitaient le déplacement de centaines de ces tombes : de là des conflits qui dégénèrent souvent jusqu'à la violence. Depuis, les indemnités d'expropriation aidant, les choses se sont tassées. Aujourd'hui, la population semble bien avoir accepté les chemins de fer. Le bas peuple lui-même en use largement. De confortables voitures à couloirs, avec restaurants, vous mènent maintenant, en quelque heures, vers des régions, hier encore, faute de routes, accessibles seulement par sampan, en ces plaines sillonnées de canaux. Le contraste n'en est que plus violent, entre les gares toutes neuves, éclairée à l'électricité et les antiques villes Chinoises qui, telles Soo-Choow, ont conservé leur caractère de forteresse millénaire, avec leurs hauts remparts crénelés, masquant la ville aux rues étroites, et dont, seules, anguleuses et caractéristiques, émergent les hautes tours étagées des pagodes.

Les deux civilisations, la nôtre et la leur, n'en sont encore qu'au premier contact. Notre race a parfois poussé jusqu'à la lutte armée pour imposer, sinon notre mentalité, du moins nos produits et nos moyens d'action matériels à ces gens, longtemps réfractaires, obstinés à vouloir rester eux-mêmes.

On sait comment la méthode a réussi avec 50 millions de Japonais. Que nous réserve-t-elle avec les Chinois, qui sont 350 millions, peut-être 400.

Redoutable point d'interrogation...

AU PÉ-TCHI-LI

Une montagne apparaît, dont les dentelures, sèchement découpées sur un ciel bleu d'hiver chinois, se perdent dans la mer, en rochers arides. Elle ne se distingue guère de tant d'autres points, déjà contemplés depuis notre départ. Et pourtant sa vue fait naître en moi ce sentiment de respectueuse émotion que nous éprouvons tous, quand soudain s'offre à nos yeux un lieu témoin d'un des grands événements de l'humanité. Cette terre, c'est le Liao-Tong, c'est Port-Arthur! Ici, pour la première fois, l'Occident et l'Extrême-Orient se sont heurtés en un formidable choc, précurseur peut-être d'autres drames, dont l'avenir détient le secret. Dans cette lutte terrible, qui mettait aux prises l'une des plus grandes puissances européennes avec une fraction du monde jaune, c'est non la Russie qui a été vaincue, mais la race blanche toute entière. Car la Russie n'était pas seule alors visée par le Japon. Le Soleil-Levant dans sa soif affolée d'expansion, dans sa volonté de s'élever par tous les sacrifices au rôle de grande puissance a voulu dépasser l'objectif russe en frappant « une » nation européenne. Toutes les personnalités au courant de sa politique vous diront ici combien ses hésitations oscillèrent alors entre nous, dont notre empire indo-chinois s'offrait à la fois comme une proie tentante et un sujet fertile en conflits, et notre alliée, imprudemment lancée jusqu'à la pointe du Liao-Tong, par l'entraînement de sa ruée vers l'Est. La perspective de l'occupation de la Corée et, sans doute aussi, la connaissance exacte des réelles forces russes, décidèrent les hommes d'État nippons à choisir leur adversaire dan le nord. La suite est encore présente aux mémoires : le croiseur *Variag* et l'héroïque petite canonnière *Koreïtz* assassinés à Chemulpo, la flotte russe traîtreusement attaquée à Port-Arthur, les batailles du Yalou, les combats navals, l'anéantissement de l'armada russe à Tsoushima, et, avec le heurt gigantesque de Moukden, le siège de Port-Arthur et l'effondrement définitif, par la reddition de Stoessel; Port-Arthur! Stoessel! deux noms dont retentit pendant près d'une année l'univers; l'un symbolisant les assises de la puissance russe en Extrême-Orient, l'autre le grand homme dont la science et la valeur devaient sauver l'honneur des armes moscovites. Cette figure déjà légendaire s'est flétrie sous le coup d'une accusation publique, mettant en cause l'intégrité militaire de Stoessel et de son lieutenant Fock, dévoilant en même temps la faiblesse des moyens de défense et le crime commis en coulant les navires russes dans des conditions telles qu'ils purent être aisément renfloués par les vainqueurs; la ville rendue quand elle pouvait encore lutter; puis, planant sur ces ombres, les admirables et consolatrices silhouettes de Smyrnoff et de Kondratenko.

Sur ce roc, que j'ai là sous les yeux, et dont les contours s'effacent peu à peu dans l'ombre, les Japonais, jadis victorieux des Chinois, ont posé le premier fondement de leur rôle à venir. Waterloo fut surtout la chute d'un homme, Sedan celle d'un régime et le résultat d'une compétition pour la prédominance en Europe; ici, c'est, sinon

le recul de notre race devant une autre race, du moins
son arrêt, l'immense retentissement de cet échec dans le
monde asiatique et même musulman, le frémissement
des peuples placés sous la tutelle des Blancs ; c'est la
preuve, enfin, faite à l'immense masse chinoise, encore
assoupie, repliée sur l'inconnu de sa force latente, que
des Jaunes ont pu vaincre une des plus redoutables
armées du monde, s'imposer au respect des nations,
devenir, eux aussi, au sens moderne, un grand peuple.
A Port-Arthur s'est ouverte une phase nouvelle de
l'histoire du monde.

*
* *

Le golfe du Pé-Tchi-Li est maintenant la position d'attente où toutes les puissances que leurs intérêts, leurs ambitions mêmes rendent solidaires de l'évolution du Céleste
Empire, se sont implantées en des postes d'observation
susceptibles de devenir un jour, suivant les circonstances,
des points d'appui. Les Japonais se sont substitués aux
Russes à Port-Arthur et à Dalny, dans le Liao-Tong ; sur la
rive opposée de l'entrée du golfe, les Anglais occupent
depuis quelques années Wei-Haï-Wei, où va fréquemment leur escadre d'Extrême-Orient ; les Allemands, qui
ne détiennent pas de colonies en Asie, mais dont les
intérêts maritimes et commerciaux dans les mers de
Chine sont devenus considérables, se sont fait concéder,
dans les mêmes parages, Kiao-Tcheou ; ils y ont fondé une
station importante. Enfin, au fond du golfe, à Chi-Wan-
Tao, une compagnie anglo-belge, propriétaire d'importantes mines de charbon situées dans les environs, possède un port privé, exigu, mais profond et bien aménagé ;
son importance s'augmente de ce qu'il relie à la
mer la grande ligne de Pékin vers la Mandchourie et le

Transsibérien. A Chi-Wan-Tao, il n'existe rien autre que la gare, les maisons des ingénieurs du port et des mines, une caserne sommaire sur laquelle flotte notre drapeau et qui abrite un détachement français chargé de veiller sur la sécurité du port, probablement destiné à devenir plus anglais que belge le jour où les circonstances l'exigeront.

Le fait que la mer n'y gèle pas, comme à Takou, port naturel de Pékin, à l'embouchure dn Peï-Ho, dont la barre est, de plus, redoutable, augmente encore l'importance éventuelle de Chi-Wan-Tao. Retenez bien ce nom, un peu rugueux; il jouera quelque jour un rôle. Qui sait? peut-être une grande ville surgira-t-elle de ce coin maussade de la côte chinoise, où la vue de nos « marsouins » et de quelques marins de notre canonnière *Peï-Ho* vint seule atténuer la mélancolie de notre arrivée, dans le crépuscule, au milieu des coolies des mines, et des criailleries des « bracos » jaunes, nous offrant pour quelques sous des lièvres et des faisans, dont ils portaient des mannes pleines.

**
* **

Quelques kilomètres, vite franchis, nous séparent de Shan-Haï-Kwan, station frontière à la limite extrême du Pé-Tchi-Li et de la Mongolie, et située à l'extrémité de la Grande Muraille, vers la mer. Aujourd'hui, l'antique ville fortifiée, dont l'enceinte fit jadis partie de la Grande Muraille, est devenue un point stratégique important, tête de la ligne de garde internationale de la voie ferrée de Pékin vers le Nord. Une garnison composée de Français, de Japonais et d'Allemands occupe, sinon la ville même, du moins la région, et garde les ateliers du chemin de

fer, édifiés là. Au pas allongé de nos chaises à six porteurs, ou de nos petites montures, hirsutes et résis-
tantes, nous traversons rapidement les étroites rues,
bordées d'échoppes basses et sales, où se débite de vile
camelote européenne. Nous dépassons de hautes portes
fortifiées, surmontées de bastions anciens aux toits tour-
mentés. Au détour d'un dernier contrefort, nous voici
dans la campagne, uniformément jaune et grise, nue,
désolée, ponctuée de villages misérables, édifiés avec
les matériaux provenant des ruines environnantes. Par
une piste accidentée, suite de monticules, de fossés,
de lits desséchés de rivières, nous gagnons la montagne, que franchit elle-même la Muraille, et du som-
met de laquelle nous embrasserons la contrée toute
entière.

Le sentier devient à pic. Nous laissons notre convoi, et
commençons à pied la dure ascension. Enfin nous voici
au faîte. Sur l'autre versant, se superpose la ligne cobalt
des montagnes, séparées de nous par le gouffre d'un
torrent; devant nous la plaine immense, puis l'infini de la
mer. Et, venant d'en bas vers nous, escaladant les escarpements, s'étageant en tours presque intactes, montant
plus haut encore, vers un dôme sauvage, dont un monas-
tère bouddhiste souligne le caractère, pour disparaître vers
l'Ouest derrière une dernière cime, la Grande Muraille
œuvre immense et qui confond, plus encore que les
Pyramides. Sa disposition même, les bastions détachés
dont elle est flanquée vers le Nord, les tours de quarante
pieds qui la complètent tous les cinq cents mètres,
indiquent bien son but de défense militaire. Mais qui l'a
construite? Est-ce, comme certains l'affirment, l'empereur
Thsin-Chi-Houang-Ti pour défendre son empire contre
les Tartares? A quelle lointaine époque? Trois siècles
avant notre ère, suppose-t-on, faute de notions précises

en ce pays, où la science de l'histoire est négligée au point d'être presque inconnue, où la certitude des dates n'existe pas. Les Chinois attribuent à la Muraille une longueur de dix mille li (cinq mille kilomètres). Cette évaluation est encore au-dessous de la vérité, paraît-il, et les rameaux secondaires que comporte ce travail colossal doubleraient ses dimensions. Quelles invasions, quels chocs de races, à cette époque comme aujourd'hui, fallut-il pour déterminer cette cyclopéenne entreprise? Des peuples conquis durent, tout entiers, y travailler, mourir à cette tâche. Quelle haute civilisation représente cette œuvre?

Et de tout cela, il ne reste rien, pas même un souvenir; à peine une légende; des pierres muettes...

Que demeurera-t-il de nous, de nos luttes, de nos labeurs, de nos orgueils?

*
* *

A Shan-Haï-Kwan, nous retrouvons la vie moderne, bien embryonnaire encore : un hôtel sommaire où des plats gastralgiques s'imposent à la faim du voyageur; un modeste bureau de poste dont quelques employés chinois surveillés par un Anglais, assurent le service; un tramway à voie étroite, pourvu d'un unique wagon, à quatre places en plein air, privé de ressorts mais poussé à bras d'hommes; une gare assez importante. Le train, lui-même, qui nous emmène vers Pékin, a son cachet : sa belle et puissante locomotive compound ne déparerait pas nos derniers rapides « Éclair »; les voitures sont de grandes prolonges découvertes, ou bien des fourgons accessibles à tous les vents, où, sans souci du froid intense, s'entassent les coolies; puis, pour les Européens ou les Célestes de marque, un wagon-salon, un second,

une grande voiture pour les gens de service, et, surtout,
pour loger une installation de chauffage destinée à maintenir dans les deux cars de luxe une température d'étuve.
Tout le convoi est attelé automatiquement, quand nous
en sommes encore à nos primitifs et dangereux attelages; nous faisons, dans les bons endroits, du modeste
petit trente à l'heure. Cette allure, me dit-on, a pour
cause en partie la crainte de méfaits, possibles, à l'heure
actuelle. D'ailleurs des soldats armés sont dans le train.
Aux gares et le long de la voie, des postes de fantassins
chinois sont échelonnés; aux stations importantes se
tiennent des plantons des troupes internationales. Pourtant, la sécurité paraît complète, surtout depuis qu'on a
pris le parti radical, bien qu'un peu arbitraire, de
rendre responsables des attentats contre le railway,
les gens du pays où ils se commettent. Le réseau sur
lequel nous sommes, « l'Imperial Railway of North
China », est administré par les Anglais.

*
* *

Dès Tong-Ho, peu après Chi-Wan-Tao, les montagnes
disparaissent vers le Nord. Jusqu'à Pékin, c'est une
plaine coupée d'étangs; le paysage reste d'une tonalité
ocre, rendue plus monotone encore par l'uniformité des
villages, aux basses constructions en pisé. A chaque pas,
les tombes, essaimées dans les champs, ajoutent à la
campagne chinoise son lugubre caractère de cimetière
sans limites. Nous dépassons, en la voyant à peine,
Tien-Tsin. Un long trajet encore; et, sans transition, une
haute enceinte grise aux créneaux moyenageux, des
terrains incultes et accidentés, traversés par des voies
tortueuses, des maisons écrasées, aux enseignes multico-

lores, une seconde enceinte encore, au pied de laquelle
le train s'arrête; nous sommes à Pékin.

Je ne recommencerai pas ici la longue description,
tant de fois faite, de la vieille capitale. Nombre d'auteurs
ont trop bien dépeint ses deux villes rectangulaires,
tartare et chinoise, dont les remparts accolés forment
deux agglomérations distinctes; son palais impérial,
constitue à lui seul une cité à part, enserrée dans la
ville tartare; ses temples de Bouddha et de Confucius,
vastes enclos fermés, aux constructions d'une splendeur
inouïe qu'attriste le délabrement poussiéreux des sociétés
en déclin; ses rues d'immense village, rendues à peine
accessibles par les essais d'une malhabile voirie nou-
veau-née, dont le modernisme est annihilé par l'usage,
tenace chez les Chinois, d'user des bas côtés défoncés et
mal odorants. Dans ce mélancolique décor, une population hétérogène d'Asiatiques; majestueux bourgeois à
grosses lunettes d'écaille, chez lesquels se retrouve, indéfiniment répété, le type devenu populaire chez nous, du
vieux Li-Hung-Tchang; chariots primitifs à essieu de
bois, jouant là-bas le rôle de nos fiacres; coolies pliant
sous le faix du fléau chargé; femmes mandchoues aux
hautes coiffures étagées sur des palettes de bois, ou élégantes chinoises, les pieds en moignons, la face exagérément rehaussée de blanc et de rouge; populace sor-
didement haillonneuse; dandies d'une tenue soignée,
promenant leur oiseau apprivoisé au bout d'une baguette ou dans une cage bien ouvrée; soldats indigènes;
pousse-pousse d'un clinquant malpropre; longues théories de chameaux à l'épaisse toison marron, conduits
par des Mongols engoncés dans leurs crasseuses fourrures.

En revanche, pas un porc dévorant un petit Chinois!
Encore une légende qui s'en va! ni un de ces affreux

chiens glabres qu'on dit être comestibles : les mandarins qui veulent s'en |payer le luxe les feraient-ils venir de Paris?

Nous voyons tout cela, traînés dans l'unique break à deux chevaux loué au seul hôtel — neuf et presque luxueux — de la capitale; notre céleste cocher ne sait pas conduire; les gens n'ont pas l'habitude de se garer; les chevaux, de grands russes, sont vifs; nous descendons les pentes, nous faisons les tournants à toute allure. Aussi les résultats sont-ils immédiats; successivement nous culbutons un pousse-pousse, nous envoyons promener un coolie et sa charge, nous obtenons un contact aigu avec un char indigène transportant un gros mandarin. Par contre, nous « manquons » une rareté : un Chinois en vélo. Nous aurons apporté, nous aussi, notre appoint à la pénétration de la civilisation occidentale dans l'Empire du Milieu.

*
* *

Par une anomalie, née des tragiques événements de 1900, l'intérêt d'actualité réside surtout, à Pékin, dans le quartier des Légations. Les Légations forment à elles seules, avec quelques grandes banques et de très-rares magasins, le quartier non chinois, prudemment séparé de la ville par une fortification à peine déguisée, pourvu d'un poste de télégraphie sans fil le mettant en communication sûre avec les forces internationales cantonnées à Tien-Tsin, où résident nos artilleurs, un détachement de notre infanterie coloniale, et le général commandant; en outre, ce quartier est relié directement à la gare par une porte spéciale, percée après la guerre, dans le vieux rempart. Chaque Légation est gardée par des troupes de sa nationalité qui forment un effectif global de mille cinq cents hommes dont trois cents de nos « coloniaux ». Spectacle peu banal, en effet, que celui de cette avenue formée de constructions neuves et presque somptueuses, surmontées chacune de son pavillon propre, et gardées par un factionnaire de son armée nationale : un artilleur allemand, casque à boule, tenue grise, bottes fauves, fait face à l'un de nos « marsouins » à l'allure dégagée, jambières et béret alpins; puis c'est un petit « Jap » en « tampon » à bande rouge, vêtu de drap fauve, un long highlander, jambes nues sous la bise glaciale, un Russe, empaqueté dans sa lourde capote, un garde-marine des États-Unis, en élégant manteau bleu-ciel, et finement ganté de blanc; un fusilier hollandais, un marin italien, un autre, autrichien. Tous ces soldats, de types, de langues si diverses, vont, viennent, manœuvrent et fraternisent, vivant symbole de l'union des peuples civilisés, contre la formidable masse des Célestes, civilisés, sans doute, eux aussi, mais d'une mentalité si énigmatique, si réfractaire même à la nôtre.

Ainsi vu, Pékin donne l'impression d'une place en état de siège, sous le coup d'événements récents ou proches. Ce sentiment s'accentue encore par les sévères mesures militaires prises par le trône, à l'époque de notre visite, en vue de parer aux troubles possibles, à l'agitation latente, provoqués par la mort simultanée de l'Empereur et de l'Impératrice douairière. Dans ce pays d'autocratie, gouverné par des factions de la Cour, la rivalité aiguë entre les partisans du jeune Empereur, un enfant de trois ans, et du nouveau régent actuel

d'une part, et ceux d'une régence confiée à la veuve de
l'Empereur défunt, menace de dégénérer en troubles
graves. Puis les révolutionnaires entrent en scène ; un régiment d'artillerie, de province, s'est même révolté. Aussi
chaque carrefour est-il gardé militairement ; l'enceinte
extérieure du palais est entourée d'un cordon de troupes
de différentes armes, alternant entre elles, sans doute
par excès de prudence : fantassins chinois coiffés d'une
toque, ou d'un képi tampon, capote de lustrine fourrée,
bottes de feutre, assez peu martiaux d'aspect avec leurs
nattes prises dans leur ceinturon et leurs armes mal
entretenues, ou soldats de la garde mandchoue, en
turban, et d'allure plus militaire. Sur leur uniforme
noir, tous portent, en signe de deuil, un brassard
blanc.

*
* *

Nous quittons ce pays sous l'impression de pronostics
assez sombres. La mort des souverains a troublé les
esprits ; les couches profondes du peuple sont, nous
dit-on, en proie à une sourde agitation mal perceptible
à la surface pour le nouveau venu. L'intérêt politique et
religieux, un instant soulevé à Pékin par la visite sensa-
tionnelle du grand Lama du Thibet est lui-même passé
au second plan. « Toutes les craintes sont permises »
déclare un journal de Tien-Tsin. L'étalon d'or n'existe
pas en Chine et le cours du dollar, tombé de 2 fr. 80 à
2 francs, ajoute au malaise. Il faut espérer pour les
intérêts que nous possédons dans le Céleste Empire,
pour l'intervention éventuelle même de nos troupes,
que ces prévisions ne se réaliseront pas.

Les puissances y sont intéressées avec nous, pour les
mêmes motifs, plus accentués peut-être encore, car leurs

intérêts, surtout ceux de l'Angleterre, de l'Allemagne, des États-Unis et du Japon y sont, comme le nombre de leurs nationaux, supérieurs aux nôtres.

En Chine, les Allemands pullulent, moins peut-être encore que les Japonais; et les Anglo-Saxons y ont pris un tel pied que le *Journal de Chine* peut écrire : « Il semble que la langue anglaise tende de plus en plus à devenir la *lingua franca* du pays ». Autant qu'on en puisse juger par un si court séjour, il apparaît même que notre commerce, notre industrie ne tirent pas de cet immense marché, incalculable consommateur de nos produits pour de longues années encore, le parti possible : dans les ports, dans les chemins de fer, presque tout le matériel est anglais ou américain; dans les hôtels la bière, dont nos concurrents ont su imposer l'usage de préférence au vin, est anglaise, américaine ou allemande; dans les magasins chinois, la camelote est allemande ou japonaise, depuis les objets en tôle émaillée, devenus d'un usage général, jusqu'aux coiffures et aux chaussures de feutre, de l'aspect pourtant le plus autochtone au premier abord. Par un tour de force commercial les Anglais sont même parvenus à rendre la glycérine d'un emploi courant, dans le peuple, contre les inconvénients du froid, et des flacons de ce produit, d'un usage si raffiné chez nous, se vendent couramment dans les gares reculées.

Puisque nous sommes une des puissances intervenantes dans les affaires de Chine, puisque nous supportons les charges de ce rôle par le seul fait de notre corps d'occupation, fort de douze cents hommes, et de nos stationnaires, sachons au moins exciper de ces charges, en vue d'un coefficient correspondant d'avantages pour notre commerce.

Lorsque, débarrassé des influences ambiantes du pays

natal, on va observer au loin, on se rend compte combien le rayonnement de l'influence et la possession des grands courants d'affaires appartiennent aux peuples entreprenants dans leur politique comme dans l'action individuelle de leurs nationaux. Cette vérité nécessaire est insuffisamment comprise en France.

LE SOLEIL LEVANT

De ce bleu paradoxal, spécial à l'atmosphère d'Extrême-Orient, séparés de nous par un essaim d'îlots déchiquetés, les monts d'une terre lointaine s'accusent au large. C'est la Corée, le malheureux « Empire du Matin Calme », calme comme le suaire de mort qui l'isole du monde, et le recouvre, depuis que les Japonais ont fait de ce pays le gage de leurs victoires. Longtemps convoitée par la Chine, arrachée une première fois à la main mise nipponne par l'intervention des puissances après la guerre sino-japonaise, guettée par la Russie, revendiquée par le Japon, la Corée a subi l'éternelle loi d'attraction qui toujours finit par englober les faibles dans l'orbite des plus forts, et les conduire à l'absorbtion, quand ce n'est pas à l'annihilation définitive. Aujourd'hui, les Japonais sont implantés en Corée. Ils n'en sortiront plus que par une guerre.

Quelle action y ont-ils entreprise? Quel sort font-ils subir à cet infortuné peuple, réputé simple et bon? Par quels procédés transforment-ils ce coin de l'Asie en un prolongement de leur propre pays, en un champ proposé à l'extension de leur population dont la densité croissante étouffe dans leurs îles? Cela personne, même en Extrême-Orient, ne le sait, sauf eux. A peine, de temps à autre, un écho atténué vient-il jeter une lueur fugi-

tive sur la tragédie qui, sans indice extérieur, se déroule
là. Tantôt c'est l'annonce de la saisie d'un navire transportant des armes pour les « insurgés » coréens; ou
bien des... erreurs, telles que le fait suivant relaté dernièrement par un journal français de Tien-Tsin. « Trente-
quatre pèlerins coréens s'en allaient visiter un temple
renommé. Ils avertirent le gendarme — car en Corée les
temples sont gardés militairement — de leur intention
de faire leurs dévotions. Ces gens qui n'avaient pas
d'armes furent cependant pris pour des insurgés par les
soldats japonais et fusillés à bout portant. » De juillet 1907 à août 1908, les Japonais avouent avoir tué
douze mille neuf cent douze Coréens. Lors de la dernière conférence de la Haye, la misérable nation tenta
d'exposer publiquement sa détresse au monde civilisé,
de faire un appel suprême à la pitié. Sur les représenta-
tions intéressées du Gouvernement de Tokio, la Conférence refusa d'entendre les délégués du « Matin Calme ».
Depuis, les conquérants poursuivent leur œuvre dans
l'impassibilité du silence.

Les monts Bleus, puis les altitudes de l'île Quelpart
ont disparu. Bientôt c'est, fichée entre le Continent et le
Japon, l'île de Tsoushima, nom hier inconnu, célèbre et
sanglant aujourd'hui, plus qu'Austerlitz ou Sedan, parce
qu'il est à la base d'une évolution nouvelle de l'humanité. A Tsoushima, comme à Port-Arthur, plus même
peut-être, dominant le récent souvenir d'un effroyable
drame, s'impose l'obsession de ce peuple jaune, hier
encore dédaigné, presque ridiculisé, se révélant soudain
comme un des facteurs les plus redoutables dans le
recommencement des éternels luttes entre les nations,

entre races, et anéantissant en quelques heures, sans
pertes pour lui, l'une des plus renommées marines du
globe. Sous ces eaux, pour le moment tranquilles et
muettes, dorment les navires de Rodjesvensky, cercueils
tragiques des milliers de braves engloutis avec eux!

Comme pour marquer ce que le lieu a de sinistre
— coïncidence étrange — une jonque chavirée, victime
d'un typhon récent, erre, épave lamentable, sur ce
champ de carnage, le désignant presque ainsi qu'une
croix dans un cimetière.

*
* *

Le lendemain, au réveil, nous sommes mouillés dans
une rade étroite, formée de plusieurs îles, et protégée
par de hautes montagnes. Nous sommes au Japon, à
l'entrée de la Mer Intérieure, au point où les navires
abordant dans ces parages de l'Empire Insulaire doivent subir la visite de la douane et de la santé. De terre,
un vapeur de service vient à nous. Il vente un peu; la
mer clapote; le petit bateau roule, auprès de notre
grand navire immobile. En mauvais anglais, un des
officiers japonais nous donne l'ordre de changer de
mouillage en raison, déclare-t-il, de la difficulté d'accostage. L'embarquement semble pourtant aisé pour des
gens de métier. Nous obtempérons. Nous appareillons;
nous stoppons quelques centaines de mètres plus loin,
à l'abri d'une île. Le vapeur s'approche de nouveau.
L'escalier de coupée est installé à babord; ce n'est pas
ça paraît-il; on nous en fait établir un autre à tribord.
Enfin les fonctionnaires, douaniers et médecins, embar-
quent. Ils vérifient les papiers, contrôlent les feuilles sur
lesquelles il a fallu inscrire la valeur de chaque objet en
regard de sa spécification, s'informent de l'âge et du

sexe des animaux du bord, de la profession de deux ou trois malades qui sont à l'infirmerie, font défiler et comptent l'équipage; ils viennent au salon où, étriqués et un peu gênés tout de même, ils dénombrent et examinent les passagers, puis le groupe réintègre son bateau pour aller un peu plus loin recommencer sans doute les mêmes cérémonies auprès d'un autre paquebot qui attend.

Exagération de formalisme? Désir de bien marquer aux étrangers le droit d'en imposer à son gré? Peu importe. L'impression du premier contact n'en est pas moins empreinte de quelque grippement, en dépit de la suppression du passeport, résolue en 1899.

*
* *

Nous nous engageons dans l'étroit goulet, resserré comme un fleuve, qui, par l'Ouest, donne accès dans la Mer Intérieure. Et tout de suite, c'est une surprise, un enchantement. Le temps radieux et froid souligne étrangement cette succession de sites charmants ou sévères, cette nature, si différente du reste de l'Asie orientale qu'il faut un effort pour se rappeler qu'un simple bras de mer sépare du continent le long chapelet des îles japonaises, de Formose au Kamschatka. La végétation, la structure des altitudes, les maisons basses et propres, cloisonnées de papier, les gens bronzés, petits, trapus, le fourmillement des barques à multiples godilles latérales, la file ininterrompue des voiliers en bois nu, aux voiles carrées, en toile, et non plus en nattes comme en Chine, tout est empreint d'un cachet très particulier, très spécial, différant entièrement du déjà vu partout ailleurs, aussi dissemblable de l'empire voisin, que celui-ci peut l'être de l'Inde. Çà et là, dans ce cadre si pittoresque et si tranché, des cheminées d'usines, toutes neuves, un croiseur rencontré, rapide et puissant dans ses formes très modernes, viennent jeter une note d'antithèse brutale, que nous allons retrouver partout au Japon, et qui donne à ce pays le caractère d'une récente transformation matérielle inouïe.

*
* *

Au détour d'une sinuosité, les rives s'écartent soudain; nous pénétrons dans une vaste rade où charbonnent de gros transports, flanqués d'échafaudages légers, tout le long desquels une théorie pressée d'hommes et de femmes font prestement passer de main en main des mannes minuscules remplies de combustible. Par fractions minimes, le chargement se fait avec une promptitude déconcertante. Le long de la côte s'étend la ligne serrée, dénuée de saillies, d'une ville : c'est Simonoseki, jadis bombardée par l'escadre française commandée par l'amiral Jaurès. A Simonoseki, fut signée la paix consacrant la défaite de la Chine et l'accession définitive du Japon au rang de grande puissance; confirmation éclatante de l'effort gigantesque accompli par le « Soleil Levant », mais prélude de la grande guerre contre la Russie.

L'étude, même succincte, de cet effort, l'incroyable métamorphose de ces Asiatiques, sortant en moins de quarante ans de leur civilisation millénaire, pour adopter ce que la nôtre pouvait leur procurer de force matérielle propre à sauvegarder leur nationalité contre l'envahissement européen, tout en conservant ce qui de leurs mœurs n'était pas incompatible avec la nécessité nationale de cette transformation, cela constitue bien un des phénomènes les plus étranges, les plus passionnants qu'ait eus à enregistrer l'histoire. Il s'est produit là un travail incessant, une modification intégrale de toute une race; les développements successifs, comme le but final de cette entreprise, en sont encore à la période initiale; ses phases offriront, pour de longues années encore, à l'observateur un sujet inépuisable de documentation passionnante.

L'ANCIEN ET LE NOUVEAU JAPON

Cet entraînement subit et formidable vers la civi
lisation occidentale, cette évolution profonde, en quelques années, d'un peuple possédant sa tradition propre,
vieille de plus de deux mille ans, n'a pas, cela va
de soi, anéanti du même coup tout ce qui fut le
passé de ce pays. L'âme japonaise, d'abord, certes, et
autant qu'on puisse pénétrer son âme fermée, n'a
pas changé. Dans cette juxtaposition de sa mentalité
avec l'introduction presque brutale de nos moyens d'action matérielle, économique ou guerrière, réside précisément, plus qu'en tout le reste, dans ce pays heurté,
un intérêt profond de psychologie publique. A côté de
cette société nouvelle, créée de toutes pièces, subsiste,
intégral, l'ancien Japon. Ses temples magnifiques, aussi
luxueusement entretenus que ceux de Chine sont lamentablement ruinés, ses monuments historiques, ses Boud-
dhas gigantesques, ses parcs sacrés du shinthoïsme où,
dans le décor d'une végétation séculaire, errent des troupeaux de daims vénérés comme à Nara, où volètent des
milliers de colombes consacrées comme à Kamakura, tout
cela est resté intact; telle la vieille forteresse moyenageuse
à triple enceinte qui sert de palais au Mikado; comme
sont encore en honneur les cortèges traditionnels, bouddhistes ou shinthoïstes, où dans le recueillement de la

foule, défilent de somptueuses théories de chevaliers, revêtus des anciennes armures des guerriers antiques, de prêtres chevauchant, couverts d'ornements éclatants.

*
* *

A ce propos, le Japon est-il irréligieux comme certains l'affirment? Je n'ai point l'intention de solutionner ici cette question délicate. D'après ce que j'ai vu, je crois cependant pouvoir penser qu'on s'est trop hâté de la trancher, et me contente de rapporter ce que j'ai observé : le Japon a deux religions : le shintoïsme, culte autochtone d'une haute antiquité; et le bouddhisme, importé postérieurement de Chine, il y a plusieurs siècles. Le Mikado est shinhoïste. Mais, partout, les deux cultes vivent côte à côte, également libres et respectés. Par contre, presque toutes les maisons, même les moins « fréquentables », possèdent leur autel privé. Les temples, ceux des villes comme ceux des campagnes, généralement situés dans de beaux parcs, où sont disséminées des échoppes vendant de tout, sont assidûment fréquentés par la foule. J'ai vu peu de visiteurs y venir sans faire une station devant l'un des autels ouverts sur le parc, et agiter pieusement l'énorme grelot destiné à appeler l'attention de la Divinité. Ils priaient avec une conviction évidente, sans s'inquiéter du voisinage de l'étranger, ni que, jamais, une attitude, un regard ait décelé chez les présents une hostilité ou une raillerie à l'égard des fidèles. Cet esprit religieux est-il profond dans la masse? Peut-il avoir une influence sur sa dirigeabilité? Cela, je l'ignore et, je crois, avec moi l'ignorent tous ceux qui se sont faits les protagonistes d'une opinion à ce propos. Par contre, ce qui éclate, à chaque pas, aux yeux, c'est la ferme volonté du gouvernement de solidariser l'exalta-

tion du patriotisme avec le sentiment religieux : partout,
à tous les carrefours des temples et des bois sacrés, sont
exposés avec ostentation, soigneusement entourés ou
juchés sur des socles, non pas les trophées des guerres
nationales, le Japon n'a pas eu encore assez de gloires
militaires pour cela, ni même, par discrétion de race
sans doute, ceux de la guerre sino-japonaise, mais ceux
de la guerre de Mandchourie : canons, projectiles, fusils
ou même pioches et fils de fer barbelés. Ces trophées,
ce sont ceux de la grande lutte, où le Japon a conquis
son rang actuel, surtout, *surtout,* vaincu les Blancs, et
justifié les rapports prophétiques de notre attaché militaire, le commandant Corvisart ; on ne voulut pas plus y
croire alors, quai d'Orsay et rue Saint-Dominique, qu'on
n'avait tenu compte, avant 1870, des avis du colonel
Stöffel, ce qui fut si amèrement reproché plus tard à
l'Empire... Quoi de changé?

*
* *

A chaque pas se retrouve cette survivance des anciennes
mœurs, assez implantées pour qu'on ne puisse prédire combien de temps, lustres ou siècles, elles résiste-
ront à l'œuvre d'européanisation, ni si même elles dis-
paraîtront jamais. La polygamie par le concubinage
légal survit ; elle durera vraisemblablement d'autant plus
que le prince héritier est lui-même fil d'une concubine.
Dans sa vie privée, le Japonais, riche ou pauvre, a conservé son mode d'alimentation, dont le riz, mangé avec
des baguettes, le poisson séché, le thé et le saké, alcool
de riz qu'on boit chaud, forment la base. Il compte encore à la chinoise, au moyen de ces petites caisses à
boules, si curieuses.

La conception qu'a le Japonais de la prostitution déroute plus encore notre mentalité d'Occidentaux ; organisation sans équivalent, au demeurant, avec ses villes dans les villes, ses femmes, poupées richement ornées, encagées en de clinquantes boutiques grillagées, surveillées par un grave caissier installé près de « l'étalage » des pauvres créatures, vendues par leurs parents ou mises en gage par leurs maris, sans qu'un déshonneur en résulte pour la femme ou pour les siens. A Tokio, la « ville » en question, le Yoshiwara, renferme, dit-on, à elle seule, six mille femmes. Elle en compta jusqu'à vingt mille ! Quant aux Geishas, artistes, celles-là, chanteuses et danseuses, mais non prostituées, elles sont plus en honneur que jamais. Il est d'une courtoisie élémentaire entre Nippons d'égayer la plus courante réunion par le spectacle des Geishas ; spectacle d'ailleurs vite fastidieux pour l'Européen. On dirait que le contact du Japonais avec l'Occident a développé chez lui davantage encore le plaisir que lui cause l'évocation de ses antiques danses, de ses mélopées ancestrales, soigneusement transmises aux générations de Geishas dans de bizarres « conservatoires » spéciaux dont, certains, tel celui de Kioto, sont fort réputés.

Les sports préférés dénotent eux aussi ce sentiment, depuis le tir à l'arc, très en honneur, jusqu'à l'escrime moyenageuse, où les adversaires, bardés des anciennes armures laquées, combattent avec une latte à deux mains, et au célèbre jiu-jitsu, dérivé certain des luttes antiques de toutes les latitudes.

*
* *

Dans ses relations avec le Blanc, le Japonais se surveille et tâche de le singer. A chaque instant pourtant s'accuse l'abîme qui nous sépare de ces hommes ; cela se manifeste dans leurs moindres actes privés, tel cet usage du bain des sexes en commun, dans les hôtelleries japonaises. Au Japon le nu et le mélange des sexes sont choses courantes, et naturellement reçues; la lubricité engendrée par ces us apparaîtrait comme un non-sens à ces gens, si dénués de retenue, d'autre part, cependant.

A ce propos il me revient un petit fait typique : les wagons de première sont un long couloir dont les occupants, au nombre d'une cinquantaine, se font vis-à-vis. A une station, montent deux officiers supérieurs en grande tenue, irréprochables, et un monsieur. Le compartiment était occupé, entre autres, par plusieurs Européens, dont des dames. Le train se met en marche. Le monsieur ouvre deux valises et, froidement, se déshabille, sans souci de l'assistance. Il enlève tout, tout, vous m'entendez! et le range méthodiquement dans la première valise. Puis il tire de la seconde un pantalon, l'enfile — enfin! — une cravate de commandeur, se la passe au cou, une tunique chamarrée de décorations, ceint une épée minuscule, met des gants blancs, une coiffure galonnée, et nous apparaît sous l'aspect d'un capitaine de vaisseau de la marine impériale. Cela le plus naturellement du monde...

LES MUSÉES

Les dirigeants de l'évolution japonaise n'ont pas, vous le pensez bien, négligé tout ce qui pouvait, par une démonstration tangible, contribuer à la nouvelle orientation de l'intellectualité populaire. On a créé, un peu partout, dans les grandes villes, des musées dont le premier remonte à seize ans seulement. Musées artistiques d'abord, dans lesquels on a judicieusement réuni tout ce que des siècles d'art national — complété par des objets de valeur « rapportés » de Chine — pouvait offrir de plus remarquable. Mais ce groupement hâtif ne va pas parfois sans quelques surprises ; à Kioto, à proximité d'une pyramide érigée sur des milliers d'oreilles coréennes, singuliers trophées d'une expédition envoyée... civiliser — déjà ! — la Corée, il y a trois siècles, s'élève une affreuse construction à prétentions grecques. On a installé les collections dans cet édifice. Là, les objets préhistoriques de la pierre taillée ou de l'âge du bronze, les plus belles peintures, les riches armures et les armes étincelantes, les spécimens des anciennes jonques de guerre, voisinent avec ce que Kioto produit, à l'heure actuelle, d'art moderne. Par contre, nulle part, aucun de ces ivoires renommés qui font l'admiration de nos connaisseurs ; j'ignore le pourquoi d'une telle lacune. Tout à côté de ces richesses, une vitrine isolée renferme une collection de hideuses carpettes à trois francs le mètre, avec cette mention : « Don du bureau d'Agriculture et du Commerce de France. » Cette horreur de bazar, don officiel de notre gouvernement! Elle est seule, au milieu de ces trésors, à représenter notre art et notre industrie! La vue pénible de tant de bêtise ou d'inconscience de la part de notre administration, cette constatation souvent observée ailleurs, ne suggère-t-elle pas la nécessité que le soin de nos envois officiels aux musées étrangers soit désormais confié à la compétence éclairée des grandes Chambres syndicales, et non pas laissé à l'insouciance d'un subalterne ignorant ou négligent?

*
* *

Dans une des pagodes de Kamakura, à côté d'armes prises aux Russes, ont été réunis des souvenirs militaires de la haute antiquité japonaise. A Nara, un musée régional expose au public tous les produits de la province; ces produits, identiques aux nôtres, sont d'une multiplicité déconcertante. Ce musée spécial est le résultat d'une coopération entre commerçants et industriels. On y vend, et l'entreprise prospère. Où voyons-nous cela chez nous? C'est là que j'ai trouvé avec surprise toute une vitrine remplie de ces fausses laques en carton verni, grossier pastiche européen des produits d'Orient, et devenues chez nous, sous mille formes, d'un usage si courant. Par un choc en retour inattendu, ce dérivé dénaturé de l'industrie d'Extrême-Orient a été capté à nouveau par des industriels de là-bas; et je m'y suis repris à deux fois pour examiner, fabriqués en plein Japon, nos dessous de plats, nos plumiers, nos porte-allumettes et tant d'autres menus objets, à nos couleurs, marqués de mentions françaises, quelques-uns ornés d'une vue de la Tour Eiffel ou de la Porte Monumentale de 1900.

A Tokio, un musée encyclopédique, rappelant, en diminutif, le Kensington de Londres ; un jardin zoologique, encore bien rudimentaire, où des chevaux et des chiens domestiques font nombre à côté d'un malheureux éléphant, étroitement ligotté, don du roi de Siam ; d'autres musées encore, des écoles industrielles, jusqu'à des panoramas de vulgarisation.

Tout cela tout neuf, parfois bien incomplet, certes, et bien peu coordonné, atteste cependant l'étendue de l'effort entrepris en vue de familiariser le peuple avec la vie nouvelle qu'on entend lui imposer en vue des grandes — trop grandes peut-être — destinées qu'on lui réserve.

L'art moderne, lui aussi, a sa place dans ce mouvement. L'École de peinture de Kobé commence même à produire des décadents très indépendants, dont les tartouillades viennent d'être substituées aux magnifiques panneaux anciens d'un des temples de la ville ; jusqu'où peut aller l'esprit d'imitation chez un peuple de copistes !

Mais de tous leurs néo-monuments, celui dont les Japonais sont le plus fiers, celui qu'on vous recommande par-dessus tout de visiter à Tokio, — comme, à Kioto, on vous mène d'abord à l'insignifiant temple de Chi-Cha-Ko, parce que Rodjeswenski et cent de ses officiers y furent prisonniers, — c'est le Musée de l'Armée. Chez nous, comme chez les vieux peuples dont des siècles de gloire ont fait la grandeur et l'histoire, le Musée de l'Armée, c'est la réunion sacrée de tout ce que des générations et des générations de héros ont accumulé de nobles souvenirs, d'étendards, payés de leur sang, sur tous les points du globe. L'histoire du Japon lui a permis de simplifier tout cela. Volontairement, ceci est évident, on a diplomatiquement négligé ce qui pouvait rappeler la guerre avec la Chine, et constitué ce Temple de la Victoire avec les seuls souvenirs de Mandchourie. Quelques objets disparates, épars çà et là, ne donnent pas le change. Dans la disgracieuse bâtisse, à peine terminée, en style de sous-préfecture, aux détails d'exécution grossiers, érigée pour abriter le Musée de l'Armée, on a entassé le capharnaüm hétéroclite d'une collection bizarre, avec l'objectif exclusif et très net de frapper l'esprit de la foule, en mettant sous ses yeux la preuve tangible de sa supériorité sur les Blancs, et d'englober dans la défaite russe toutes ces nations, hier encore redoutées, représentées aujourd'hui à la masse comme tremblantes devant l'Astre du Soleil Levant.

En ce Musée, tout est pêle-mêle : canons démontés, manches à vent ou projecteurs criblés de trous, armes tordues, instruments de musique intacts recueillis sans doute après une fuite éperdue de l'ennemi, uniformes russes, torpilles, pelles, pioches, fils de fer des défenses, embarcations déchiquetées. Une série complète de très belles photographies de la guerre court sur les murs, et la place d'honneur a été réservée à l'une d'elles, montrant Stoessel, souriant et prétentieux, et Nogi, renfrogné, entourés de leurs états-majors en grande tenue, gants blancs, comme pour marquer le souvenir d'une « bombe »... pour rire.

Par contre, et dans un sentiment de piété patriotique, que l'on doit admirer, on a orné le Musée de portraits, de même taille et de même facture pour tous, des héros qui se sont immortalisés pendant la grande lutte : généraux empanachés, à la tenue française, amiraux, officiers, soldats ou simples matelots. Tous sont là, côte à côte, sur un même rang, continué en corniche de salle en salle, égaux ici comme ils le furent au feu et dans la mort glorieuse. De place en place, une vitrine montre les armes brisées, les vêtements encore tachés de sang en leurs déchirures, les souvenirs de ceux qui ont bien mérité de la nation. Et ce culte des braves est très beau, très impressionnant. Il est une sévère leçon, hélas! bien incomprise, à nous autres qui ne savons plus guère honorer nos gloires passées et nos morts pour la patrie.

Dans ce domaine, pourtant si élevé, c'est nous qui pourrions prendre exemple sur les Japonais, et apprendre d'eux comment on façonne l'âme d'un peuple.

LE PÉRIL JAPONAIS

Ce chauffage à blanc, cette exaltation méthodique du patriotisme japonais, déjà très accusé naturellement, et fait d'un orgueil excessif d'avoir enfin vaincu une race longtemps redoutée, sont basés sur la glorieuse tradition d'une longue suite de siècles de féodalité guerrière, sur le sens d'une civilisation propre, et d'une antiquité supérieure à la nôtre; ils devaient aboutir à une surexcitation suraiguë du sens national. Ce fait comporte une portée d'autant plus inquiétante qu'il a transformé la masse populaire japonaise en un des leviers des matériels et moraux les plus puissants que des gouvernants aux visées sans limites, à l'ambition exacerbée, aux scrupules restreints, aient jamais tenus entre leurs mains.

C'est bien simple : actuellement, à part une infime minorité d'esprits éclairés connaissant le monde, tout Japonais, emmuré dans ses conceptions par l'immuabilité de sa littérature et de ses caractères, croit, dur comme fer, que son pays ne fera qu'une bouchée de n'importe quelle grande nation, — au besoin de plusieurs à la fois, — dont l'intervention tenterait d'entraver l'expansion de l'Empire. Les Nippons ne proclament-ils pas, à qui veut les entendre : « Nous transporterons quand nous voudrons, en Indo-Chine, notre villégiature », ce qu'avait le bon goût de confirmer un Japonais de qualité à l'un de nos compatriotes, établi à Tokio. Ce propos, d'ailleurs, leur est familier, me disait-on.

Le peuple dûment éduqué par les instituteurs de ses écoles mixtes, auxiliaires naturels de la formation sociale et nationale, comme cela doit être chez toute nation saine, est absolument, mais là, absolument convaincu que les Blancs, Américains ou Européens, ont dû venir chercher au Japon les éléments des sciences modernes. « Avez-vous aussi en Europe des tramways électriques et des chemins de fer? » me demandait un Japonais, pourtant de bonne classe.

Ce patriotisme exalté et étroit est assez implanté dans la masse pour être concret et n'avoir pas besoin de symbole. Ainsi, les portraits du chef de l'État, du Mikado, sont partout rares. Je n'en ai, pour ma part, nulle part rencontré.

*
* *

Le Japonais peut aujourd'hui, il en a la conviction, à peu près tout se permettre à l'égard d'autrui; ordinairement réfrénée par prudence ou calcul, cette mentalité se manifeste cependant parfois d'une façon brutale dans les plus petits faits; en voici un, entre bien d'autres. Dernièrement, le sergent D... de notre 16ᵉ colonial en garnison à Chi-Wan-Tao en Chine, était attablé devant un rafraîchissement, quand passe un soldat japonais du corps d'occupation, et nouvellement débarqué de son pays. Avec un Européen, on pouvait tout se permettre. Le petit Japonais s'avance, et, froidement, boit le contenu du verre du sergent. Mauvaise idée, d'ailleurs. D... est un gaillard. Il administra à l'intrus une volée qui rétablit une fois pour toutes les limites de la convenance entre les deux détachements. Mais ce minuscule fait divers est-il assez significatif?

Si, pour de multiples raisons, le gouvernement du
Mikado concentre tous ses efforts, ainsi que le constatait
dernièrement le *Times of Japan,* vers l'accaparement de
l'immense et encore à peine entr'ouvert marché chinois,
d'ailleurs lamentablement négligé par nous, le jour où
ses visées, ou même la force des choses le pousseront
vers des objectifs plus agressifs, ce jour-là, la Nation
le suivra aveuglément, qu'on en ait la certitude. Elle est
préparée à tout.

*
* *

Quand on parle de cette « force des choses » qui
pourra à un moment donné jeter le Japon hors de ses
frontières, on est amené à envisager les conditions
mêmes d'existence du peuple japonais. L'immense développement de ses îles montagneuses ne compense pas
l'équilibre nécessaire entre les ressources de son sol et
l'incroyable augmentation de sa population, laquelle
atteint aujourd'hui près de cinquante millions. Je ne sais si
elle s'accroît annuellement, comme certains l'affirment,
d'un million d'individus par an. Mais partout on a l'impression d'un trop-plein, d'une cohue très à l'étroit. Les
facultés de travail du Japonais, homme ou femme, sa
frugalité extrême ne sauraient, en tous cas, lui permettre
de supporter indéfiniment le danger de ce défaut d'équilibre. Et à voir, parmi dix femmes d'âge moyen, la moitié
d'entre elles au moins porter sur leur dos un mioche
empaqueté dans le kimono, on peut supposer, à défaut
de statistiques, que l'accroissement est, en effet, formidable. Qui sait, peut-être est-il le résultat d'un mot
d'ordre, dans ce pays où tout est une-consigne? Que
notre bon M. Piot, citoyen clairvoyant, ne vint-il se docu-
menter ici?

7

Dans cette exubérance de la race réside, précisément, le danger de la question d'Extrême-Orient, danger autrement grave, dans l'avenir, croyez-le, que d'autres, d'ordre politique, pour le moment plus au premier plan. Il faut impérieusement deux choses à ce peuple, comme il faut de l'opium aux Chinois : un déversoir à son excès de population, et du riz. Par la cession du sud de Sakaline, après la guerre, et l'exploitation des îles arctiques, il a le poisson. Mais le riz, son pain, la base de sa nourriture ! Poussé par ces deux motifs vitaux, il a saisi Formose, il prend la Corée, il veut la Mandchourie, où le prétexte de la garde et de la défense très opportune de la voie ferrée permet cependant aux Russes de rentrer à peu près sans bruit ; il suit avec trop d'intérêt notre Indo-Chine ; il entend imposer ses nationaux aux États-Unis, sur le continent, comme à Honolulu.

Étouffer dans ses îles ou tenter d'autres conquêtes ; voilà le terrible dilemne auquel est acculé le Japon.

*
* *

Avant la guerre de Mandchourie, le Japon fut ouvertement xénophobe, au point qu'on put se demander si la vie y resterait possible aux étrangers, si chaque jour ne verrait pas naître un sanglant incident, gros de conséquences. Les dispositions intimes de ce peuple, cela est certain, n'ont pu être modifiées depuis. Mais la forme extérieure, sous une impulsion d'en haut, s'est modifiée. On sent aujourd'hui, partout dans l'Empire, que la consigne est d'attirer, de retenir, de charmer si l'on peut les Blancs détestés. D'abord, le commerce local y trouve son compte.

Dans les rues, on perçoit la volonté de la foule, hier encore si hostile, de faire aimable figure à l'étranger.

C'est que, comprimant leur haine latente, domine là comme ailleurs, chez les Japs, la volonté hautaine, d'ailleurs respectacle, d'être traités par tous en société très-civilisée, et de le justifier.

Puis, il y a autre chose : il y va de la renommée du Japon. Or, le Japon a, en ce moment, besoin, grand besoin de bonne renommée... et de crédit.

Car, dominant tout le reste, et l'évolution accomplie, et la puissance obtenue, et les apparences, et le fond, ce besoin est général et avoué; pas d'or, du papier; une monnaie d'argent de valeur égale sous un volume variable; puis, surtout en ce moment, peu d'affaires; le Japon a lésé beaucoup d'intérêts; il souffre terriblement du boycottage dont la Chine l'a frappé.

On a fait d'énormes cuirassés, mais les villes n'ont pas d'égouts.

On a percé dans Tokio d'immenses avenues, facilitées par l'extrême économie des constructions de bois et de papier; une seule de ces voies, l'avenue Kio-Bashi, a quatorze kilomètres de longueur. Mais les campagnes sont à peu près dépourvues de vraies routes carrossables, et possèdent seulement de simples sentiers dans les montagnes, des chaussées de piétons dans les rizières. Ainsi, faute d'une route convenable on ne peut sortir en voiture de Kioto, pourtant une ville de huit cent mille habitants.

Asakusa, la foire perpétuelle, Yoshiwara, la cité des six mille femmes, languissent.

La soie, cette industrie nourricière du pays, et dont le Japon alimente le monde à lui seul pour plus d'une moitié, subit, pour des causes multiples, une crise.

En outre, l'industriel, le négociant japonais, trop malins, trop désinvoltes, ont fatigué le monde des affaires et, avec lui, le crédit. Un haut personnage de la Cour demandait au cours d'un Conseil, m'a-t-on raconté :

« Cet argent que nous devons au monde entier, comment le rembourser? — Mais, lui aurait-il été répondu, n'avons-nous pas nos canons?... »

Je n'ajoute pas autrement foi à ce dire; cependant le fait que le propos ait pu être colporté parmi la colonie étrangère et paraître vraisemblable n'est-il pas le reflet d'un état d'esprit certain?...

*
* *

Et pourtant, en dépit du resserrement de crédit, il faut, coûte que coûte, à ce pays qui s'est lancé avec une furia vertigineuse dans les dépenses les plus lourdes et les plus excessives, à cette grenouille de la fable, le moyen de continuer à faire le bœuf.

Un de ces moyens était, croyait-on, l'Exposition Universelle projetée pour 1912. Avec leur belle et juvénile assurance, qui les a du reste par ailleurs tant servis, les Japonais la voyaient déjà faite. Au pied du mur, il a fallu déchanter. Le gouvernement vient de déclarer qu'elle est reportée à 1917, au moins. Le prétexte est que le pays, où, en réalité, Tokio et Yokohama sont seules à peu près aménagées, n'était pas encore outillé pour recevoir dignement un grand afflux d'hôtes étrangers.

Cette Exposition se fera-t-elle? Est-il même souhaitable que les nations productrices aillent porter au Japon les modèles à plagier, que les Japonais sont encore obligés d'aller chercher au loin? D'ici là, bien de l'eau coulera sous les jolis ponts des vieux temples. Des emprunts auront lieu : de ces bons emprunts auxquels nous souscrivons toujours si largement, nous autres excellents Français, avec la belle monnaie desquels nos emprunteurs vont commander leur matériel en Angleterre et en Allemagne, parce que nos concurrents ont des hommes politiques pour défendre pratiquement leurs intérêts matériels au dehors, et des financiers d'un patriotisme éclairé pour soutenir leur industrie nationale au dedans.

*\
* *

Je vous laisse le soin de tirer de ces rapides observations, qui nous intéressent tous comme Français, la conclusion que vous jugerez convenable.

Et je terminerai ce chapitre en citant cette phrase d'un Japonais, car elle est synthétique de ce qui précède : « Le Japon, disait ce Jaune perspicace, est la dernière des grandes puissances. La France est la première des petites. »

Eh bien ! non, pas encore, tout de même !

L'ESSOR DU JAPON

Aucune grande nation industrielle, maritime et coloniale, comme l'est la nôtre, ne peut, le voudrait-elle, se désintéresser de l'apparition dans les affaires du monde, d'un facteur nouveau qui vient de se manifester si redoutable, et dont les visées constituent, il ne faut pas s'y tromper, un des problèmes les plus troublants pour la génération prochaine : un peuple ouvert, par la force, il y a cinquante ans à peine, à la civilisation blanche, au cours d'une intervention américaine, et capable, dans ce court espace de temps, d'abandonner ses jonques pour devenir son propre constructeur et passer au cinquième rang des puissances navales, de renoncer à son statut vingt fois séculaire, de transformer ses guerriers cuirassés de laque en une armée victorieuse de l'Empire moscovite, de faire surgir un personnel industriel et commercial dont la compétence actuelle embrasse toutes branches de la science économique, de traiter d'égal à égal avec les gouvernements les plus respectés et de devenir l'allié de l'Angleterre, ce peuple-là ne peut rester ni neutre ni indifférent. Il doit jouer un rôle, un grand rôle pour ou contre ses amis, ses adversaires ou ses rivaux. Les besoins de ses aspirations sont marqués d'une précision rendue plus préoccupante encore par le champ d'action qui lui est dévolu : cet Extrême-Orient où vont se jouer, dans un avenir peut-être rapproché, les destinées des races.

L'orgueil inné du Japonais, poussé jusqu'à l'exaltation par le succès inouï de ses armes, assigne à son pays une mission providentielle : le Japon doit, croit-il, régénérer l'Asie, et même l'Europe, restituer le monde jaune aux Asiatiques, arrêter l'expansion des Blancs, les confiner au besoin dans leurs régions d'origine, à lui seul diriger avec profit la régénérescence de la Chine à l'exclusion de quiconque, se hausser au rang d'une élite dont le reste du Monde sera admis seulement à suivre de loin le lumineux sillage.

Vous pensez que j'exagère? Mais cela, voici des années que les orateurs, les auteurs, les journalistes japonais le répètent à satiété. Déjà il en était ainsi avant la guerre russo-japonaise. Dès 1898, dans son très remarquable ouvrage *le Japon vrai*, M. Félix Martin pouvait rappeler cette opinion d'un officier nippon à M. Klobukowski : « Nous serons bientôt plus forts que vous à tous les points de vue, car nous ne prenons des civilisations avec lesquelles nous sommes en contact que la quintescence ». M. F. Martin citait encore un livre d'école primaire s'exprimant ainsi : « Notre Grand-Nippon, gouverné par son sage empereur, est supérieur à tous les pays du monde ». Un journal de Tokio, en 1895, déclarait : « Le Japonais est guidé par l'amour de la vertu tandis que le vil Européen ne recherche que le plaisir physique et sensuel. Le but de tout Japonais, c'est d'être « un vrai chevalier ». A la même époque, la *Revue de Tokio* affirmait : « La mission du Japon, c'est de civiliser l'Europe, d'en réformer la morale et la religion... » Tout simplement.

Un des premiers écrivains du Japon énonçait : « L'énergie latente du peuple japonais cherche une issue; il est nécessaire, dès le début, d'orienter la direction générale de son mouvement d'expansion... Dans peu d'années le Japon aura établi sa suprématie navale dans l'Orient et alors il lui sera facile d'embrasser *toutes les côtes orientales de l'Asie* dans sa sphère d'influence ». Donc, l'Indo-Chine, les Philippines et le reste.

*
* *

Depuis, l'expansion japonaise a marché. Formose, arrachée à la Chine, est devenue par l'extermination organisée des indigènes, un premier déversoir ouvert au trop-plein de la population nipponne. La même destinée attend la Corée.

Est-il besoin d'en dire plus pour comprendre ce qu'est devenu, aux yeux du Japonais d'aujourd'hui, grisé jusqu'à l'affollement par ses victoires sur les Russes, la conception de son rôle dans le monde? Et l'on se demande par quel aveuglement, par quelle folie, une nation de haute et sage politique comme l'Angleterre a pu, de ses propres mains, par l'appui de son alliance, d'autres nations encore, comme la France et les États-Unis par leur or, forger de toutes pièces cette puissance inquiétante, à laquelle on a fourni la force matérielle, alors que tout la sépare de nous autres Blancs : la mentalité, la philosophie, les aspirations, la race, les intérêts. Ayez-en la certitude : le Japon, qui ne craignit pas de nous menacer, — malgré qu'il eût alors sur les bras la guerre de Mandchourie, — lors de l'escale de la flotte Rotjeswenski à Cao-Bang, et qui, il y a quelques mois à peine, se montrait prêt à tirer de nouveau l'épée contre les États-Unis, deviendra sous peu la justification de la fameuse allégorie du Kaiser : « Peuples de l'Europe, gardez vos biens les plus sacrés ! »

*
* *

Est-il possible d'affirmer que cet état de choses s'appuie sur une opinion publique, ce qui constituerait au demeurant une sécurité? Avec tous les auteurs autorisés qui ont étudié la question, il est permis de répondre : Non. En fait, le Japon d'aujourd'hui, émanation de siècles d'une féodalité étroite, est gouverné par deux hommes éminents : Ito, assassiné depuis, et Inouyé, secondés par une aristocratie intellectuelle de première valeur : vous savez, ces Japs exigus, fluets, le nez souvent orné de lunettes d'or, les dents très saillantes dans un visage teinté, un peu risibles en leurs vêtements européens, et que depuis des années on a vus çà et là, chez nous et ailleurs, trottinant, furetant, le sourire figé, interrogeant et fouinant partout où il y avait un renseignement à recueillir, en quelque domaine que ce soit, une indication à glaner. On les a traités presque à la blague, sans s'y arrêter, comme des « petits pays chauds » insignifiants. Eh! bien, ce sont eux, ce sont ces menus personnages dont nous souriions, qui ont fait le Japon moderne; eux qui ont accompli ce tour de force extraordinaire d'assimiler leur cerveau d'Asiatiques à tout ce que notre science appliquée, notre sociologie, notre culture européenne avait de plus subtil, de plus élevé, et, parfois de plus aride. Incapables, par atavisme, de rien inventer, ils ont été de merveilleux enregistreurs. Ils ont emmagasiné dans leurs cervaux assouplis tout ce qu'ils voyaient, tout ce qu'on leur apprenait. Et, fécondateurs sans pareils, cet énorme bagage de sciences si diverses, ils l'ont rapporté intact chez eux, implanté, développé assez énergiquement pour faire en quelques années du Japon la force qu'il est devenu.

*\
* *

Entre cette pléiade et le peuple, intervient la couche
sociale des étudiants, réserve de l'avenir, continuateurs
autochtones de la science puisée ailleurs. Puis, au-dessous, la masse crédule, peu lettrée, naïve, énergique,
sobre, endurante, adroite, valeureuse, et d'un patriotisme
savamment poussé jusqu'à l'abnégation : admirable instrument d'action entre les mains des quelques conducteurs d'hommes qui ont assumé la tâche et les responsa-
bilités du gouvernement de leur nation.

*\
* *

Là-bas, la presse, telle que nous l'entendons, est
inexistante. Les feuilles populaires sont inconnues ; les
journaux sont quelques importants organes coûteux,
s'adressant à la seule classe instruite, et dédaignant les
forts tirages de nos grands quotidiens ; de rares magazines,
calqués sur les nôtres ; de plus rares illustrés, d'un prix
élevé. Et c'est tout. Au demeurant, la liberté de la
presse n'a, jusqu'ici, jamais gêné les gouvernants japonais ; ou, quand elle les a gênés, ils l'ont muselée avec
une vigueur, une désinvolture toute orientale. Le parle-
mentarisme lui-même, organisme dépaysé dans un pays
non préparé à son fonctionnement délicat, n'a pu constituer, depuis le jour de sa fondation, en 1890, qu'une
entité fictive, sous l'influence dominante et décisive
du Gen-Ko-Nin, Chambre des seigneurs, dont la majorité
est nommée par le Mikado, et dont l'orientation est au
pouvoir de quelques hommes de très haute valeur, seuls
maîtres, en fait, des destinées du Japon.

*
* *

Il fallait donc faire du peuple japonais un outil docile et fort à la disposition des chefs qui s'étaient donné pour mission de transformer au besoin leur patrie, devenue une des plus grandes puissances du monde, en une nation conquérante et dominatrice. On peut juger de l'intensité de cette action par les résultats matériels obtenus en vingt ans : organisation d'une flotte et d'une armée pouvant figurer parmi les premières, les mieux organisées et les plus solides; rendues plus redoutables encore par leurs succès; mise en valeur des richesses du sol national; création d'une industrie considérable, dont l'initiative et l'audace ont embrassé d'un seul coup presque tous les domaines de l'activité humaine. Et tout cela obtenu simultanément d'un peuple, hier encore fermé à tout ce qui n'était pas lui-même, entièrement étranger au monde extérieur, d'autant plus hostile à l'action du dehors que le respect de ses longues traditions, la conviction de sa grandeur passée, l'admiration pour sa propre civilisation, étaient plus développés en lui.

Dans l'esprit des réformateurs, il y allait pour leur patrie d'une question d'existence. S'ils échouaient, c'était leur race subissant la domination blanche comme l'Inde, l'Égypte, l'Indo-Chine, les Philippines, ou bien son ingérence comme la Chine. Vie ou mort! Avec une audace presque incompréhensible à nos esprits, ils ont entrepris. Et ils ont réussi. Le temps pressait. Déjà l'implantation des Blancs en Chine allait leur fermer l'immense Continent, champ naturel ouvert à leurs activités, à leur surpopulation; les Anglais s'installaient à Wei-Haï-Wei, les Allemands à Kiao-Tchéou; l'afflux

russe, couvrant la Mandchourie, aboutissait à Port-
Arthur, clé des Mers Jaunes, enlevé à leur convoitise
par l'intervention des puissances après la guerre de Chine.
Il fallait agir ; risquer le tout pour le tout. Et ces hommes
ont engagé leur pays dans la guerre contre la Russie.

*
* *

Pour arriver à cette évolution de tout un peuple chan-
geant en vingt ans de civilisation, phénomène sans précédent dans l'histoire, les hommes d'État japonais ont
employé deux méthodes parallèles dont les résultats écla-
tent à chaque pas aux yeux de quiconque parcourt leur
pays. D'abord, ils ont copié ; copié tout ce qu'ils ont
trouvé, partout : leur armée porte les uniformes français
tempérés aujourd'hui par l'adoption du kaki, et de la
casquette allemande ; leur fusil fut le nôtre, auquel on
changea une vis, et qu'on baptisa du nom de : Mourata ;
leurs vaisseaux sont la reproduction des derniers types
sortis des grands chantiers navals étrangers ; leurs
usines sont calquées sur d'autres, soigneusement étu-
diées en Europe ou en Amérique ; leurs produits, ce
sont ceux qui, rencontrés partout, leur semblaient susceptibles d'être consommés chez eux, ou de concurrencer
l'étranger : eaux minérales, conserves, soieries, tissus,
chapeaux ou vêtements ; tout, en un mot ; tout ! Là où ils
ne pouvaient s'approprier le seul produit, où la marque
s'imposait aussi, ils se la sont adjugée, sans émoi.
Quelques propriétaires de ces grandes marques ont tenté
de résister. Comme ceux qui n'ont pas voulu comprendre
combien un contrat avec un Japonais est précaire, ils
en ont été pour leurs frais de justice. Les Japs ont pris
notre architecture, et leurs architectes couvrent leur
pays d'affreuses élucubrations de style grec ou mo-

derne dégénéré : musées, ministères, administrations ou palais, honteux de voisiner avec les magnifiques et somptueux temples du vieux Japon.

Les particuliers, eux, ont conservé la tradition des petites maisons en bois, à cloisons de papier, à l'intérieur garni de nattes irréprochables ; mais tous ceux qui peuvent adopter tout ou partie de nos costumes le font, abandonnant le kimono national pour nos ccmplets, qui leur vont comme un gant à un pied, le plus souvent. Ils avaient la tête découverte toujours. Maintenant ils arborent, même ceux qui n'ont pas encore pris notre mise, un affreux chapeau mou, souvent grotesque dans son accouplement avec le costume indigène. La seule partie de nos vêtements qu'ils s'assimilent difficilement ce sont nos chaussures, si incompatibles avec leurs socques en échasse, qu'on laisse à la porte des demeures, d'ailleurs d'une propreté méticuleuse : comme tout au Japon, comme les Japonais eux-mêmes. Par contre, les femmes ont conservé leur charmante coiffure et leur gracieux costume intacts, sans que j'aie vu une seule exception. Probablement, dans leur rôle effacé de jolies poupées, a-t-on jugé que seuls les hommes avaient besoin de rendre leur tenue extérieure équivalente à celle des Blancs, comme leurs officiers cherchent à rappeler ceux d'Europe, jusque dans leurs moustaches péniblement relevées, ou dans leur façon de porter sous la capote la garde de leur sabre traînant, port d'ailleurs fort laid. Ils ont remarqué que les Blancs, et principalement les Américains, se font souvent aurifier les dents. Ils n'ont eu garde de négliger cela, et c'est devenu le chic, même des peu fortunés, de montrer de l'or, le plus d'or possible, dans cet éternel et glacial sourire qui contracte à tout propos la face du Japonais. J'ai vu des poussepousse s'être payé ce luxe.

Par contre, quand leur esprit d'imitation pouvait être secondé par leurs extraordinaires qualités de méthode, ils sont arrivés à des résultats merveilleux. Minuscules, sur leur voie d'un mètre, mais très en rapport avec leur petite taille, leurs chemins de fer — dont les trains de marchandises eux-mêmes sont munis de frein à air, — sont remarquables de régularité et d'organisation. Ainsi, deux gares, sans plus d'ampleur que celle de Versailles R. G. par exemple, suffisent à assurer l'active intensité des communications entre les quatre cent mille habitants de Yokohana et les dix-huit cent mille de Tokio. Leurs maisons basses, le plus souvent à un étage, leurs rues étroites, jusqu'à leurs animaux, réduction des nôtres, et leurs pousse-pousse suppléant à la rareté des chevaux autres que ceux importés pour la cavalerie, donnent l'impression d'un pays en réduction.

Mais si leurs wagons, à couloir de quarante-cinq centimètres, sont parfois exigus à nos carrures d'Européens, par contre, un excellent service de tramways interrurbains, comme à Yokohama, ville neuve de conception européenne, et à Tokio, où la fréquence des incendies a favorisé une grandiose haussmination à travers les bicoques de la vieille cité, dessert les agglomérations principales.

Le télégraphe et le téléphone ont étendu leur réseau aérien jusque dans les parties les plus reculées de l'Empire, avec une profusion digne de notre envie. Certaines grandes cités, comme l'immense Kioto, la ville sainte, ou Nara, ont conservé intacts leur caractère nippon et leur cachet, inchangés. Partout où l'importance des centres l'a permis, la lumière électrique est répandue avec intensité. En maints endroits, de superbes hôtels, des palace, montés par des Japonais, exploités par eux avec un personnel exclusivement indigène, offrent au voyageur les derniers raffinements du confort moderne et de la cuisine presque française. L'un d'eux à Kioto possède dans un port voisin un yacht, le *Momiji*, mis à la disposition des voyageurs! Bien mieux, pour le touriste qui le désire, certains de ces hôtels organisent des danses de Geishas ou même le discret séjour dans d'agréables « maisons de thé », et le tout figure gravement sur la note, salée elle aussi le plus souvent... à l'américaine. Que pensent de cela nos hôteliers retardataires? D'ailleurs, ce détail à part, le Japonais éduqué, très courtois, d'une affabilité de forme souvent archaïque dans ses révérences profondes et prolongées, voire dans ses prosternations, est extraordinairement commerçant, c'est une justice à lui rendre. Entrez dans un magasin : le personnel est si empressé, surtout à la veille de l'échéance annuelle du Christmas, maintenant entré ici dans les mœurs, on vous montre tant de choses si bien présentées, que, le plus souvent, vous ne vous sentez pas le courage de sortir sans faire une emplette quelconque, pour ne pas contrarier des gens d'une telle avenance.

Quant à la publicité, faut-il vous dire que ses bariolages, soulignés étrangement de caractères japonais, couvrent tout l'espace qu'elle peut envahir, comme à Londres, et déshonore parfois les plus beaux sites, comme en Suisse?

La police, très redoutée, dit-on, semble poussée à un degré de perfection remarquable. Pas un mendiant, nulle part. Pas de ces quémandeurs qui rendent le séjour en certains pays si insupportable. Pas une dispute ni un cri, même dans la bousculade intense des grandes artères. Une voirie méticuleuse, au point que, partout, ce qui pourrait salir la rue, va dans des récipients destinés à cet usage. Ajoutez à cela l'évocation ahurissante, et surgissant à chaque pas, des attractions ou des particu-

larités, chez nous courantes ou célèbres : Grande Roue,
et Tour Eiffel en réduction, à Tokio ; le phonographe et le
cinématographe français un peu partout ; et vous aurez
une succincte idée de l'impression étrangement troublante produite sur l'étranger par le Japon d'aujour-
d'hui.

*
* *

Notez bien qu'il ne s'agit pas là d'une étude appro-
fondie du Japon. Nombre de bons ouvrages, français et
autres, ont supérieurement traité ce sujet. Le point de
vue auquel je me suis arrêté est différent et plus immédiat,
car il touche directement aux affaires contemporaines, et
aux nôtres en particulier. Il se résume ainsi : dans quelle
mesure les Japonais sont-ils parvenus à s'assimiler nos
méthodes et nos moyens d'action ? Que donnent ceux-ci,
brusquement transplantés dans une société si différente
de la nôtre ? Sous quelle forme enfin, cette transformation subite d'une nation de cinquante millions d'individus
peut-elle peser sur les destinées des puissances en contact avec l'Extrême-Orient, donc sur celles de la France,
en cette partie du monde ? Question posée, certes. Non
résolue ; loin de l'être.

LE JAPONAIS SPORTSMAN

Dans ce Japon, où les progrès matériels de la science appliquée et l'organisation économique de l'Occident se sont superposés, sans l'entamer, à une civilisation orientale des plus avancées, un seul domaine a conservé son caractère exclusivement autochtone : le sport. Cela tient à plusieurs raisons : la configuration des routes ne se prête encore guère à l'adoption de la bicyclette et de l'automobile; le pays ne produit pas d'autres chevaux que des bêtes de petite taille, peu propres à l'équitation classique, et l'administration de la guerre est obligée, pour la remonte de la cavalerie, de recourir à la seule importation étrangère, surtout australienne; le foot-ball, le cricket et les sports similaires sont restés à peu près inconnus; ils sont remplacés par un jeu de balle particulier, se jouant avec des gants tenant lieu de raquettes, et rappelant un peu notre vieux jeu de paume. Le tennis et le golf ne sont pratiqués jusqu'ici que par les étrangers.

Notre escrime est inconnue là-bas. Le Japonais est très sportif cependant. Seulement, ses sports ont un caractère national, traditionnel presque, avec un côté de vieille chevalerie; cette particularité les a sans doute préservés de la disparition, ou même de la défaveur, au milieu de l'envahissement du pays par les usages étrangers. Le dépôt de ces traditions appartient à une vaste association, reconnue et encouragée officiellement : le *Daï Nippon Butokukwaï* fondé en 1895 par le prince Akihito. Le nombre actuel des adhérents est d'environ vingt-cinq mille. Le Butokukwaï étend son action à tous les grands centres de l'Empire, principalement à Kioto. C'est là que, aimablement convié par le président du groupe local, il me fut donné d'étudier dans ses grandes lignes cette intéressante organisation, et d'assister à une de ses réunions.

*
* *

A Kioto, le Butokukwaï tient ses assises dans un vaste palais, de construction récente, mais reproduction de l'antique temple des Vertus Martiales, le Butokuden, jadis construit par l'empereur Kwammu. Car la société Butokukwaï est, avant tout, une école de patriotisme guerrier. « Nous désirons, dit son programme, développer l'éducation militaire et convaincre le peuple de la nécessité de cette éducation... Il ne s'agit point seulement de fortifier le corps; un plus noble objectif s'impose : c'est de pousser le courage physique jusqu'à la perfection. De cela dépend pour un homme le fait de discerner ce qui est indigne ou méprisable, de savoir être généreux et loyal, d'être capable d'agir, même jusqu'à la mort, en cas de danger national; de devenir, en un mot, un vrai Japonais. »

Les sports cultivés par l'association sont : le tir, l'équitation, l'escrime à la baïonnette, l'escrime japonaise, le jiu-jitsu, la natation, l'aviron et le tir à l'arc. Cette énumération suffit à mettre en évidence la tendance nettement militaire des sports en honneur au Japon.

D'ailleurs les statuts du Butokukwaï sont très explicites sous ce rapport : « Ce que nous voulons, disent-ils, c'est conserver nos traditions d'honorer les arts guerriers. Il nous fallait toutefois prendre en considération les avantages ou les inconvénients des uns ou des autres, parmi tant d'arts ayant existé à l'époque de notre féodalité, — c'est-à-dire avant l'introduction de la civilisation occidentale, voici une quarantaine d'années. — Nous avons adopté le tir à l'arc et réuni dans une même section l'escrime de la lance et celle de la baïonnette. Tous les autres ont été groupés avec l'escrime de l'épée ou le jiu-jitsu suivant les préférences de chacun. »

Petite remarque, incidemment : chaque fois qu'il est question de ce dernier sport, sa mention est toujours énoncée en caractères spéciaux, sans doute pour bien marquer dans quelle mesure on le tient en estime.

*
* *

Je savais les Japonais très forts en escrime à la baïonnette. Il s'en fallut même de peu qu'ils n'enlevassent le prix à notre 16e colonial, dans un concours spécial récemment organisé entre les troupes internationales à Pékin. Mais, cela, pas plus que le tir, ne m'intéressait. L'organisation japonaise ne m'eût rien montré de mieux que ce que nos sociétés françaises ont obtenu dans ce domaine. Je savais l'équitation enseignée, en raison de de la qualité même des chevaux, dans des conditions fort inférieures à celles de nos groupements de préparation militaire. La natation et l'aviron, du déjà vu partout ailleurs. Enfin, j'avais eu antérieurement l'occasion d'assister à des tirs à l'arc, au demeurant fort curieux, avec leurs tireurs, adroits et gracieux, visant, accroupis sur des nattes, une large cible, située à trente mètres, et accolée à un mur en glaise molle pour recevoir et maintenir les flèches. Ce que je désirais vivement voir, par contre, c'était une séance d'escrime japonaise, et surtout de jiu-jitsu. Voici des années déjà qu'on nous rebat des oreilles avec ce sport, particulier au Japon. Les uns l'ont présenté comme une sorte d'acrobatie propre à certains spécialistes. Certains, comme la plus haute et la plus noble expression de la science de la lutte. D'autres encore comme un moyen très sûr de *self défence*, procurant à ses adeptes la faculté de maîtriser aisément un adversaire supérieur en force brutale. La Préfecture de Police le fit même, affirme-t-on, enseigner à nos agents. Grâce au courtois accueil du président du Buto-kukwaï de Kioto, j'allais pouvoir être présent, dans l'ancienne capitale de l'Empire, dans la ville où les traditions du passé se sont conservées jalousement, à une séance de jiu-jitsu, en un milieu distingué, où les adversaires seraient des sportsmen.

Vous jugez si j'acceptai l'invitation.

Le cadre d'abord : consacrée aux exercices en plein air, une vaste esplanade, précédée d'une porte monumentale de pur style ancien. Sur les côtés de cette esplanade, quelques constructions secondaires et le tir à l'arc. Au fond, une imposante construction ; c'est le siège des réunions, le temple des Vertus Martiales. La disposition intérieure est, en effet, celle des temples : un spacieux hall supporté par des colonnes, en beau bois naturel comme le reste de l'édifice. Les bas côtés, un peu surélevés, sont garnis de sièges pour les spectateurs invités. Près d'une des entrées, un vestiaire ouvert, où les escrimeurs et les lutteurs revêtent leurs costumes, spéciaux à chaque sport. A l'extrémité du hall, un autel clos, élevé à la divinité, bouddhiste ou shintoïste également en honneur. Le centre du hall, garni d'une épaisse et fine natte en paille de riz, est divisé en deux parties égales, séparées par une simple moulure de bois laqué : l'une est affectée à l'escrime, l'autre au jiu-jitsu. Sur les trois côtés de l'arène, les tireurs d'un côté, les lutteurs de l'autre, viennent se ranger, accroupis sur leurs talons, dans la pose familière aux Orientaux. Face à chacun des groupes, le président de la réunion fait un signe. Tous se prosternent vers l'autel, puis la séance commence.

Les lutteurs sont nu-pieds. Leur costume de toile blanche consiste en une ample culotte, largement ouverte en bas, et descendant jusqu'aux genoux. Une blouse très échancrée, laissant les bras bien libres, couvre leur torse.

Les couples se forment, car plusieurs luttes ont lieu simultanément. Les adversaires se saluent profondément, en fléchissant sur leurs jambes jusqu'à terre. Puis, redressés, ils s'engagent, une main passée sur l'épaule de l'adversaire, l'autre main tenant fortement le col de la blouse. Pas un mot, pas un cri. Leur attention semble surtout se porter sur les passes exécutées avec leurs extrémités inférieures. De savants crocs-en-jambe, des parades du pied sont exécutés avec une vitesse, avec une agilité extraordinaires. Les coups de reins semblent aussi jouer un rôle important. Certains lutteurs parviennent, en faisant basculer l'adversaire, en le soulevant de terre sur leur hanche, à l'envoyer à terre avec une étonnante sûreté. D'autres s'efforcent de lui passer le bras autour du cou, en le maintenant étendu à terre, jusqu'à ce que celui-ci se déclare vaincu. Si une prise devient douloureuse, une simple tape sur le bras, et, correctement, la lutte cesse immédiatement. Les reprises sont nombreuses. A la fin de l'engagement, les adversaires se saluent de nouveau, cédant la place à d'autres.

En un mot, le jiu-jitsu m'est apparu comme un exercice d'extrême souplesse, mettant tous les muscles en jeu, exempt de brutalité, et, assurément, exigeant une grande science. Je n'ai point ici la prétention de vous en exposer les règles ni de vous en dévoiler les secrets, et pour cause. Sans doute comporte-t-il nombre de coups de défense proprement dits, exclus de la lutte sportive. Ce sont probablement ces coups dont on a tant parlé, et qui lui ont valu chez nous sa réputation particulière. Je n'en ai pas vu, et n'en pouvais évidemment voir, en l'occurence, l'application. Ce que je désirais observer, c'est l'estime dans laquelle on tient le jiu-jitsu au Japon, le milieu dans lequel on le pratique, la forme sous laquelle on l'exerce, sans plus. Ce sport, mieux, cet art, ainsi présenté, apparaît comme le plus noble dans la manifestation de sa tradition.

*
* *

En même temps, les escrimeurs, par couples nombreux tirant simultanément, s'exerçaient sur la partie de l'arène nattée qui leur est réservée. Et le spectacle de leurs exercices n'était pas moins pittoresque, fût-ce par leur armure. Car ils portent une véritable armure de forme archaïque : un casque laqué, à large visière circulaire tombante, protégeant même les épaules ; le visage défendu par un grillage ; une cuirasse en barrettes, de laque également, assemblées au moyen de tresses en soie gros bleu, enserre le torse, couvrant les reins et la partie supérieure des cuisses ; une robe à manches larges, arrêtées aux coudes, descend en jupe sous la cuirasse, jusqu'aux chevilles. Les pieds sont nus, mais les mains couvertes de gants épais, dont le trousquin garnit l'avant-bras. L'arme, une longue et forte latte de bois,

tenue à deux mains, reproduit les grandes épées des
Samouraïs. Les mêmes saluts courtois précèdent et clo-
sent chaque assaut. Par exemple, les tireurs n'observent
pas le silence des lutteurs. Leurs passes sont, au contraire, scandées de cris sauvages, dont l'intensité s'accentue avec la chaleur du combat. Le jeu rappelle,
adapté à l'arme, celui de notre sabre. Les attaques, les
parades, les ripostes se succèdent avec une vigueur, une
rapidité déconcertantes, un peu gâtées à nos yeux par la
fréquence du corps-à-corps.

L'ensemble constitue quelque chose de très sportif, de
très martial, et, ce qui ne gâte rien, de très attachant.

LE TOURISME AU JAPON

Dans cet admirable pays où la nature, l'art et le pittoresque offrent au voyageur tant de sujets de passionnante observation, l'intérêt s'accroît encore, disais-je, par l'examen de ce qu'a donné la brusque transplantation de nos propres connaissances, de nos moyens d'action et de certains de nos usages. Il y a là un ensemble de phénomènes économiques et sociaux rendus plus frappants par le fait que la mentalité nationale est, au fond, restée particulariste et très anti-étrangère, en dépit de la courtoisie naturelle et de l'amabilité de commande. Après la paix de Simonosaki, lorsque la nation japonaise se crut frustrée du fruit de ses victoires par l'intervention européenne, un violent mouvement xénophobe s'était manifesté, au point que, dans certaines villes, les colonies européennes furent menacées. Il n'y a pas bien des années, les ports où existaient déjà, en vertu de traités spéciaux, des centres étrangers, étaient seuls pratiquement accessibles. Au delà, le voyageur se heurtait à des interdictions souvent, à de l'hostilité toujours.

Le croirait-on? avec cette souplesse surprenante des Orientaux, cela aussi, les hommes qui dirigent les destinées de l'Empire, l'ont changé. Ils ont voulu, non seulement ouvrir leur pays, mais y attirer les touristes de tous les points du monde. Ils ont compris l'immense parti, matériel et moral, que leurs compatriotes pouvaient tirer de la création d'un vaste mouvement touristique, et combien il était nécessaire, même au point de vue de l'appui financier que le Japon demande aux nations riches, que leur patrie fût connue au dehors. Puis, il faut bien le dire, ils avaient la préoccupation de l'Exposition universelle projetée à Tokio pour 1912, puis ajournée.

Aujourd'hui, et cela est récent, le touriste peut circuler dans tout le Japon, librement, agréablement. Actuellement, le voyageur y est, manifestement, l'objet d'une déférence, d'un empressement voulus. Jusqu'aux gamins, jadis si malveillants aux Blancs, qui s'abstiennent maintenant de toute manifestation désobligeante, voire de toute curiosité intempestive. Partout on sent le mot d'ordre, intelligemment interprêté et fidèlement suivi.

Pour arriver à un tel résultat, les initiateurs de ce mouvement ont suivi la méthode adoptée par les hommes d'État nippons depuis le début de leur entreprise de transformation nationale. Privés, par atavisme, de tout sens inventif, ils ont étudié nos méthodes, se les sont assimilées, et les ont introduites chez eux en les adaptant à leur milieu. Ils ne pouvaient, sur ce terrain, négliger d'apporter leurs soins à l'étude du fonctionnement de notre célèbre Touring-Club, dont le renom est parvenu jusqu'à eux. Dans leur œuvre, on sent l'empreinte du T. C. F., mais acclimatée chez une collectivité autre, et modifiée, non sans succès, en certaines de ses manifestations : adaptation singulièrement intéressante à étudier dans sa genèse, dans son application et dans ses résultats.

Tout d'abord, les fondateurs de l'organisation à créer ne pouvaient compter s'appuyer sur un mouvement public, spontané ou provoqué. Notre grande association touristique, elle, est née du groupement initial de quelques sportsmen, épris de grand air et du désir de voir. Petit à petit, des concours leur vinrent. L'œuvre s'amplifia, automatiquement pour ainsi dire. Son programme s'imposait. Il ne s'agissait plus pour elle, dès lors, que de devenir assez nombreuse pour acquérir le rayonnement de l'action, et d'avoir l'avantage d'une direction à la hauteur de la tâche entreprise. On sait dans quelle mesure, en l'un et l'autre de ces domaines, le sort la favorisa.

Au Japon, au contraire, l'état des choses exigeait une autre méthode. Les promoteurs n'ont pas cherché à s'appuyer sur le public. Ils ont arrêté leur plan en ne comptant que sur eux, et se sont appliqués à diriger leurs concitoyens conformément à l'action extérieure, objective, à laquelle ils se consacraient. Ils ont fondé la société « Bon Accueil », Kihin Kai. Ils ont établi leur siège à la Chambre de commerce de Tokio. Et ils se sont mis à l'œuvre sous l'impulsion de leur président, le marquis Hachisuka, secondé par le baron E. Shibusawa, vice-président.

Le « Bon Accueil » a commencé par où débutent les sociétés de propagande : par des publications. La plupart sont en anglais, quelques-unes en français. De ces dernières il faut savoir d'autant plus de gré au comité exécutif de l'association que l'anglais, quelque pénible qu'en puisse être l'aveu à notre amour-propre, est, ai-je dit, la seule langue européenne usitée couramment dans tout l'Extrême-Orient. Ces publications, destinées aux étrangers, sont établies avec un sens pratique, une clarté, un soin, un souci dans le choix de leurs illustrations, qui en font un modèle, dans le sens absolu du mot.

La Société a défini ainsi son but : « Faire le meilleur accueil aux étrangers qui visitent le Japon, et les assister autant que possible durant leur séjour dans le pays ». C'est, paraphrasée, la belle devise du T. C. F. « Aimer la France en la faisant connaître ».

Le « Bon Accueil » a reçu l'appui officiel de la famille impériale, et, comme conséquence pratique de cet appui, une subvention considérable. La société a activement organisé le recrutement de ses membres. Elle s'est d'abord assuré l'adhésion des représentants des Puissances à Tokio. Elle a nommé membres honoraires nombre de Japonais en vue. Enfin elle a invité les touristes à s'affilier moyennant une modique souscription de 3 yen, environ 7 fr. 50.

Puis elle a établi ses services. Elle s'est mise à la disposition du touriste pour lui procurer des moyens de parcourir le pays et de l'étudier. Elle lui facilite la visite des objets d'art et le met en relations sociales ou commerciales avec la population, tout en s'interdisant formellement d'avoir un caractère financier. Elle publie des rapports et des comptes rendus. Enfin elle vise au but élevé, très noble assurément, mais peut-être bien un peu présomptueux aussi, « de faire disparaître les préjugés de races et d'abattre les barrières qui séparent l'Orient de l'Occident ».

*
* *

L'action pratique du « Bon Accueil » s'est manifestée de la façon la plus ingénieuse.

Tout d'abord, chaque membre, donc tout étranger affilié, reçoit une carte et un excellent guide du Japon. Cet exemple a été suivi par d'autres groupements locaux, entre autres par l'Osaka-Directory, dont la brochure pourrait rivaliser avec les meilleures de nos plus actifs Comités d'Initiative. Les membres du « Bon Accueil » ont, en outre, droit à la visite de toutes les places avec lesquelles la société a des arrangements spéciaux, ainsi qu'aux informations propres à leur faciliter les excursions dans l'intérieur.

Pour s'assurer les sympathies des commandants de paquebots appartenant à des compagnies nationales ou étrangères desservant le pays, ces officiers sont nommés d'office membres extraordinaires; ils reçoivent les insignes de la société.

Le Guide du Japon, distribué gratuitement, contient la liste des établissements dont la visite est accordée aux sociétaires; des plans d'excursions; des conseils sur le choix des saisons de touring; des instructions concernant les hôtels, les restaurants, les stations, les guides, les frais de voyage, les passeports, la douane, les photographies, les monnaies et les banques, les voyages en chemin de fer, les wagons-restaurants, les wagons-lits, les taxes, etc.

Tout cela concis, clair, pratique : en un mot la perfection même.

Mais ce n'est pas tout : le désir d'éviter au voyageur les embarras inhérents à la vie dans un pays où tout est spécial et la langue inconnue de la plupart, éclate là-bas à chaque pas. Arrivez-vous dans un grand port? Une affiche très en vue vous convie à vous mettre sous l'égide de la Société. Êtes-vous dans un bureau de poste important? Un placard vous renseigne sur les courriers, sur les formalités à remplir, les erreurs à éviter.

Mieux encore, et ceci tout à fait nouveau et bien : sur les quais des gares, de larges panneaux, bien exposés, énumèrent les sites, les curiosités voisines desservies, avec la distance à parcourir et le mode de transport.

Le « Bon Accueil » a, je crois, le mérite de cette ingénieuse innovation.

*
* *

Enfin, sous les auspices de la société, fonctionne une organisation particulière, dont l'équivalent n'existe, je pense, nulle part ailleurs et qui vaut d'être mise en lumière. Je veux parler des guides, de ces guides si souvent importuns ailleurs, et parfois insupportables dans leur ignorance. Dans les principales villes de l'Empire, existent des guides, interprètes « autorisés par le gouvernement ». Le salaire et les indemnités éventuelles de ces gens sont fixés par un règlement spécial. Le « Bon Accueil » se charge de fournir ces guides, et de sanctionner les plaintes auxquelles ils pourraient donner lieu. D'ailleurs, les autorités locales sont les premières à insister pour que tout abus imputable à ce personnel leur soit dénoncé. Le « Bon Accueil » se charge de transmettre et d'appuyer les plaintes justifiées contre les guides.

Mais il y a mieux : en dehors de ces professionnels réguliers, pourvus d'une licence spéciale, nombre d'étudiants, et même de gradués de l'enseignement, s'offrent pour remplir le même office auprès des étrangers. Certains sont pourvus, eux aussi, de la licence de guide et d'interprète; ils trouvent ainsi le moyen de pratiquer les langues étrangères ou de perfectionner leurs connaissances. Si leur expérience du voyage est moins grande, leur concours au point de vue artistique, littéraire ou historique est d'un ordre très supérieur. Ces jeunes gens se procurent de la sorte des éléments de ressources matérielles non négligeables, et le point de départ de relations éventuellement profitables.

Les dames peuvent se faire assister pour le même service par des dames japonaises appelées *amah*, guides professionnelles, parlant généralement l'anglais. Des jeunes filles des écoles supérieures acceptent également ces fonctions.

Cette organisation est-elle susceptible de s'acclimater en Europe et, plus spécialement, en France? Je l'ignore. Elle est, en tout cas, fort ingénieuse.

*
* *

Telle qu'elle existe, la nouvelle institution touristique créée au Japon offre un vif intérêt, non seulement au point de vue documentaire, mais par le parti effectif que ses promoteurs ont su tirer dans leur propre pays des principes, sagement dénaturés en l'espèce, qui ont présidé à la conception de notre Touring-Club.

De cette adaptation peuvent même être déduites certaines indications dont les touristes français sont susceptibles à leur tour de tirer parti.

Ce ne serait jamais, selon la vieille formule, qu'un « prêté pour un rendu ».

VERS LE NOUVEAU MONDE

Le moment est venu de quitter le Japon pour le Canada. Le navire a largué son corps mort. D'une vitesse qui s'accélère à chaque tour d'hélice, il se dirige vers la passe, dont l'étranglement, surmonté d'un phare, relie à la haute mer la rade de Yokohama. Un vapeur de service, son pavillon français au vent, escorte, en le précédant, le grand paquebot qu'il laisse ensuite le dépasser. Les deux pavillons s'abaissent trois fois, trois longs coups de sirène sont échangés. C'est le salut d'adieu : cet instant ne va jamais sans un petit frisson, sans un serrement de cœur, et les plus endurcis ne s'en défendent pas.

Nous gagnons l'infini du grand large pendant que, dans un dernier coup de sirène, notre vapeur d'escorte vire de bord et s'en retourne vers la terre.

Le crépuscule se fait peu à peu. Longtemps après que les rives ont disparu, le Fuji-Yama, la montagne sacrée du Japon, pointe le ciel de son faîte neigeux, dressé dans son orgueil comme un emblème du pays lui-même, de ce pays mystérieux dans son destin, dans son esprit.

Tout se heurte et déconcerte, au Japon : les petits soldats simiesques qui se sont révélés des héros ; le sourire constant, l'urbanité cérémonieuse de gens qui, dans leurs conquêtes guerrières ont été des exterminateurs ;

la méticuleuse propreté, respectée même par d'invraisemblables agglomérations d'enfants; le don d'assimilation
poussé à l'extrême, opposé à l'absence évidente de toute
faculté d'invention; la densité de la population atteignant
jusqu'à mille cinq cents habitants par hectare, mais
nulle part l'apparence de misère; l'adoption dans la vie
courante de tous les derniers progrès modernes, et
subsistant côte à côte, le concubinage légal, l'annihilation morale de la femme, le Hara-Kiri, ce suicide volontaire célébré par les légendes; l'assujettissement à la
supériorité du Blanc comprimant, au point de donner le
change à l'étranger la haine et le mépris du Japonais
pour tout ce qui n'est pas « lui »; le défaut patent
d'équilibre entre la mégalomanie nippone et les assises
incertaines d'un centre économique poussé trop vite,
donc mal venu; l'insatiabilité des ambitions nationales,
entravée par la limitation des moyens d'action; la Corée
conquise, cependant Port-Arthur toujours en ruines,
faute de fonds, et gardé par une dispendieuse brigade au
complet. Que donnera tout cela? Que sortira-t-il du bouil-
lonnement soudain, de l'éclosion à la vie extérieure, des
nécessités d'expansion de cinquante millions d'individus,
intelligents, braves, à l'initiative téméraire, convaincus
d'être la race supérieure à toutes, condamnés maintenant à l'action au dehors mais voués à s'y heurter partout à des intérêts acquis : Anglais, Russes, Chinois,
Américains ou Français? Quoi?

Ruidard Kipling, le célèbre auteur anglais dont
l'humoristique esprit d'observation fit la réputation,
consacra au Japon, en 1889, une série d'études publiées
par un journal d'outre-mer et par le *Mercure de France :*

« Dieu merci, affirmait Kipling, les Japonais se sont
vu refuser cette suprême touche de fermeté qui les
rendait capables de jouer avec tout le grand univers... »

« Nous possédons cela, nous autres Anglais », ajoutait modestement Kipling.

Ayant vu manœuvrer ensemble de l'infanterie et de l'artillerie nipponnes, il disait bien déjà à cette époque : « A la première je tirai le chapeau du respect; à la seconde, j'ai honte de dire que je montrai le doigt de la dérision. » Mais plus loin, parlant de la nouvelle constitution accordée par le Mikado : « Quand le Japon aura vendu son droit d'aînesse pour le plaisir de se voir trompé par ses voisins sur le même pied qu'ils le sont eux-mêmes; quand il se sera si bien endetté pour ses chemins de fer et ses travaux publics » — il n'était alors question ni d'armée ni de flotte — « que le secours financier de l'Angleterre et l'annexion seront ses seules ressources..., alors ils regretteront de s'être mis à jouer avec la grande machine à saucisses *(sic)* de la civilisation. »

On sait ce qu'il est advenu depuis vingt ans de ces prédictions sur le sort à venir et le rôle futur du Japon !

Insoluble question, au demeurant, que seul le cours brutal des événements, dont notre participation forcée nous commande de suivre le développement, se chargera de trancher.

Longtemps, nous apercevons le grand feu fixe de Mojima-Saki, dernière vision du vieux monde. Puis c'est l'immensité, la solitude infinie, le cap vers le rets des îles Aléoutiennes, dont la chaîne, vestige probable d'un continent disparu, s'échelonne du Kamtchatka à l'Alaska. Sur notre route, nous ne rencontrerons pas un navire : les trois services maritimes, canadien, japonais et américain, reliant les mers de Chine au Canada et aux États-Unis, passent bien au Sud, pour faire escale à Honolulu, dans les îles Havaï. Pendant des jours et des jours, inlassable et puissant, notre navire poursuivra sa route vers un but invisible, et qui semble à jamais insaisissable. Pas une terre non plus. Rien que la ligne changeante des flots, rien que l'horizon tour à tour étincelant, sombre, ou perdu dans le flou des brumes.

Nous suivrons le Kouro-Siwo, le grand courant chaud qui, du Japon, traverse le Pacifique pour heurter l'ouest de l'Amérique, puis s'infléchir vers le sud. Plus tard, décrivant l'arc de grand cercle, nous nous rapprocherons des régions glacées de la mer de Behring, dont les banquises, enfermées dans la ceinture des Aléoutiennes, ne descendent jamais dans le Pacifique.

Et cette impression éprouvée d'être perdu dans la grandeur infinie des choses est à la fois profonde, impressionnante et mélancolique : plus encore lorsqu'on assiste, confiant dans son navire, à sa lutte parfois terrible contre les élements déchaînés, dans la furie de l'ouragan et l'assaut des lames monstrueuses. Rien n'est beau comme la mer, et tant pis pour ceux, peuples et gens, qui ne la comprennent pas, ou ne la comprennent plus.

*
* *

Au bout du monde, hors de toute assistance possible, s'il en était jamais besoin, sans rien d'autre pour vous rappeler la terre que l'apparition fugitive et rare d'un de ces grands oiseaux planeurs, se jouant, les ailes immobiles, dans la violence des rafales, on éprouve un impérieux besoin de se rapprocher, de se fréquenter, entre gens de nationalités et de mondes très différents. Le paquebot devient une sorte de maison neutre, où se constitue une famille éphémère. Le lien en est le sens partagé de l'éloignement des siens et de son pays. Et ce sentiment s'avive par la venue d'un anniversaire, d'une date, de Noël, de la nouvelle année, la célébration du jour double que l'on compte, tout comme le docteur Ferguson de Jules Vernes, lorsque, parcourant de la planète de l'Ouest à l'Est, on gagne un tour de révolution de la terre; c'est ce qui nous arriva, à nous, le 29 décembre où nous vécûmes deux mardis. Ces jours-là la pensée de chacun se reporte vers le foyer où vides sont demeurées les places des absents. De cette coquille perdue dans l'Arctique, en un échange commun de sympathie vraie, plus vraie encore par la parité des sentiments, un souvenir, des vœux s'en vont là-bas, aux coins du monde, aux parents, aux amis, aux patries! Demain, on se séparera. Chacun ira vers sa destinée. On ne se retrouvera sans doute jamais plus sur le chemin les uns des autres.

Ce même sentiment avivé de solidarité s'étend, ainsi que dans la vie courante, aux humbles qui peinent et souffrent, ici comme ailleurs. Chaque journée comporte sa visite et son apport de douceurs aux quelques pauvres gars qui, à l'infirmerie, tout à l'arrière du navire, paient leur tribut à la maladie. Puis, là aussi, on meurt. Et plus qu'ailleurs la mort y frappe à faux, dans ce milieu d'hommes pleins de vie : un matin, nous apprenons la fin, très inattendue, d'un chef de service du bord; un pauvre garçon tout jeune, fiancé. A la mer surtout, les morts vont vite. Le lendemain, en pleine nuit matinale, le navire stoppe. Les officiers, les matelots de quart, les gens de service sont là. Entre quatre fanaux, dans l'obscurité glaciale, une bière hâtive, surchargée de quelques poids, attend. Les prières catholiques sont dites par une dame française pour le repos de celui, protestant, qui va nous quitter. Puis, un coup de palan au bossoir ; un instant la lugubre silhouette de bois oscille au roulis et frappe la coque. Et tout à coup, floc ! l'eau s'est refermée, c'est fini. Le navire laisse là, derrière lui, tout seul, perdu dans le mystère des profondeurs, l'un des siens, puis reprend sa marche obstinée vers l'horizon fuyant, toujours plus loin, vers le but poursuivi comme on poursuit un rêve... C'est la vie du bord, au grand large.

Un soir, au jour tombant, se détache comme au-dessus des nuages une ligne irrégulière, éclatante, d'une blancheur orangée, sous les derniers rayons du soleil couchant. Cela est à peine perceptible à d'autres yeux que ceux des marins. C'est la terre. Ce sont les contreforts nord des Montagnes Rocheuses. Le lendemain, nous naviguons dans la large entrée du fjord qui, du Pacifique, donne accès à la Colombie britannique. De chaque côté, le large chenal est bordé de grandes altitudes couronnées de glaciers et dont les bases étagent jusqu'au niveau même de la mer d'épaisses forêts de pins ponctuées de cascades en stalactites de glace. A notre droite, la côte est américaine, à notre gauche, canadienne. Nous quittons bientôt la rive des États-Unis pour celle du Canada. Nous allons arriver à Vancouver, porte de l'empire britannique ouverte sur l'autre côté du monde.

PAYS NEUFS

La politique mondiale de l'Angleterre et l'extraordinaire développement de la race anglo-saxonne sont nés de la conquête de nos colonies, l'Inde et le Canada, et, plus tard, au commencement du siècle dernier, de notre anéantissement sur mer. Une telle politique, dans un pays d'opinion comme l'Angleterre, devait s'appuyer sur un ensemble de formules frappantes, s'imposant, en leurs termes concis, à l'esprit public. Quand Chamberlain jeta les bases du nouvel empire africain de la Grande-Bretagne, dans la pensée d'en réunir les assises extrêmes par un enchaînement ininterrompu de possessions britanniques, son programme, accepté par la majorité de la nation, trouva son expression dans cette énonciation laconique : « Du Cap au Caire ». Le douloureux incident de Fachoda, déjà si oublié de nous, est né de la méconnaissance par notre gouvernement des principes anglais sur ce terrain.

Dans un autre ordre d'idées, dérivé de la même conception, il n'est pas un sujet du Roi qui ne sache ce que nos voisins ont appelé la « Red Line » ; la « Ligne Rouge ».

La « Ligne Rouge » c'est la firme, si l'on peut dire, du plan de longue haleine par lequel la puissance anglaise doit constituer autour du monde une chaîne ininterrompue de possessions ou de points d'appui, se complétant, se soutenant, sans solution de continuité. Outre-Manche, la base de l'enseignement public est que tout Anglais, en quelque point du globe qu'il soit, peut parcourir entièrement l'univers, sans quitter le sol national, la « Ligne Rouge ». L'occupation de l'Égypte a ainsi couronné cette œuvre gigantesque : effectivement, aujourd'hui, par le Canada, l'Australie, Singapore, l'Inde, Aden, l'Égypte, Malte et Gibraltar, un Anglais est à même de faire le tour de la terre sans cesser de fouler le territoire britannique. Quelle que soit la force réelle de ses assises, aucune civilisation n'a donné jusqu'à ce jour l'exemple d'une semblable expansion. Et l'on peut se demander où sa puissance se fût arrêtée, si notre intervention n'avait arraché à son orbite le formidable appoint représenté aujourd'hui par les quatre-vingt-quinze millions d'habitants attribués aux États-Unis.

* * *

L'établissement du Canadien Pacific Railway, la grande voie ferrée transcontinentale reliant Halifax, Québec et Montréal au Pacifique, a marqué l'affranchissement définitif des communications intermondiales anglaises de toute sujétion étrangère, et, en marquant l'achèvement de la « Red Line », donné pratiquement corps à ce vaste programme. C'est en Colombie britannique, et plus spécialement à Vancouver, que s'est porté l'effort principal tendant à créer sur le Pacifique une nationalité nouvelle, étroitement rattachée au faisceau de l'Empire, dont elle commande par l'Est, l'accès sur l'Extrême-Orient. La Colombie britannique sera — elle est déjà — le contrepoids voulu à l'action des États-Unis vers l'ouest du Pacifique.

Voilà le pays, d'un intérêt puissant par la beauté de sa nature, par sa vie intense, par son éclosion, où nous arrivons.

Il se présente à nous sous un aspect impressionnant. Ses profondes forêts de pins sont, comme ses hautes montagnes, couvertes d'un épais manteau de neige, éblouissant sous un soleil radieux : ses chutes d'eau, glacées, sont figées en prismes étincelants ; sur l'eau clapoteuse des fjords qui, de la frontière de l'Union jusqu'à l'Alaska, découpent cette admirable contrée, pays béni du chasseur, des myriades d'oiseaux aquatiques égaient la nature de leurs vols et de leurs cris ; les pêches y sont fabuleuses, et le saumon, surtout, y alimente toute une industrie ; presque partout les traîneaux, fût-ce pour les lourds charrois, remplacent, l'hiver, les autres véhicules, et ajoutent une note pittoresque aux centres industriels eux-mêmes. C'est le contact violent entre une civilisation très avancée et la nature majestueuse, mais aussi infiniment fruste, presque primitive, qui fait la note dominante et l'attrait de ce pays, hier encore inconnu, aujourd'hui en voie d'éclosion rapide, demain l'une des parties les plus riches et les plus prospères du globe.

« Connaît-on en France la British Columbia ? » me demandait le représentant d'un de ces grands journaux à huit, douze ou vingt pages, que possède toute cité nord-américaine. La courtoisie me commandait de répondre affirmativement. Je crois bien que la vérité m'eût conseillé le contraire. Par contre, il est vrai, je devais à une circonstance spéciale de m'être déjà intéressé à ce pays : lorsqu'il y a quatre ans j'eus l'honneur de collaborer à la mission présidée par M. le sénateur Saint-Germain, et chargée d'étudier l'organisation des offices coloniaux, à Londres, nous avions été frappés de la méthode, du souci de vulgarisation, de la diversité des produits avec les-

quels M. Turner, le délégué de la colonie dans la Métropole, avait constitué son agence. Car, fait très spécial,
non seulement les colonies anglaises possèdent dans la
capitale de l'empire leurs agences propres, pourvues d'un
caractère à la fois commercial et diplomatique — le
Canada a la sienne, cela va de soi — mais certaines
grandes provinces, telles que la Colombie britannique,
cependant partie intégrante du Dominion, ont aussi leur
représentation particulière. L'accentuation des efforts
accomplis en vue de l'adduction d'un mouvement démographique et économique vers l'ouest canadien s'explique,
au demeurant, par des besoins impérieux, non pas tant
de capitaux que d'exportation, et surtout, de main-
d'œuvre. Car en ces pays nouveaux, les ressources
financières, les intelligences directrices font moins défaut
encore que les bras. Dans les centres de colonisation
anglo-saxonne, il ne manque pas d'hommes pour mettre
en pratique le principe énoncé dans son livre sur l'Indo-
Chine, par le marquis de Barthélemy, « qu'il vaut mieux
risquer un échec et les critiques du voisin que de ne
rien entreprendre, le comble de la sottise étant d'exalter sa
nullité d'action en la traitant de sagesse et de pondéra-
tion ».

Ce qui fait défaut à ces pays, au point de constituer
une question fondamentale, c'est l'élément ouvrier. Aussi
le gouvernement local a-t-il fait des efforts énergiques
pour l'attirer, sous toutes ses formes et de partout. Il a,
d'ailleurs, abouti en partie; et le résultat auquel il est
parvenu ne constitue pas un des sujets d'observation les
moins remarquables. A peu près tous les échantillons,
même les plus disparates et les plus hétérogènes de la
race humaine, sont venus se fondre en ce creuset qu'est
la formation d'une société nouvelle : des Canadiens
anglais, des Allemands, des Irlandais, des Nord-Améri-

cains, ouvriers d'art, mécaniciens, mineurs, des Chinois, coolies et hommes de peine, piteux sous leurs costumes européens, la natte discrètement roulée sous d'invraisemblables casquettes ; des Japonais, marins, spécialisés surtout dans l'exploitation des pêcheries ; et même, alléchés sans doute par les promesses des raccoleurs, de pauvres Hindous, grelottant sous ces climats du Nord, et lamentables avec leurs hauts turbans dépaysés. Fait curieux : les Canadiens français se sont presque totalement abstenus ; ils sont restés cantonnés dans l'ouest du Dominion.

Il convient toutefois de signaler que, jusqu'à ces dernières années, le gouverneur de la British Colombia fut un Français naturalisé Canadien, sir Henri Joly-Labinier, qui exerça ces fonctions pendant sept années ; de même que le Premier du Dominion est sir W. Laurier, bien connu à Paris, Canadien-Français d'origine ; détail parculier, sir W. Laurier ne parlait même pas anglais il y a quinze ans !

*
* *

Une question m'intriguait : qu'est devenue, dans ces régions, la population indienne? S'est-elle fondue avec l'élément blanc? A-t-elle disparu, comme certains l'ont prétendu, devant l'alcool et les rifles? J'ai voulu « y aller voir ». Et voici : à lui seul, l'impérieux besoin de main-d'œuvre, dans une contrée où sa rareté fait monter la journée de l'ouvrier de spécialité à des taux que nombre des nôtres accepteraient comme salaire hebdomadaire, constitue un grave obstacle au développement général ; une politique s'imposait donc : celle de l'assimilation et de l'utilisation des Indiens. Cette politique, on l'a suivie. Partout où la proximité des centres civilisés et l'importance, même minime, des agglomérations indiennes le permettait, les différents cultes ont catéchisé, converti, fondé des écoles. Ils ont échoué. L'Indien du Nord-Amérique semble absolument réfractaire à tout travail. A Nanaïmo, une des plus « anciennes » villes du Puget-Sund, — elle date de 1852! — j'ai visité un village indien relativement important. Les gens ont quitté le pittoresque costume de leurs pères pour revêtir de sordides défroques de civilisés, sous lesquelles leur hideur s'accuse davantage; ils ont renoncé à se barbouiller de tatouages, et laissent librement s'étaler leur crasse. A un mille de chez eux, une puissante mine leur offrait des salaires rémunérateurs. Pas un seul d'entre eux ne s'y est engagé. Une modeste chapelle de bois, très fréquentée par eux, s'élève au bout du village, mais dans une ruelle est resté debout le tronc sculpté qui leur sert d'idole. Et dans leurs cases, en planches grossières et mal jointes, enfumées par le feu qui, nuit et jour brûle au centre, c'est la plus invraisemblable accumulation de misère et de saleté qui se puisse voir. Quelques-uns, rares, baragouinent un peu d'anglais. Veut-on leur acheter quelque chose? A peine si, hostiles et renfrognés, ils répondent, s'ils semblent même comprendre. Leur seul effort consiste à manœuvrer, le moins possible, leurs pirogues taillées dans un seul bloc de bois, et à vivre de leur pêche et de leur chasse, rendues aisées par l'abondance du poisson et du gibier. Mais, au Canada tout au moins, il est faux que l'élément blanc les anéantisse. Une loi sévère interdit même de leur vendre de l'alcool. On réprime rigoureusement leurs méfaits, quand leur sauvagerie naturelle reprend le dessus. En dehors de cela, on les laisse libres, et on les protège. On m'a même affirmé que leur race, longtemps en voie de disparition, accuse depuis quelques années une tendance à l'augmentation. Cela ne changera rien au sort misérable auquel leur atavisme les condamne. S'il est parmi ces gens quelques exceptions, elles sont trop rares pour ne pas constituer des cas isolés, sans portée.

*
* *

La capitale administrative de la Colombie britannique est Victoria. A ce propos, et quel que soit le légitime respect des Anglo-Saxons pour leur grande souveraine défunte, on peut s'étonner du nombre de cités auxquelles ils ont donné son nom : Victoria en Australie, Victoria à Hong-Kong, Victoria ici ; sans compter les autres. La Victoria colombienne est, pour le pays, une ville antique ; elle remonte à 1849. Environ 50 000 habitants ; de grandes rues larges et droites, sillonnées de tramways ; de beaux magasins, d'où sont regrettablement absentes, comme partout dans cette partie du monde, les marques françaises ; un luxueux palace appartenant au Canadian-Pacific, et justifié par le rôle du port, tête de ligne des paquebots britanniques d'Extrême-Orient et du Pacifique ; un prétentieux et gigantesque palais du gouverneur, édifice construit dans un accès de mégalomanie bien transatlantique. Le gouvernement métropolitain a fait, paraît-il, établir aux alentours des fortifications formidables qui ont coûté des millions. J'ignore qui les garde. Depuis plusieurs années, le dernier régiment royal qui tenait garnison à Halifax a été rapatrié ; la défense du Dominion est, depuis, confiée aux seules milices locales. Elles doivent être clairsemées, car, pendant mon séjour au Canada, je n'ai pas vu d'autres soldats que ceux de l'Armée du Salut, très abondants ceux-là, par contre. J'ai quitté ce pays sans avoir aperçu un spécimen de ses uniformes militaires. Les douaniers, discrètement disséminés, y sont eux-mêmes de corrects gentlemen, en complets de fantaisie, et qu'une simple casquette distingue des contribuables ordinaires. C'est l'apothéose de l'élément civil. Heureux peuple qui n'a pas à se défendre, car, s'il a peu d'histoire, il n'a pas, lui, d'histoires !

*
* *

La véritable métropole de l'Ouest canadien, la ville des affaires, c'est Vancouver. Fondée il y a vingt ans, Vancouver compte actuellement 100 000 habitants. On lui en prédit 500 000 d'ici vingt autres années. Elle est le prototype de ces immenses cités du nouveau monde, surgies du sol comme la végétation pousse aux tropiques. Il faut avoir vu cela de ses yeux pour comprendre com ment en quelques années, peut naître, se développer et vivre une grande ville, avec ses organismes complexes, et les raffinements aigus de la science appliqués, là où, hier encore, c'était la forêt sauvage, à peine animée de quelques clairsemées agglomérations d'Indiens. Je ne crois pas qu'à l'heure actuelle, en aucun autre point, même aux États-Unis où les villes ont surgi vite cependant, ce caractère donne lieu à une manifestation plus aiguë. La genèse de cette création se décèle, dès qu'on débarque : un port, où les quais formés de pilotis obtenus avec les pins de la contrée, s'allongent en warfs sur-montés de docks, en bois aussi. Parallèlement et étroite-ment solidaires du port, les voies des railways, reliant le cœur du pays à la mer, et d'autant plus importants qu'ils suppléent, le plus souvent, aux routes, dans ces immenses régions de l'hinterland, encore en partie désertes. Puis, groupées autour de ce germe initial de la ville nouvelle, des rues larges, perpendiculaires les unes aux autres, sillonnées de grands tramways rapides et fréquents. Pas de voitures publiques; guère de véhicules privés. Tout le monde va en tram, riches et pauvres. Déjà de grands hôtels, des banques somptueuses fort animées, de beaux étalages, des music-halls, un hôtel des postes monumental, se sont élevés. Puis, s'étendant comme une tache d'huile, sur la forêt sans fin, la ville a gagné. Elle a traversé le détroit, jeté ses assises sur l'autre rive. Des ferry-boats circulent; les voies s'allongent indéfiniment. Elles se continuent, tracées dans la forêt défrichée par le feu; elles sillonnent les espaces dénudés, où seuls sont restés debout quelques troncs calcinés. Là, pas encore de voirie; des lignes droites de fondrières; et, toujours, au milieu, précédant la vie urbaine qui vient, le tramway, l'inévitable tram, allant au diable desservir dans la forêt d'autres centres en éclosion, futurs rameaux de la grande ville naissante. De chaque côté, des trottoirs en planches, provisoires aujourd'hui, définitifs demain, desservant les quelques châlets de bois, élégants avec les windows à l'anglaise, qui déjà jalonnent l'empiètement de la civilisation sur la nature.

Une telle éclosion d'une société nouvelle offre un caractère impressionnant de force et d'activité débordante, qui confond.

LE FAR-WEST

Ce Far-West des États-Unis, cet Ouest lointain dont le nom est à lui seul toute une évocation d'un monde célébré jadis par les romans d'aventures de Fenimore Cooper et de Gustave Aymard, combien se le représentent encore comme une contrée perdue, où les cowboys, les Peaux Rouges et la faune sauvage se livrent à la féroce lutte pour la vie, dans le cadre hostile de la terre primitive et, tel que le Buffalo Bill en a donné aux Parisiens la notion carnavalesque. Ces temps héroïques de la conquête de ces régions lointaines par notre race ont été, sans doute. Ils ne sont plus. La cabane en bois du premier pionnier est devenue un gratte-ciel; le cow-boy s'est fait conducteur de tram; OEil-de-Faucon et Pied-Subtil se sont retirés dans la Réserve Indienne de l'Union, ou bien, devenus électeurs, vêtus de lamentables « décrochez-moi ça », vivent misérablement en quelque masure voisine d'une grande ville, en croupissant dans leur saleté, leur paparesse et leur dignité. Les luttes sanglantes, les enlèvements, les scalps, tout cela c'est fini. C'est remplacé par quelque chose de bien plus dans le train : le joyeux *Hands up,* « Haut les mains! », en vertu duquel des messieurs bien mis braquent le revolver sous le nez des passants attardés, des voyageurs des tramways isolés, ou même, parfois, des trains, les fouillent, les dépouillent, saluent et s'en vont. Moyennant que le *Hands up* soit rapidement effectué par la personne réquisitionnée, les meurtres sont très rares, et d'ailleurs impitoyablement punis, quand le coupable est pris.

Le Far-West, celui du Canada comme celui des États-Unis, c'est le point d'aboutissement de cette poussée formidable qui, depuis plus de trois cents ans, précipite la race blanche à la conquête du nouveau continent. Là, après un lent acheminement dont chaque pas fut une lutte, scandée de longues périodes de stagnation et parfois de recul, est venue s'arrêter, s'agglomérer dans la formation d'une collectivité naissante, la marche de notre race vers l'Ouest. Suivant la méthode américaine, le rail avait, pour ainsi dire, précédé le trafic. Le réseau de North-Pacific a pris contact avec l'Océan au fond d'un fjord admirable et profond : le Puget-Sund. Deux bourgades existaient alors en ce point ; distantes de quelques milles l'une de l'autre, l'une, Seattle comptait 1 500 habitants ; l'autre, Tacoma, 300. Voici de cela vingt ans. Aujourd'hui Seattle est une cité de 300 000 habitants. Tacoma en compte 150 000 ; 50 000 autres peuplent leur périphérie. Si la progression se maintient, le centre Seattle-Tacoma représentera sous peu un des pivots du mouvement général économique. Leur nom est à peine connu du public européen. Il passera d'ici quelques années au premier plan.

Seattle-Tacoma constitue à l'heure actuelle la synthèse la plus frappante de ce que peut donner le maximum de l'effort humain dans un minimum de temps. Sur cette côte, dont les abords immédiats ont conservé leur caractère abrupt, où rien n'existait, tout s'est créé d'un bloc, et la ville, et la société elle-même. Il y a là un phénomène remarquable dont, seule, cette partie du

monde peut offrir le spectacle, profondément attachant
à observer; cela s'accentue davantage encore par l'extraordinaire développement donné par l'Union à l'exploitation de l'Alaska, jadis racheté à la Russie, et devenu
un champ d'activité considérable, touristique et minière,
dont le Puget-Sund est la base.

*
* *

Toutes ces villes nouvelles, établies sans entraves sur
un terrain neuf, se ressemblent dans la conception de
leur ordonnancement : de larges avenues parallèles, nu-
mérotées et coupées perpendiculairement par d'autres,
formant ainsi des rectangles presque réguliers. Au
cœur de la ville, à Seattle comme à Tacoma, se dresse
intacte et symbolique la haute idole de l'ancien village
indien. Ainsi que dans les villes du Nord, un réseau serré
de trams; le centre urbain occupé par le quartier des
affaires, les banques, les magasins, les gratte-ciel, ces
immenses bâtisses où quatorze étages et parfois bien davantage encore, se superposent; des théâtres, des music-
halls, dont les matinées sont presque quotidiennes,
fait surprenant dans ce pays de bussiness'men; des restaurants; des clubs de dames, nombre de cinémas dont
les films français font le succès; beaucoup, trop même
de bars; des salons de coiffure, très visibles de la rue,
où des gentlemen, presque couchés dans des fauteuils
d'une articulation perfectionnée, se font raser et masser
électriquement la face, pendant qu'une jolie manucure
prend soin de leurs ongles, et un nègre de leurs chaussures : *time is money*. Dans d'autres somptueux lava-
tories, ce sont de jeunes et élégantes femmes qui remplacent les garçons coiffeurs. Tout cela dans une

ambiance de public allant, venant, affairé, sérieux, presque automatique.

Plus loin, empiétant sur la forêt, les avenues se poursuivent à l'infini, bordées de homes construits en bois, le plus souvent dépourvus de clôtures, et confortables d'aspect. Mais l'ensemble édifié sans aucune préoccupation de l'art, ou même de la décoration la plus élémentaire. Et quand par hasard, un édifice, cathédrale, institut, palais municipal, a été élevé avec des prétentions architecturales, où l'objectif de faire énorme domine, oh ! alors, c'est à hurler d'abominable mauvais goût. Chez ce peuple, le souci exclusif du dollar a tué jusqu'à la notion du beau.

Détail dédié aux « lumières » techniques qui pâlissent en ce moment sur l'usure anormale de nos chaussées; dans les voies à circulation intense, celles-ci sont pavées en briques, et semblent résister aux gros charrois.

*
* *

La population? Une majorité de Yankees purs; des Anglais, des Allemands, très peu de Français, moins encore d'Américains du Sud, nombre de Chinois et, surtout de Japonais, voire de Japonaises; celles-ci, vêtues à l'européenne, ne portent ici ni leurs seyantes coiffures, ni leurs kimonos, ni leurs socques de bois : ce ne sont plus les jolies petites poupées, les mousmés légères vues au Japon, mais seulement des femmelettes sans grâce, jaunes, fagotées, et marchant mal. Elles nous gâtent nos gracieux souvenirs du pays des chrysanthèmes.

Par-ci par-là, un Indien loqueteux, ou un cow-boy venu de l'intérieur. Fait curieux, tous ces éléments d'essence si disparate se sont agglutinés déjà dans un ensemble hétérogène. Ils sont, cela est évident, en voie de trans-

formation, sous une empreinte commune, vers la création d'un type nouveau, très spécial, et qui n'est ni
l'Anglais, ni l'Allemand, ni rien d'autre. Déjà ce type
physique se reconnait chez ceux d'entre eux dont la
souche transatlantique remonte à plus d'une génération.
Ainsi ce petit trait : à Seattle, un monsieur vient visiter
notre navire : « Je suis Français, dit-il, établi ici, et
marié avec une Américaine; je n'ai pas revu la France
depuis trente ans. J'ai voulu voir d'anciens compatriotes,
et surtout montrer à mes fils un paquebot de mon ancien
pays, et des Français. » Et ce monsieur présente, en
effet, ses fils : deux grands diables rasés, blonds, les longs
cheveux plaqués, du type yankee le plus pur, ne parlant
pas un mot de la langue paternelle; à notre point de vue
national, des déracinés définitifs, matériellement et moralement. Ce qui est vrai pour nos compatriotes établis làbas l'est plus encore pour les races du Nord. Mais, malgré
le grand nombre de Germains, la note commune, généralisée au point d'être exclusive, est, comme la langue,
nettement anglo-saxonne, en dépit du particularisme
très antibritannique des Nord-Américains.

Cette constatation permet de saisir la force de la prédominance anglo-saxonne dans tout l'Extrême-Orient, où
tout ce qui n'est pas indigène est, par l'expansion débordante à l'Est ou à l'Ouest de cet élément, anglais ou
yankee; donc anglo-saxon. C'est là une impulsion
acquise contre laquelle il n'y a guère à réagir, et que ne
vaincront plus ni nos efforts, ni ceux, si énergiques pourtant, des Allemands. A propos de ceux-ci, incidemment,
c'est un sujet de profonde surprise de voir combien leur
rôle est, extérieurement, sinon en fait, effacé dans la partie du monde que j'ai parcourue jusqu'ici : sauf à Kiao-
Tchéou, petite possession stratégique sans valeur économique, leur pavillon ne flotte sur aucun territoire. Si

leurs navires sont nombreux, même dans les ports anglais, s'ils enlèvent tout ce qu'ils peuvent de fret, à des prix qu'on affirme onéreux, leur empreinte propre ne s'est implantée nulle part. Partout on parle anglais, parfois français, jamais allemand. Il ne m'est pas arrivé une fois jusqu'ici de recourir à leur langue. Bien mieux, là où l'élément germanique s'est heurté à l'élément anglo-saxon, c'est le second qui s'est assimilé le premier, au point de lui imposer jusqu'à son apparence extérieure.

*
* *

Un même problème, celui de la main-d'œuvre, se pose dans tout le Far-West, comme dans l'Ouest canadien. Celle-ci fait défaut au point que beaucoup de familles renoncent au home, faute de serviteurs, et vivent entièrement à l'hôtel. Sauf pour les gens fortunés, qui roulent en auto, il n'y a guère d'autre moyen de locomotion que le tram, parce qu'un landau vaut 3 dollars l'heure : 15 francs! Les ouvriers de métier, les charpentiers, plombiers, électriciens et autres, gagnent de 4 à 7 et même 8 dollars par jour. Ces gens comptent par dollars comme nous par francs. Mais comme les dépenses se proportionnent aux salaires, l'avantage que tirent les salariés de ces hautes payes est donc très relatif. Aussi l'armement des navires autres que ceux des lignes très subventionnées, et dont la nécessité publique s'impose, est-il presque tout entier aux mains des étrangers; la plupart des caboteurs sont norvégiens; quelques-uns danois.

Les conséquences de cet état de choses se sont traduites par une utilisation extraordinaire de la mécanique appliquée et une réduction de la main-d'œuvre à son minimum ; condition essentielle à l'existence même de l'industrie des États-Unis. Partout où la machine ne pouvait se substituer à l'homme, l'ouvrier n'est pas venu, ou bien il a disparu. Ainsi, aucune maison, même aisée, ne possède de jardins, parce que la culture en serait exagérément onéreuse. En revanche, tous les progrès de la science moderne ; l'éclairage électrique à profusion ; la télégraphie sans fil devenue d'un usage courant, même sur les petits caboteurs ; le moteur à explosions appliqué dans la plus large mesure à tous les usages ; le téléphone automatique ; automatique aussi l'attelage des wagons, comme le chargement des navires ; en ce domaine c'est la recherche du mieux poussée à ses limites extrêmes.

*
* *

On comprend combien cette pénurie de main-d'œuvre, la cherté de la vie et l'élévation des prix de revient sont liées à l'avenir, à l'existence présente même de ces immenses pays, importants vendeurs et futurs gros clients de toutes les nations productrices d'Europe.

Le remède apparaît tout trouvé ; c'est la canalisation de l'immigration aux États-Unis vers le Far-West ; les États de l'Ouest ne feraient en cela que suivre l'exemple du Canada, et surtout de la Colombie britannique, dont les efforts dans cette voie confinent au racolage. Tout au contraire, la tendance très accusée des Pouvoirs Publics est, dans ces États de l'Ouest, d'entraver l'immigration, de l'entourer de formalités, de garanties confinant au besoin à la prohibition. Les navires abordant dans les ports de ces États doivent présenter leurs passagers et leur équipage à une visite minutieuse, poussée jusqu'aux détails les plus... intimes. Le service médical a imaginé une maladie d'yeux, appelée « trachoma », sorte de conjonctivite contagieuse, grâce à laquelle les immigrants, même ceux qui justifient de la possession d'une somme bien supérieure à celle exigée par les règlements, peuvent être refusés. Les autorités ont usé de ce moyen pour arrêter l'essor de l'immigration jaune, avant l'Immigration Bill, dont le vote faillit déchaîner des hostilités entre les États-Unis et le Japon, lésé, jugea l'opinion japonaise, dans sa dignité de grande puissance. Un serment, platonique et un peu enfantin, est exigé des capitaines de navires arrivants. Ces officiers sont obligés de jurer que « le médecin de leur bord s'est livré à un examen physique et verbal de toutes les personnes embarquées, contrôlé par lui-même, capitaine, et que de cette investigation résultent les assurances suivantes : il n'existe à bord ni aliénés, ni idiots, ni imbéciles, ni faibles d'esprit, ni individus atteints d'insanité, ni pauvres, ni personnes tombant sous le coup d'une charge publique, ni tuberculeux, ni lépreux, ni malades contagieux, ni félons, ni gens coupables d'une turpitude, ni condamnés, ni polygames, ni partisans de la polygamie, ni anarchistes, ni complices avérés ou tacites desdits, ni travailleurs venant à bord chercher de l'ouvrage aux États-Unis, ni prostituées, ni femmes ou filles venant aux États-Unis dans le but de se prostituer, ou dans tout autre but immoral » ... Moyennant quoi, chacun reçoit un permis officiel de séjour.

J'ai tenu à citer intégralement ce curieux document parce qu'il synthétise nettement l'esprit de l'administration américaine à l'égard de l'immigration. On conçoit quelles armes l'interprétation d'un semblable texte peut fournir aux fonctionnaires chargés de l'appliquer, et aux risques de quelles pénalités il expose l'armement étranger.

Cette mentalité, évidemment issue de la pression de

la masse électorale ouvrière, reste cependant sans explication dans un pays né tout entier de l'afflux des éléments extérieurs. Bientôt, les États-Unis auront cent millions d'habitants et, si l'on défalque vingt-deux millions de nègres, extraordinairement prolifiques, d'ailleurs grave sujet de souci pour l'avenir, le reste est venu de tous les points du monde, surtout d'Europe. Les États de l'Ouest, peut-on donc seulement supposer, ont ainsi voulu se défendre contre l'envahissement jaune, chinois ou japonais, considéré comme un facteur inassimilable, impropre à s'agglomérer jamais avec le reste de la nation, et bon seulement à provoquer un avilissement des salaires.

Cette redoutable question n'est pas vidée. Elle ne fait encore que se poser. Elle se soulèvera de nouveau, ayez-en la certitude, et les visées avérées du Japon sur les Philippines ne contribueront pas peu à la raviver. Pas plus les visites de courtoisie des escadres américaines au Japon, que la sagace prudence de la Maison-Blanche, ne suffiront à conjurer l'échéance. Ce jour-là, un malheur plus grand que la guerre de Mandchourie aura fondu sur l'humanité toute entière.

Car, si les États-Unis possèdent une splendide flotte, dont le triomphal voyage de circumnavigation obtint le retentissement que l'on sait, par contre ils n'ont pas, absolument pas d'armée. La statistique le nierait-elle que le mode de recrutement des soldats suffirait seul à l'affirmer. Dans ces grandes villes, au milieu des affiches de théâtres et des réclames variées, ou bien à la porte de certains hôtels, s'étalent d'immenses placards peinturlurés représentant en des poses prétentieuses des

militaires de tous grades : de l'amiral et du général au
simple soldat, au petit tambour. « Jeunes hommes, pro-
clame l'affiche, allez vous engager dans l'armée de
l'Union ! Bonnes recettes et pas de dépenses ! »

Les Yankees, pratiques, ont remplacé le sergent recru-
teur anglais par la plus moderne publicité commerciale.
Au bureau de recrutement, les avis sont plus engageants
encore. Là, d'autres placards, très alléchants, s'étalent.
On demande : « Des hommes de dix-huit à trente-cinq
ans, ne buvant pas, de bon caractère. » Mais, étrange
contradiction avec les tendances signalées plus haut, on
sollicite aussi bien les individus en instance de natura-
lisation. On fait valoir aux marins combien le service
est pour eux l'occasion de... faire du tourisme nautique.
Le miroitement tentateur de la retraite n'est pas oublié
non plus.

Certes, avec nos idées françaises, une armée ainsi
et péniblement recrutée, ne peut présenter qu'une valeur négative, quelle que soit la bravoure individuelle
des hommes. Armée de police, peut-être, et susceptible
de répondre à une petite guerre, comme celle de Cuba,
où donnèrent surtout les régiments nègres. Mais qu'il y
ait là un instrument propre à soutenir la grande politique organisée par les derniers présidents, l'impéria-
lisme avec toutes ses conséquences, ou même, dans
une circonstance sérieuse, cette fameuse doctrine de
Munroë invoquée à tout propos, je doute qu'on puisse
l'admettre.

Ici réside, pour les destinées des États-Unis, un
nuage plus noir peut-être que la question nègre, ou
même que la secousse économique, la grande crise,
dont notre pays, avec beaucoup d'autres, ressentira
longtemps encore, le désastreux contre-coup.

AU PAYS DES RUINES ET DES GRATTE-CIEL

Comme les morts, les grandes catastrophes vont vite. Un matin, on se réveille à la nouvelle qu'un immense malheur public a frappé une fraction de l'humanité, détruit une grande cité, fauché des milliers d'existences. Un frisson de charité secoue le monde dans la spontanéité d'un premier élan. Puis les jours passent. D'autres événements surgissent, qui apportent une diversion. Le recul du temps fait son œuvre de nivellement. Et bientôt chacun oublie son propre émoi, pour s'arrêter à des faits plus actuels.

Vous souvient-il encore du sentiment d'horreur provoqué dans l'univers entier, et surtout peut-être en France, par la nouvelle de l'anéantissement de San-Francisco, — de Frisco, disent les Yankees? La veille encore, la métropole du Pacifique nord dressait dans un des plus beaux pays du monde l'orgueil de ses richesses, de sa prodigieuse activité. Elle était l'une des villes les plus justement enviées. Avec sa satellite Oakland, elle comptait près d'un million d'habitants, confondus dans un même esprit d'initiative et de sens pratique. 850 milles de rues, 264 milles de trams, 55 banques, 40 000 abonnés au téléphone, 83 écoles publiques, 156 journaux; tout cet ensemble dénotant une puissance de production et d'expansion inouïes, c'était l'œuvre du demi-siècle écoulé depuis la conquête de la Californie sur le Mexique par les États de l'Union. Car, lorsque les troupes fédérales occupèrent ce point, rien n'y existait, ou si peu de chose. Depuis la prise de possession du pays par les Espagnols, en 1775, un faible parti ayant été tiré de ces belles et fertiles contrées, servies pourtant par une configuration géographique, par un climat admirables.

Le 28 avril 1906, à six heures du matin, une effroyable secousse ébranla le sol. En un instant la population fut dans la rue. Les dégâts pourtant étaient insignifiants. Les maisons particulières, presque toutes en bois, avaient résisté, — fait surprenant — les gratte-ciel, également. Seuls quelques bâtiments épars s'étaient effondrés. Soudain un cri retentit : « Le feu ! » Le feu provoqué par les foyers précipités dans les décombres, par les conduites de gaz, par les courts-circuits. Sait-on ? Le feu, qui surgit de quelques points, puis gagna, engloutit les pâtés de maisons, quelques « blocs » comme on dit là-bas, gagna encore, traversa les rues, escalada les collines, dévorant, anéantissant tout. On ne disposait ni d'eau en quantité suffisante, ni d'assez de matériel pour lutter. On prit un parti extrême : on dynamita des quartiers entiers pour faire le vide devant les flammes dont la vague avançait rapidement. Quand on échouait, on sacrifiait d'autres « blocs ». Enfin on put arrêter le fléau. Mais la ville était détruite. De l'opulente et belle Frisco, il ne restait plus que les hauts quartiers, presque les faubourgs. On ne sut jamais exactement combien de malheureux périrent dans la catastrophe. Mille a-t-on prétendu ; dix mille ont affirmé d'autres. Des centaines de mille de personnes se trouvaient ruinées et sans abri. Nos compatriotes se groupèrent d'eux-mêmes dans un beau mouvement de solidarité.

La population installa des camps, tant bien que mal. Le temps était abominable. La souffrance physique venait s'ajouter à l'anxiété morale. Spontanément, dans chaque agglomération ainsi fortuitement créée, surgit un comité qui se chargea de la police et de la salubrité. Des vivres, des tentes arrivèrent. Quelques exécutions opportunes eurent raison des fouilleurs de maisons, des détrousseurs de cadavres. A l'élan universel de charité, dont elle refusa l'appui dans un sentiment de très noble orgueil, San-Francisco répondit par un sursaut d'extra-ordinaire volonté collective dont l'histoire n'offre peut-être pas l'équivalent. Un mot d'ordre s'imposa. On ne devait ni pleurer ni se lamenter. Quiconque se laissait aller à son désespoir était blâmé, raillé. On aurait un seul but : se relever, revivre, refaire la cité plus belle et plus prospère; cela, par soi-même, sans aide. Et l'on se mit à l'œuvre.

Je tiens ces détails de témoins oculaires de la catastrophe, Américains ou Français; leurs récits concordent. Parmi nos cinq mille compatriotes établis là, pas une défaillance ne se produisit. Et pourtant certains perdaient le résultat de quinze, de vingt ans de travail. D'autres allaient se retirer, revenir en France. A ceux-ci, il fallait recommencer, parfois redevenir employés après avoir été chefs de maisons. Chez tous, ce fut le même courage, communicatif, la même énergique résignation. L'un d'eux, un méridional, ayant conservé son bel « assent » me disait dans ce langage panaché, propre aux Français longuement établis en Nord-Amérique : « Well! le feu m'a coûté mes dix mille dollars d'économies. Pour celui qui sait se débrouiller ici, c'est le bon pays. J'en ai été quitte pour redébuter. C'est all right! » Tous m'ont tenu des propos analogues.

*
* *

En réalité, la ville n'est pas encore reconstruite. Elle offre un des spectacles les plus saisissants dans leur contraste, qui puisse s'imaginer. Au pied des hautes collines qui la ceinturent, s'étend une large plaine ou le feu n'a rien laissé debout. C'était le centre des affaires; suivant la règle commune aux villes anglo-saxonnes, à commencer par Londres, les banques, les administrations publiques et privées, les magasins, les offices sont groupés en un noyau central. On n'habite pas là. Chaque possesseur d'un home a sa demeure dans la périphérie. A la hâte, dans la nécessité de reprendre la vie courante, on a établi des baraques où les commerces se sont réinstallés. Les puissantes affaires, les millionnaires ont déjà réédifié leurs gratte-ciel, leurs « buildings » ainsi qu'on les appelle.

Chacune de ces bâtisses dégingandées, si laides et si commodes, porte un nom spécial; l'une des mieux appartient à la French Bank. Les buildings répondent à un judicieux besoin de réunir le maximum de centres de transactions dans un minimum de superficie. D'autres buildings sont en voie d'achèvement. A côté, sur d'interminables espaces, le long des grandes voies, animées par la circulation intense, rectilignes, en partie défoncées, bordées de trottoirs en bois, se dressent les ruines, restées en l'état : debout, des pans de murs calcinés, de grandes poutres métalliques, tordues, tendant vers le ciel leurs bras comme en un geste de souffrance; des excavations, des débris de vitres et de boiseries, épaves lamentables. Puis, au milieu de tout cela, sans transition, d'immenses et opulents hôtels tout neufs, d'autres, plus simples, homes collectifs où tant d'Américains ont

pris le parti de demeurer, devant les difficultés toujours
croissantes de la vie familiale. Quelques salles de théâtre
provisoires où, comme ailleurs dans l'Ouest, les cinémas
dominent. De somptueux magasins; tels cet Emporium,
bien yankee, dans les halls duquel se vendent, côte à
côte, les produits les plus raffinés de la toilette ou du
luxe, des cigares, des fleurs, de la charcuterie, des conserves, des livres, auprès d'un salon de coiffure, de
massage, et d'un cabinet médical; le souci du client
a été poussé au point d'installer un espace doté de jeux
d'enfants et d'une plage artificielle, où les bambins font
des pâtés de sable pendant que, en paix, les mamans
peuvent acheter.

Sur une colline dominant la cité, le Fairmont Palace,
souvent popularisé chez nous par la gravure, profile sa
majestueuse silhouette, entourée des ruines intactes des
palais de milliardaires, partis, ceux-là, sans esprit de
retour. Enfin, au milieu de la ville et précédé d'un
monument où figure, par quelle épopée? un beau canon
français du dix-huitième siècle pris sur les Espagnols à
Santiago pendant la guerre de Cuba, se dresse gigantesque, éventrée, dans un effondrement de matériaux, la
carcasse de ce que fut le magnifique City-Hall, tel un
symbole de reproche à l'injuste sort destructeur de la
grande cité de travail et de progrès.

La vue d'un tel désastre rend plus poignante encore
la foi des hommes en eux-mêmes, en leur destinée.
« Revenez dans trois ans, vous dit-on avec une certitude
communicative, et vous verrez San-Francisco achevée,
plus belle et plus riche qu'elle ne le fut jamais!... » Et
cela n'est pas impossible, surtout si les assurances allemandes, très engagées, se libèrent enfin, comme, fait
remarquable, y sont rapidement parvenues les assurances américaines et anglaises.

*
* *

Pour comprendre cette mentalité; ce ressort du Nord-Américain, donc également du Canadien, il faut l'avoir vu chez lui, avoir touché du doigt l'abîme qui, malgré la récente communauté d'origine, le sépare déjà de l'Européen. Le Nord-Amérique est anglo-saxon, disais-je. La vitalité du Canada français constitue une exception à cette généralité, pas autre chose. Que les immigrés soient Allemands, Italiens, Russes, Français ou autres, dès qu'ils sont entrés dans cette société nouvelle, ils sont estampillés à la marque commune. Dans les pays très neufs, là où apparaît l'avant-garde de l'émigration blanche, j'ai retrouvé ces mêmes types d'Italiens, vus à Gênes et à Naples, et venus exercer loin de leur patrie les durs métiers : terrassiers, gens de ferme, pêcheurs. Ces gens-là, déjà, ne parlaient presque plus leur langue et baragouinaient un mauvais anglais. Le coiffeur de notre navire, un Belge, se laissa convaincre par le prosélytisme, commun aux Yankees, d'un passager de San-Francisco. Il quitta le bord pour se fixer en Californie. Je rencontrai, quelques jours après, cet homme dans les rues de Frisco. Il avait le visage glabre, la démarche déhanchée, la tenue même de l'Américain. La singulière attirance de cette société nouvelle sur ce néo-citoyen avait fait son œuvre en quelques jours. Dans peu d'années, ce Belge sera naturalisé, confondu avec la masse, et aura sans doute oublié jusqu'à son origine. C'est ce fait, des millions de fois répété, qui a constitué la grande nation transatlantique, et contribué à la formation de ce monde récent, et si à part.

*
* *

Car, il faut bien le dire, tout, là-bas, est particulier, tout dépayse, tout est marqué au sceau d'une civilisation fort avancée souvent, fruste parfois, particulière toujours.

Vous ouvrez un des 22 000 journaux de l'Union : 10, 15, 20 pages de télégrammes, de nouvelles condensées émanant de tous les points du globe, de rubriques sportives, d'annonces, oh! surtout d'annonces. Dans ces feuilles, tout ce qui sort du domaine matériel ou des affaires, tout ce qui n'a trait ni à l'effort physique, ni au dollar, est traité avec le sans-gêne dû à un objet sans intérêt. Seulement, le samedi après-midi, pour le dimanche, jour de repos et de lectures, les mêmes journaux offrent, moyennant quelques sous, des kilos de nouvelles, d'illustrations, de romans, de passe-temps.

Dans les chemins de fer, une exploitation intense, réduite à son minimum de prix de revient; comme gares le plus souvent des bicoques de bois; et toujours ces attelages automatiques, ce dispositif si ingénieux, remarqué depuis la Chine, et si propre à la sauvegarde des travailleurs; des wagons de marchandises énormes, d'une carrosserie presque grossière, montée sur boggies comme nos wagons à couloirs, et économiquement pourvus de roues en simple acier moulé d'un seul morceau, sans bandages, hérésie à faire frémir nos doctes ingénieurs.

L'intensité du trafic poussée au point qu'une seule machine traîne parfois soixante-quinze wagons de marchandises. Dans tout l'Ouest, les locomotives sont chauffées au pétrole, comme d'ailleurs les bateaux et les générateurs industriels. Des conduites de plusieurs centaines de milles amènent le combustible des lieux de production.

A côté de cela, des voies d'une légèreté, d'un entretien sommaire, à faire trembler des exploitants européens. Des aiguillages, des signaux d'une rusticité invraisemblable. Des trains de luxe pour les grands parcours; une seule classe, pour les autres, et toutes les couches sociales confondues, sans qu'il en ressorte le moindre caractère choquant pour personne, l'habitude du contact ayant arrondi les angles des différences sociales. Pas de clôtures : le libre accès partout; seulement si on se fait blesser, on s'expose à des poursuites pour entraves au trafic. Dans les ferry-boats, ces merveilleux et rapides palais flottants, dont les Américains ont fait un si puissant outil de pénétration partout où leurs rades et leurs fleuves s'y prêtaient, la même confusion des classes s'observe. Ce qui est plus remarquable peut-être encore, c'est la façon dont, partout, les moyens de communication sont soudés les uns aux autres. De véritables gares d'eau où les ferries viennent, à toute vitesse, aborder par leur avant, ouvert comme celui de nos bacs, dans des appontements établis sur leur gabarit, pour éviter les manœuvres d'accostage. Tout contre, la station du chemin de fer. Et, de l'autre côté, défilant sans interruption pour s'égayer aux quatre coins de la ville, l'essaim des trams.

Partout, la télégraphie sans fil. Le moteur à explosions, né chez nous, où il est illogiquement resté surtout un outil de haut luxe, se voit généralisé, appliqué aux bateaux de pêche, aux péniches, aux remorqueurs. A côté de cela, des rues sans voirie, 300 milles de rues pavées sur 850, à San-Francisco; dans les petites villes, des routes abominables; dans la campagne, pis encore, en dépit des autos qui bravent les obstacles.

Dans les théâtres, ou d'effrontées et anonymes adaptations de nos pièces à succès, ou bien des pièces du cru, d'une uniformité, d'une naïveté, d'une platitude à pleurer.

Mais des music-halls, — là-bas on dit des « vaudevilles »,
— bien tenus, avec de bons numéros, exécutés, sur une
musique allant invariablement de la marche au cake-walk
sur tous les tons, et par des orchestres où l'orgue joue un
rôle important. Des affiches sans goût. Une architecture
à croire que la recherche du laid est la principale préoccupation des architectes et des décorateurs. Pas d'objets
d'art, et ceux qu'on voit enlèvent, à ce propos, tout
regret. L'amour exagéré des statues et des monuments
commémoratifs, mais avec la même conception artistique
que pour l'architecture. Par contre, étrange contraste, les
hommes le plus souvent bien mis et les femmes gracieuses,
élégantes, correctes, habillées avec autant de goût que
possible suivant nos dernières modes, un peu forcées.

Pas de voitures de place, nulle part. C'est trop cher.
Ici, comme dans le Nord, on va en tram, et chaque rue
comporte le sien. Ceci a provoqué la création de luxueux
trams de tourisme dans lesquels, pour 50 cents (2 fr. 50),
on fait visiter la ville et les environs aux étrangers, sous la
conduite d'un guide, comme, à Paris, nos Cooks' Mails. La
pauvre ville, où rien ne reste plus à voir que son cadre
merveilleux, ses ruines et ses buildings, affreux dans leur
neuf, beaux dans leur laideur, et sujets, pour le guide, à
dissertations enthousiastes, se terminant invariablement
par l'exclamation : « Millions de dollars! » Millions de
dollars! aussi le nouvel hôtel des postes où s'est prodigué
un luxe insensé, et qui est certainement le plus somptueux
de son genre dans le monde.

*
* *

En pleine rue, une maison de trois étages et cinq
fenêtres de façade semble édifiée pour gêner la circulation. Nous nous approchons. C'est une demeure qui se

promène, qui change de place. Un berceau de formidables charpentes a été glissé sous le soubassement ; des roues assurent sa mobilité ; des treuils la tirent ; d'autres la retiennent ; et, tranquillement, sûre d'elle-même, elle va porter ailleurs, au gré de son propriétaire, les mêmes pénates en un autre lieu. Personne n'y prend garde ; pas de badauds ; on n'a pas le temps. Et puis le fait est courant.

Dans le très beau parc de Golden Gate, de belles autos, de jolies amazones, en majorité à califourchon, quelques-unes en culottes collantes et bottes, sous une ample redingote. On ne se retourne même pas ; l'habitude sans doute ; et puis, cet ardmirable respect de la liberté du voisin, qui laisse chacun se mettre à sa guise et passer, sans qu'aucun s'inquiète jamais d'autrui.

Plus loin, dans un site splendide qui commande de haut l'entrée sud de l'immense baie, un autre parc : le Presidio, au nom espagnol, comme tous ceux de ce pays. Ce parc-là n'est pas banal : c'est un fort. Dans un bois de très grands arbres — les Américains ont le louable culte de l'arbre et de la nature — les allées serpentent entre les nombreuses batteries de côtes, armées de puissances pièces du type le plus moderne. On peut les voir, les approcher, les détailler, les toucher. Ah ! ce n'est pas en ce pays que l'on croit aux secrets de l'art de la guerre, je vous assure. Et les curieux qui ne sauront pas comment Frisco est fortifiée — et terriblement — n'auront pas voulu s'en donner la peine.

Cette conception des choses se retrouve partout. Les casernes, situées au-dessous du Presidio, sont de confortables pavillons, isolés, à deux étages, et précédés d'un jardin non clos, donnant sur la rue. En passant, on peut voir les dortoirs, les réfectoires, les appartements des sous-officiers : logements propres et soignés comme les bons hôtels. Rien ne sépare l'ensemble du quartier militaire du reste de ville. Sur un champ de manœuvre, des soldats — uniforme kaki, chapeau boer, — font l'exercice.

Plus loin, une esplanade spéciale est consacrée aux sports. Quelques disciplinaires, par groupes de quatre, gardés par deux sentinelles en armes, font des corvées dans la rue. En tenue de ville, le visage rasé, le chef coiffé du tampon réglementaire, qui leur donne un faux air de livreurs de nos grands magasins, les permissionnaires vont, viennent, apparemment libres d'eux-mêmes, sans autre retenue perceptible que la discipline consentie.

*
* *

Cette intellectualité, déconcertante à nos esprits esclaves de l'étroite réglementation en tout, est peut-être plus manifeste encore dans les choses de la marine. A Marc-Island, se trouve un arsenal, édifié en face de la ville de Vallejo. Le ferry-boat y accoste. Descend et visite qui veut. Cela, au surplus, ne va-t-il pas avec le recrutement de la marine de l'Union où figurent, à côté de nègres du Sud, nombre d'Allemands, même de Japonais, sans compter les autres étrangers? A Vallejo, les établissements tenu par des Japs, débits ou tirs, ne manquent pas. Tokio, il est permis de le présumer, doit prendre un soin particulier de sa correspondance avec ses compatriotes transpacifiques. Transpacifiques! ironie des mots!

Sans doute les Américains croient-ils à la puérilité des secrets militaires; ils estiment apparemment que le meilleur « secret » est celui qui consiste à tâcher d'avoir, avec un bon matériel bien approvisionné, un personnel courageux et expérimenté, sous la direction d'un commandement de valeur. C'est une façon de voir. Elle en vaut une autre, se pourrait-il bien.

* * *

Quand on voyage, on se rend mieux compte des abîmes qui séparent moralement les différentes fractions de la société contemporaine, sous une apparence extérieure presque identique. En dépit de la facilité des communications, malgré la diffusion internationale de la presse et les progrès modernes, on ne se connaît pas, ou si peu ! Que de choses à glaner partout cependant ! Que d'enseignements fructueux ! Que de bienfaits perdus pour les uns ou les autres !

Avec les résultats obtenus par les Nord-Américains et tout ce que sait notre vieille Europe, injustement, légèrement, un peu trop dédaignée par eux, on fondrait, ou presque, ce « monde meilleur », auquel rêvent en vain depuis si longtemps les utopistes. Mais notre génération ne verra pas cela.

BOYCOTTAGE !

Avant de quitter l'ouest de l'Union, il me faut aborder une question particulièrement épineuse et de grande portée pour nous, non seulement parce qu'elle met en jeu les intérêts français immédiats, mais le principe même des transactions internationales : je veux parler du boycottage des produits étrangers dans certains États. Certes, ce boycottage n'est pas politique, ni économique, en ce sens qu'il ne dérive pas d'une compétition commerciale ou d'un désaccord entre peuples. Il ne nous est même pas particulier, et les autres nations en souffrent comme nous. Il ne s'applique pas davantage aux objets manufacturés, directement mis par le commerce dans la consommation. Il n'en est pas moins réel, ni moins préjudiciable, car il s'attaque à ceux de nos produits qui, pour être livrés, comportent un montage, une pose ou une transformation ; à ceux, par conséquent, qui doivent passer par la main-d'œuvre américaine.

Notez que nos ventes, là-bas, sont déjà fort difficiles. Les Américains frappent nos marchandises de droits de douane formidables ; ils en usent avec nous d'autant plus durement que leurs ventes en France portent surtout sur des matières de première nécessité, auxquelles on n'a pas su, ou pas voulu, appliquer à leur entrée en

France un tarif, propre à constituer des compensations en faveur de nos exportateurs. Les transports sont onéreux et les délais d'arrivée considérables. Malgré tout, comme l'Américain paye largement, que les besoins du marché sont grands et notre fabrication appréciée, nous tirerions encore de ce marché un parti normal, sans cette circonstance incroyable : l'United States Association, la Confédération du Travail américaine — différente cependant de notre C. G. T. en ce que l'U. S. A., elle, est professionnelle et non politique, — se refuse à ériger aucune œuvre manufacturée en dehors des États-Unis ! C'est donc la brutale mise à l'index de nos produits, ce sont nos échanges livrés au bon plaisir d'une confédération ouvrière !

Il y a quelques mois un groupe important d'industriels français, adoptant la méthode préconisée par nos organisations de commerce extérieur, envoya à San-Francisco un agent collectif. Énergique et actif, cet agent obtint des ordres ; des expéditions furent faites de France ; certaines acquittèrent, outre le transport, jusqu'à 45 pour 100 de droits. Arrivées à destination, elles furent purement et simplement boycottées par l'U. S. Association ; quelques-unes furent retournées, grevées de frais énormes, à leurs expéditeurs. D'autres restèrent en souffrance. Les ordres en cours furent annulés. Et l'agent dut rentrer en France, après une désastreuse campagne, non sans avoir remis entre les mains de notre consul général, une protestation contre le « refus absolu, disait-il, de l'U. S. Association, de placer n'importe quel article venant de France. »

Les négociants et industriels français intéressés adressèrent une seconde protestation aux ministres du Commerce et des Affaires Étrangères. Notre consul général, dans un rapport transmis à notre gouvernement, l'appuya

sans réserves. « A quoi serviraient, insistait ce fonctionnaire, les traités de réciprocité et de commerce entre les
nations, si chacune d'elle voyait, impuissante, le monde
spécial du travail organisé fermer les portes aux produits des pays étrangers? Tout échange deviendrait
impossible et ce serait pour chacun, malgré les traités,
l'isolement forcé qui mettrait fin à tout progrès économique international. »

De son côté, la presse technique prenait avec force
la défense des intérêts lésés. Ces faits ne cadrent pas
précisément, on le voit, avec les puériles théories de la
fraternité internationale ouvrière, avec laquelle certains
idéologues déforment depuis quelques années le jugement de la classe ouvrière française. Le ministère du
Commerce a informé le groupe industriel français que sa
note avait été transmise à notre ambassade à Washington,
par l'intermédiaire du ministère des Affaires Étrangères.

Ce sera tout, car de sanction il n'y en a pas; il ne
saurait y en avoir, pour la bonne raison que le Gouvernement fédéral, déjà désarmé contre les États fédérés,
l'est bien plus encore lorsqu'il s'agit pour lui d'une
intervention entre les autorités locales et les grands
syndicats ouvriers, devenus tout-puissants en Nord-
Amérique.

DANS L'OUEST MEXICAIN

Nos « esprits forts », ceux auxquels « on ne la fait pas » ou bien encore les démagogues verbeux perdus dans le brouillard de leurs théories, ridiculisent volontiers le chauvinisme. Cependant, mettez, à des milliers de lieues de leur patrie, ces mêmes bonshommes en face de souvenirs attestant les grandeurs passées de notre race ou les hauts faits de nos pères, ils ne se défendront plus d'une émotion saine, d'une fierté légitime, ou, parfois aussi, d'une respectueuse pitié. Dans certaines réunions publiques, pour flagorner leur auditoire, ils décrieront le drapeau. Mais qu'ils les voient, ces mêmes couleurs, à l'autre bout du monde, flotter à la hampe d'un de nos navires, ils feront comme les autres, comme nous, ils « marcheront », parce que, voyez-vous, à moins d'être un incurable dégénéré, ces sentiments-là, on les porte en soi, avec soi, comme on naît avec son tempérament. Et ceux qui les nient sont, ou des poseurs pour la galerie, ou bien des imbéciles irresponsables.

C'est l'honneur même de notre pays d'avoir imposé dans le monde entier, sous toutes les latitudes, la légende de son héroïsme, de son enthousiasme, parfois un peu fou. Cet honneur-là rejaillit sur chacun de nous, parce qu'il est le patrimoine de notre nation, la sauvegarde de son rayonnement d'influence, et de l'impulsion grâce à laquelle, de tout temps, les choses ont continué à marcher chez nous, en dépit des adversités, des fautes accumulées, et de la médiocrité des hommes.

Nous avons perdu la prédominance en Égypte, la possession des Indes et du Canada; mais les soldats des Kléber, des Dupleix, des Montcalm ont écrit, avec leur sang, dans ces pays si divers, des pages impérissables. Nos armes ont ouvert la Chine et le Japon à la civilisation occidentale, comme jadis elles contribuèrent à la formation de la grande nation nord-américaine. Si notre mauvaise politique, la versatilité de notre opinion publique, et, parfois, la seule fatalité du sort ont souvent rendu vains tant d'héroïsmes et d'efforts, cela doit nous être une raison pour exalter davantage encore ceux des nôtres qui se sont sacrifiés pour la gloire de notre France.

*
* *

J'évoque ces pensées pendant que surgit lentement à nos yeux la côte mexicaine.

Le Mexique! La guerre du Mexique! Qui se rappelle encore cela en France? Combien, même parmi les gens instruits, pourraient préciser les causes et les faits de cette guerre insensée, où l'abnégation de nos troupiers racheta seul l'inanité du but, de cette équipée funeste à l'Empire comme la guerre d'Espagne le fut à Napoléon Ier? Et pourtant, c'est d'hier. Beaucoup survivent parmi les vieux braves, qui portent la croix blanche, croisée de rouge, « à l'aigle noir ». C'est l'intervention franco-anglo-espagnole de 1852; puis la retraite de l'Angleterre et de l'Espagne laissant l'affaire sur nos seuls bras. Survient l'échec de Puebla, le 5 mai, ce *Cinco de Mayo* qu'on retrouve partout au Mexique, tel Waterloo ou Nelson en Angleterre. Voici l'honneur engagé, comme tant de fois depuis… Les trois mille soldats du début sont maintenant trente mille. Forey enlève Puebla, entre à Mexico, préside au couronnement de Maximilien. Avec Bazaine, de 1863 à 1867, commence l'interminable guerre de guerillas, l'envoi des petits paquets, le gouffre d'hommes et d'argent, jusqu'au jour où, inquiet de l'attitude hostile des Etats-Unis, cédant aussi à la pression de l'opinion alarmée, l'Empire se décide à abandonner à son sort l'infortuné Maximilien, pris et fusillé à Queratero, aussitôt après le départ de nos troupes. Tout cela, dit ainsi, en quelques lignes, c'est bien simple, n'est-il pas vrai? Mais quand on voit de ses yeux le théâtre de cette guerre de cinq années, ces « tierras calientes » des côtes, lugubres, effroyablement insalubres, où des lagunes pestilentielles sentent la malaria, le vemito et la mort, ces hauts plateaux incultes et desséchés, ces cimes, ces défilés ; lorsqu'on songe que nos soldats ont fait cette campagne sous un climat torride, équipés comme en France, — car la tenue coloniale inauguré par les Anglais pour leur campagne abyssinienne vers 1855, ne fut adoptée que bien plus tard chez nous, — et que nos troupes ont occupé victorieusement dans leur totalité ces immenses et si difficiles contrées, de Vera-Cruz à Mexico, de Guadalajarra à Mazatlan ; eh bien ! quitte à passer pour un « pompier », on est remué, on est fier de nos soldats. Chez nous, cette guerre est déjà du domaine de l'histoire, presque de l'histoire ancienne. Tant de faits ont passé depuis ! L'année terrible, Panama, l'affaire Dreyfus, et beaucoup d'autres ! Au Mexique, rien ne subsiste des luttes d'antan. Le Français y est sympathique, d'une sympathie qui se perçoit. Nous avons dans ce pays une importante colonie de quinze à vingt mille compatriotes, dont la plupart viennent des Alpes, et spécialement de Barcelonnette ; nombre d'entre eux se sont créé une

situation enviable et occupent une place considérable
dans le monde des affaires.

*
* *

Le Mexique est, parmi les nations américaines de
civilisation latine, une de celles dont les destinées
s'annoncent sous le jour le plus favorable. A l'ère
troublée par près de quatre cents révolutions, qui s'écoula
depuis l'Indépendance de 1823 jusqu'à la guerre de 1867,
a succédé une longue période de tranquillité et de développement pacifique, de recueillement aussi ; car le
Mexique est une nation mutilée. Ses provinces méridio-
nales se détachèrent de lui en 1823 pour former des
petites Républiques de l'Amérique centrale. Les États-
Unis lui ravirent par la force en 1848 la Haute Californie, le Nouveau Mexique et le Texas : San-Francisco, Los
Angeles, Santa-Fé, furent des villes mexicaines. Le
Latin a reculé devant l'Anglo-Saxon, comme nous le
fîmes jadis nous-mêmes, en vendant le Lousiane à
l'Union.

Qui sait si cette question de l'intégrité mexicaine sous
la pression politique et économique de son puissant voisin du Nord est à jamais vidée? Si l'achèvement du canal
de Panama, rendu plus impérieusement nécessaire
chaque jour par la lutte pour la prépondérance dans le
Pacifique n'amènera pas les États-Unis à s'assurer la
possession et la surveillance plus effective du canal, dans
une accentuation de leur action vers le Sud? Actuellement, l'infiltration du Yankee au Mexique, par ses capitaux, ses ingénieurs, ses négociants, s'effectue visiblement, en dépit de l'aversion certaine de l'opinion ; car
la société mexicaine est profondément latine de mœurs,
de mentalité, de religion, bien que les Blancs d'origine

espagnole ne soient que deux millions, contre cinq millions de métis et autant d'Indiens.

Mais les Indiens du Mexique ne sont plus ceux que nous vîmes dans le Nord-Amérique : individus abâtardis par l'oubli de leurs mœurs ancestrales, et le contact, subi, d'une civilisation inacceptée par eux. Les Indiens mexicains, descendants de ces Aztèques civilisés, décimés par Fernand Cortès et les Conquistadores, se sont fondus avec la masse de la nation. Sans doute, ont-ils conservé leurs types, purs ou mêlés, leur peau brune, leur indolence et leurs qualités; mais ils ont oublié leur langage propre. Tous parlent l'espagnol; ils sont Mexicains au même titre que les Espagnols de race et les métis. Sans doute, dans certains territoires existe-t-il des Indiens sauvages, ou retournés à l'état primitif; ceux-là, tels les Yakis, constituent, en tous cas, un élément négligeable et minime.

*
* *

On connaît les efforts tenaces des États-Unis pour détourner de l'Europe l'immense marché hispano-américain, et l'attirer dans l'orbite de l'activité yankee. Visites de personnalités en vue, ou d'escadres, imposantes réunions, congrès variés, surchauffage du mouvement pan américain, organisation à Washington d'un bureau international des Républiques américaines : tout a été mis en œuvre pour arriver au but. Dans quelle mesure cette campagne à évolution lente a-t-elle porté ses fruits? Il est bien difficile de le préciser aujourd'hui. Les statistiques futures répondront an par an. Ce qui est certain, c'est que le Mexique, peut-être plus civilisé dans sa généralité que presque tous les autres États latins d'Amérique, exception faite du Chili, n'a pas, jusqu'ici,

répondu, d'une façon appréciable, aux appels intéressés
de ses absorbants voisins. Il semble, au contraire, avoir
mis tout en œuvre pour s'affranchir de leur tutelle; il
vient même de faire un pas décisif dans cette voie grâce à
l'achèvement du chemin de fer transpacifique mexicain :
Vera-Cruz-Manzanillo, par Mexico et Guadalajarra. Cette
ligne fut inaugurée solennellement deux mois à peine
avant notre venue. A Manzanillo on termine un port
important, exécuté, assez faiblement d'ailleurs, par une
entreprise américaine. Notre croiseur *Catinat*, de la division du Pacifique, assista à l'inauguration du railway.
Nos marins furent d'autant plus fêtés que l'apparition
de nos couleurs dans ces parages éloignés est plus
rare, et leur visite causa une véritable joie aux Français de la région.

*
* *

A ce propos, soit dit incidemment, on ne comprend
pas toujours assez chez nous l'importance de ces visites
de nos navires ou de nos escadres dans les ports étrangers. Escales sans but, en apparence, elles sont l'occasion pour nos compatriotes établis au loin de s'unir, de
confirmer la force de leur groupement, en même temps
qu'elles affirment le prestige de nos couleurs.

Manzanillo, dont le nom est à peine connu aujour-
d'hui, est sans doute appelée à jouer dans l'avenir un
rôle économique important. Malheureusement, et cela
pourra influer sur ses destinées, ce point passe pour un
des plus malsains du globe. Enserré entre l'Océan et
une vaste lagune, il est désolé par la malaria, et, de
temps à autres, l'affreux vomito negro y exerce ses
ravages. Il y a quelques années, la population y fut littéralement fauchée par le fléau.

Mais, par contre, quel pittoresque! Ah! ici, ce n'est pas la nature truquée! Déjà, le long de la côte presque inhabitée, sur la mer déserte, nous avions eu la sensation d'un pays où la nature est demeurée inviolée : des oiseaux de mer, rares ailleurs, pélicans, frégates, fous, se laissaient approcher sans défiance. De temps à autre, une colonne d'eau pulvérisée, un sillage huileux annonçaient la présence de baleines; d'énormes tortues de mer dormaient à fleur d'eau.

Maintenant, dans la rade, le long de la coque de notre navire, passent, nettement visibles, les grandes ombres noires des requins; du warf, la limpidité des eaux nous permet de voir, par plus de douze mètres de fond, des bandes compactes de poissons de toutes tailles, aux couleurs variées, capturés sans peine par des pêcheurs armés d'un harpon grossier. Dans la campagne, planent, sans être inquiétés, des vols entiers de grands oiseaux de proie. L'un des deux seuls prêtres de Manzanillo, un Italien échoué là, solide gaillard à figure presque trop énergique, et dédaigneux de porter la soutane, exerce pour vivre le métier de chasseur. Il offre à l'étranger des peaux, des crânes de jaguars ou de pumas tués par lui, comme un produit courant; ou bien les dépouilles d'oiseaux à plumages éblouissants, les papillons, les insectes rares, des régions tropicales. Le « padre » trappeur parle encore avec attendrissement des bons clients que furent pour lui les officiers du *Catinat*.

L'occasion, bien rare, se présentait donc de voir, confortablement installés à la plateforme d'un wagon, un pays neuf, hier encore presque inaccessible, puisque, jusqu'ici, le seul moyen de gagner Colima, ville de vingt mille habitants, à présent séparée de Manzanillo par quelques heures de railway, était de suivre, à cheval, les pistes invraisemblables tracées à travers les cols et les précipices des sierras.

Cette conquête bien moderne des mondes nouveaux par le rail a quelque chose de grand; vu sous ce jour, l'ingénieur, botté, vêtu du complet colonial, coiffé du du feutre à larges bords, prend, lui aussi, un peu de l'allure du conquistador. Il en a la bravoure, accentuée encore par la placidité apparente de sa mission. Plus que les conquérants passés, il risque sa vie, en ces terres basses où la pestilence réduit à trois mois la présence des fonctionnaires ou employés non indigènes, où le coup de pioche remue les miasmes mortels d'un sol empoisonné. De combien d'existences humaines chaque pas en avant de la civilisation aura-t-il été payé en ces lieux, et qui le saura jamais?

Le chemin de fer est yankee, les machines, les wagons sont, en moins moderne, ceux que l'on voit aux États-Unis. On suivrait, au trot, l'unique train quotidien qui, de la mer, va rejoindre les hauts plateaux. Les arrêts aux gares sont interminables. Mais cela est un attrait de plus, par le cachet de la foule accourue voir le spectacle, nouveau pour elle, de gens vêtus à la mode des grandes villes, ou portant le costume colonial, dont le casque surtout, semble l'amuser beaucoup. Les toilettes des dames, pourtant bien « de circonstance », ont un succès particulier. Au demeurant, c'est un échange de curiosité. Nous ne nous lassons pas, nous non plus, du caractère étrange de la population; femmes drapées dans d'amples robes aux couleurs criardes, les cheveux épars dans le dos; hommes aux immenses chapeaux de paille, le pantalon évasé, les pieds nus dans des sandales, le puncho rouge jeté sur l'épaule. Et les cavaliers, oh! surtout les cavaliers, en ce pays où les routes sont des sentiers incertains, où le cheval, même chez les plus pauvres, est toujours har-

naché, prêt à partir, où l'on passe une partie de sa vie en
selle : les étranges et nobles silhouettes, évocation vivante
des guerriers de jadis, avec leurs beaux costumes de
« rancheros » popularisés par la gravure, le lazzo attaché à l'énorme pommeau de la selle, la carabine pen-
dante. Leur « machete », ce long couteau qui sert à tout,
à la défense, à l'attaque, aux repas, est toujours à portée
de la main, contre la rencontre possible d'un fauve, d'un
bandit, d'un « charro » ennemi. Parfois, la machete est
remplacée par un sabre, ressemblant singulièrement au
« bancal » de nos chasseurs. Épave d'un des nôtres,
peut-être?

Les hanches sont recouvertes d'un épais tablier de
cuir ; les pieds garnis d'énormes éperons, et solidement
plantés dans de profondes gaînes, formant étriers. A cet
arsenal, des gens avisés ajoutent encore le revolver et la
ceinture de cartouches ; tout cela vu d'un seul coup, sans
transition, quand on arrive au pays des buildings, des
ferry-boats ! Et quelle portée, à ce premier contact de
deux sociétés si différentes, subitement mises en présence par la puissance du progrès !

Les uns les autres, nous nous regardons, nous nous
amusons du spectacle que nous nous offrons.

La nuit, le chemin de fer s'arrête pour repartir seulement le lendemain matin. Cette première étape est à
Colima. Cinq heures de parcours à travers la forêt des
« Terres chaudes » ; puis l'ascension poussive vers le
premier échelon des hauts plateaux mexicains, par de
féériques paysages de montagnes couvertes d'une végétation tropicale, nous ont amenés à la plaine où la ville
est construite, au pied de deux volcans de quatre mille

mètres ; dangereux voisins : leurs convulsions jetèrent
bas la cathédrale peu de temps auparavant.

Un primitif hôtel tenu par un… Chinois, nous offre
une hospitalité heureusement éphémère. La nuit vient,
rapide et splendide. Sur la place, un bon orchestre joue.
Tout autour se promène la foule bariolée : belles filles
brunes, quelques messieurs bronzés en costume tail-
leur, des groupes de gens vêtus de l'accoutrement national, le chef couvert de sombreros démesurés auxquels
notre œil a peine à s'habituer, soldats dont l'uniforme,
le shako blanc, à haut pompon, à visière plate, rappelle,
jusque dans leurs godillots, le type jadis en usage chez
nous, l'empreinte française, contrecarrée par l'uniforme
à l'allemande des jeunes officiers. Puis, sur la chaussée
circulaire, les beaux cavaliers paradent, font ressortir
leurs formes avantageuses, cliqueter leur inséparable
arsenal, et piaffer leurs chevaux, pendant qu'un Français, fixé dans ce pays, vient à moi, heureux de retrouver un compatriote, et de pouvoir parler un peu, enfin,
de la lointaine patrie, de la bonne et douce France vers
laquelle lui ne retournera sans doute jamais plus.

Silencieux et redoutables, les grands volcans som-
meillent au-dessus de nos têtes…

EN CALIFORNIE

Avant d'entreprendre la longue traversée qui doit nous conduire à l'autre bout du nouveau monde, nous voici remontés vers le fond du golfe de Californie. La paix jadis conclue avec les États-Unis a laissé au Mexique cette longue mer intérieure dont les rives désolées, dans le chaos de leurs altitudes rocheuses, apparurent sans doute alors aux Yankees comme une charge stérile. Ils dédaignèrent même de se réserver là un accès sur le Sud américain, pourtant aujourd'hui considéré par eux comme le domaine réservé à leur expansion économique, affirmée par le futur percement de Panama. Leur frontière s'arrête à Arizona-City, loin du point où leur fleuve Colorado se jette à l'extrémité septentrionale du golfe. Ils n'ont seulement point cherché jusqu'ici à compenser, par l'établissement de railways, ce tracé de frontière qui ferme le débouché maritime du Sud aux produits de leur Californie, de l'Arizona, et même de l'Utah. La grande voie ferrée Nord-Sud de la côte pacifique s'infléchit brusquement vers l'Ouest, à sa jonction avec le Colorado. C'est seulement à Benzon, dans l'Arizona, qu'une ligne se détache vers le Midi pour aboutir au port de Guaymas, en traversant l'état mexicain de Sonora.

Gayamas, dont les destinées resteront sans doute localisées, est ainsi devenu centre naval de tout le Nord-ouest du Mexique. Elle n'est encore qu'une petite agglomération très commerçante, où plusieurs de nos compatriotes ont acquis une place honorable. La ville est construite sur une vaste baie, bien abritée, mais peu profonde. Un semblant d'arsenal, devant lequel sont mouillés, lors de notre passage, un coquet petit croiseur et un transport désarmé, donne à l'endroit un caractère militaire modeste. Le long des voies, droites, flanquées de maisons mexicaines, quelques warehouses, quelques bars américains où d'inquiétants yankees d'avant-garde, faces rasées aux reflets intempérants, rappellent le Far-West voisin ; un beau magasin général français, et nombre d'autres, tenus ici encore, comme partout où une législation prohibitive ne leur a pas fermé les accès, par des Jaunes, par ces négociants chinois qu'on retrouve aujourd'hui dans les coins les plus reculés des régions baignées par le Pacifique, premiers avant-coureurs de leur race pléthorique.

« Avez-vous contre l'établissement des Jaunes dans votre pays la même prévention que vos voisins du Nord? » demandais-je à un notable.

« Mais pas du tout, me fut-il répondu. Au Mexique les Chinois, en particulier, sont fort bien accueillis. Ils ont su se faire estimer en affaires ; ils sont le plus souvent très considérés. Leurs coolies, encore peu nombreux, sont, pour la mise en valeur de nos immenses ressources naturelles, d'utiles auxiliaires, dont l'élimination systématique serait, à notre point de vue, un non-sens. »

Allez donc concilier cette appréciation avec le mouvement violemment anti-asiatique des États-Unis dans l'Ouest ! Et faites-vous une opinion si vous le pouvez ; car cette question intéresse notre pays, lui aussi, comme puissance limitrophe de la Chine et voisine du Japon.

*
* *

A l'extrémité de la ville se dresse une imposante et prétentieuse construction dominée par une haute tour. Je m'informe : « C'est la nouvelle prison provinciale me renseigne-t-on, et le plus beau monument de la ville. Elle est « très jolie » à visiter. Elle vous plaira. » Je ne pouvais négliger un avis exprimé en termes si engageants. Je n'eus pas à parlementer, d'ailleurs; et le fonctionnaire auquel je m'adressai parut flatté de faire les honneurs de son établissement à un étranger. Nous traversons le quartier des femmes, alors occupées à confectionner des patisseries. Puis nous grimpons sur la plateforme de la haute tour, d'où la vue embrasse l'ensemble du quartier des hommes. Dans une vaste cour, par groupes, les uns jouent aux boules, d'autres au ballon. C'est une prison gaie.

« Vous voyez, me désigne le fonctionnaire, ces trois hommes qui jouent aux palets dans un coin de la cour; ce sont des condamnés à mort pour assassinat. On doit les exécuter cette semaine. On les conduira dans la campagne, et on les fusillera. Ici, c'est notre façon d'appliquer la peine. Le mort est ainsi plus martiale. »

Je regardai ces hommes, jeunes tous trois, bonnes figures bronzées d'honnêtes garçons placides : des assassins bons enfants. Ils discutaient un coup avec animation. Ils avaient encore un jour ou deux à vivre.

Mais là-bas, si la prison est gaie, en effet... la loi est inexorablement appliquée.

*
* *

Le fait que le golfe de Californie est resté, au point de vue économique, un cul-de-sac, et qu'il n'est pas, à l'heure actuelle tout au moins, le débouché, naturel cependant, des États-Unis du sud-ouest de l'Union, a maintenu ces régions, la Basse-Californie comme la Sonora, très en dehors du mouvement général, et leur a conservé un singulier caractère de primitivité. Sur quelques rares points, des forages artésiens ont permis de constituer des oasis de luxuriantes verdures. Partout ailleurs, c'est la désolation du désert, ponctuée d'une bizarre végétation de gigantesques plantes grasses, de cactus géants aux formes tourmentées. De hautes cimes, dénudées de la base au faîte, des volcans, pour la plupart alors en sommeil, le lit desséché des arroyos profonds, découpent capricieusement le pays, où de simples pistes tiennent lieu de routes. Dans ces solitudes vivent, encore insoumis, quelques milliers d'Indiens Yakis, aujourd'hui rendus plus redoutables par la facilité avec laquelle ils s'approvisionnent aux États-Unis d'armes perfectionnées. Lors de notre séjour, la paix — une paix éphémère craignait-on — venait d'être, une fois de plus, signée avec ces peuplades, dont l'irréductibilité constitue une exception dans la masse mexicaine. La nature du terrain, l'inefficacité des opérations en masse avaient rendu la campagne meurtrière aux troupes. A un certain moment, il était devenu dangereux de sortir de Guaymas, sans que jamais cependant, chose surprenante, le fonctionnement du railway ait été interrompu. Le gouvernement a adopté un moyen radical pour réduire cette race indomptable : il procède depuis quelque temps à des déportations en masse dans le Yuacatan, au Sud, de femmes des Yakis révoltés.

Le Mexique est resté, semble-t-il, réfractaire à la méthode des Réserves Territoriales, appliqué pourtant avec le succès que l'on sait par les États-Unis aux populations aborigènes dont l'inassimilation s'était montrée définitive.

* *
*

Aux environs de 1860, un exode affolé se produisit du monde entier vers ces régions, dont une renommée subite, née on ne sait comment, avait fait un pays où l'or abondait à fleur du sol. Des milliers de malheureux, parmi lesquels nombre de Français, chercheurs d'aventures, épaves de la vie de partout, accoururent, croyant atteindre enfin, sous leur pic ou dans les sables charriés par le Colorado et le San-Ignacio, la fortune rebelle. La plupart ne trouvèrent qu'une mort misérable. Les autres regagnèrent leur patrie, épuisés et déçus. Les mines d'or de la Californie, dont tout l'univers parla quelque temps, ne sont plus aujourd'hui qu'un souvenir, imprécis pour la plupart d'entre nous, bien que certains atlas mentionnent encore ces solitudes : « Région de l'or... »

Depuis, comme en tant d'autres domaines, les choses se sont tassées : une ou deux très puissantes sociétés exploitent industriellement quelques gisements, échelonnés le long de la côte californienne. Mais l'époque fabuleuse des pionniers d'aventures est passée, ici du moins.

* *
*

En face de Guaymas, sur la côte californienne du golfe, existe dans la presqu'île à peu près inhabitée, une des rares villes qui s'y rencontrent. Cette ville, Santa-Rosalia, est française, en réalité, sinon politiquement. Il y a une vingtaine d'années, une compagnie, dont la direction et les capitaux étaient français, entreprit l'exploitation des immenses gisements cuprifères du massif montagneux relié au mont Santa-Maria. L'entreprise a prospéré :

elle est devenue considérable. Nos compatriotes ont construit un port assez vaste pour recevoir simultané- ment plusieurs grands navires. Un réseau complet de chemins de fer relie Santa-Rosalia aux différents groupes miniers. Des chefs de service, des ouvriers venus de France se sont installés. Si le sous-sol était riche, la nature était d'une aridité absolue. Il a fallu tout amener, tout, depuis les vivres essentiels jusqu'au bois des cons- tructions. L'eau douce a été adductionnée de l'une des parcimonieuses sources de l'intérieur. Peu à peu, l'œuvre s'est assise. Des travaux artésiens ont permis la création voisine de quelques établissements de culture et d'éle- vage. Toute une population de travailleurs mexicains, transportés du continent, a été répartie entre les diffé- rents centres de travail. Une cité spéciale a été réservée à une colonie de coolies chinois, vivant entre eux, fidèles à leurs mœurs. Des Yakis soumis, amenés de la Sonora, se sont eux-mêmes fixés dans la région. Ceux-là habitent à part, en dehors des agglomérations, des « pueblos », pourtant bien modestes, mais sans doute en- core trop « civilisés » pour eux ; leur atavisme leur fait préférer aux corons réglementaires de la compagnie de misérables huttes, construites par leurs soins avec des matériaux de fortune, où les vieilles caisses de conserves tiennent la place d'honneur. Le service médical, même celui de la Santé, est assuré par des médecins français. Et, dans les écoles primaires officielles, quand vient un visiteur, les élèves chantent la *Marseillaise*... en mauvais espagnol. Au « Cinco de Mayo », fête nationale, anni- versaire de notre échec de Puebla, Français et Mexicains fraternisent joyeusement, au cri traditionnel de : *« Muerte a los Franceses! »* poussé par les indigènes !

Des magasins d'approvisionnement, gérés par la compagnie, distribuent nos produits à cette population.

Dans les cafés, des phonographes nasillent nos scies à la mode. Un poste de télégraphie sans fil relie Santa-Rosalia à Guaymas. Un petit vapeur de deux cents tonneaux, *le Korrigan*, jadis construit à Nantes, et, prouesse remarquable de navigation, venu par ses propres moyens en contournant Magellan, fait la navette entre les deux ports.

Par contre, ici, et cela encore est bien français, on ne voit pas ce bel ensemble d'esprit sportif, constaté partout en pays anglo-saxon. Mais, il est vrai, on vit à cheval : le pays l'exige, d'abord ; puis, au Mexique ouest les femmes elles-mêmes considèrent la marche comme un indice de dénûment, ou, mieux, un acte non reçu.

Remarque regrettable : les grands voiliers longs-courriers, chargés de pourvoir aux besoins industriels de Santa-Rosalia, ne battent plus guère notre pavillon. Les Anglais, et les Allemands surtout, les ont supplantés. Question de taux de fret sans doute, mais aussi, malheusement, d'équipages. Cette constatation, que l'on m'avait déjà fait observer au Canada et aux États-Unis, est plus frappante encore à Santa-Rosalia. La propagande anti-patronale poursuivie avec acharnement parmi nos inscrits par certains politiciens a, en partie, porté ses fruits néfastes. Si les grandes compagnies de navigation trouvent encore, à peu près généralement, un personnel de valeur professionnelle suffisante et de service sûr, l'ensemble de notre armement a les plus grandes difficultés à recruter convenablement ses équipages de long cours. Le résultat ne s'est pas fait attendre, il est manifeste dans les ports du Pacifique nord, il s'est traduit par la disparition presque totale de nos grands voiliers. Au fait, le sort des inscrits intéressés aura été amélioré... puisque, ainsi, ceux-ci ne courent plus les risques de la navigation. C'est une des formes du progrès, tels que certains l'entendent.

L'admirable prospérité de Santa-Rosalia nous laisse, en revanche, sous une forte impression. Elle nous montre ce que peuvent obtenir nos capitaux, nos ingénieurs, nos ouvriers, transplantés si loin de tout, lorsque rien ne vient entraver leurs qualités fécondes de production et les facultés d'organisation de nos dirigeants, industriels et techniciens.

Et cela est réconfortant.

CAP AU SUD

Cap au Sud, maintenant, vers le Chili et Magellan. Au moment d'appareiller, je retrouve à bord un passager embarqué à San-Francisco, et qui devait nous quitter à Guaymas. Notre paquebot sortait de Frisco, il était déjà en marche, quand une chaloupe nous avait rejoints à toute vitesse, accostés, et transbordé le passager; on avait dû le hisser par l'échelle de corde du pilote. L'explication d'un départ, précipité au point de nous avoir un instant intrigués, était fort simple et bien yankee : ce gentleman, d'une situation très en vue à San-Francisco, était arrivé à son office à huit heures; à huit heures et demie il avait vu son courrier, et décidé d'aller se reposer quelques jours en mer; à neuf heures il avait déjà téléphoné sa décision à sa femme, accoutumée, en vraie Américaine, à l'usage étendu de la liberté individuelle; puis il avait frété une de ces grandes chaloupes automobiles dont l'emploi est aujourd'hui répandu partout... à l'étranger, et il avait rejoint ainsi le paquebot.

« Quoi? demandé-je, vous poursuivez avec nous la route jusqu'au Chili? »

« Mais oui, fait tout naturellement le gentleman, le bateau m'a plu, les gens sont agréables, j'aime la cuisine française. J'ai donc télégraphié à ma femme pour l'aviser que je continue jusqu'à Rio de Janeiro. Voici

même sa dépêche me souhaitant un heureux voyage. »
« Is that so? » me contenté-je de répondre, gagné par
la contagion de cette locution de l'Ouest comme on l'est
par le « Como non! » après quelques jours dans le Sud-
Amérique.

Cette aisance du déplacement est d'ailleurs une des
caractéristiques saillantes du tempérament des Transatlantiques, une des formes tangibles de leurs extraordinaires qualités d'initiative, souvent gâtées aussi par
beaucoup de bluff.

Ainsi un autre exemple : à Manzanillo, nous avons
quitté deux passagers. Ces gentlemen, vieux amis,
avaient convenu d'abréger l'hiver dans leur pays du
Nord par un « small trip » au Mexique. Cela est courant;
ce qui l'est moins, c'est qu'ils étaient tous deux octogé-
naires! Très verts et très allants, assurément, mais quatre-
vingts années n'en pesaient pas moins sur la tête de ces
globe-trotters, dont le voyage semblait, au demeurant,
tout naturel à leurs compatriotes.

Voici plus typique peut-être encore : nous devions
laisser à San-Francisco une miss américaine habitant
l'Angleterre, venue d'Europe avec nous pour voir son
père, fixé à deux ou trois jours de la ville. A son arrivée,
la jeune fille reçoit du père avis de « ne pas pousser
jusque chez lui : business ou communications rendues
difficiles par les inondations; bref, un motif quelconque;
le père ira, lui, voir sa fille en Angleterre l'été prochain;
elle peut retourner en Europe... » Ne croyez pas que
ceci se soit passé le moins du monde en petit drame de
famille. La jeune fille a remplacé les baisers paternels
par un joyeux séjour à Frisco, fêtée par des amis, à
grand renfort de bals et de dîners. Puis, elle s'est réem-
barquée avec nous. Elle aura bouclé le tour du monde
tout exprès pour aller passer quelques jours sous le toit

paternel... qu'elle n'aura pas vu, sans moins l'aimer pour cela, sans doute. Voilà! All right! Is that so?

Notez que ces traits de mœurs, qui nous déroutent assurément, on les retrouve partout, sous d'autres formes appropriées à leur milieu, fût-ce seulement en Angleterre, si voisine de nous cependant. Et, à généraliser la question, c'est pourquoi, lorsque nous voulons juger les faits et les gens du dehors avec notre mentalité spéciale, ou quand nous traduisons l'opinion extérieure sur nos propres affaires, nous nous trompons souvent lourdement, parce que nous interprétons les choses avec notre exclusivisme, et négligeons de tenir compte de l'abîme qui sépare, la plupart du temps, chaque intellectualité étrangère de la nôtre.

La route que nous suivons, droit sur Coronel, port de Concepcion, au Chili, longe la côte est de la presqu'île californienne. Nous passons au large de La Paz, un des principaux centres de la pêche perlière dans le monde. La nature inclémente semble avoir voulu, en ces parages, comme ailleurs, hérisser de périls et de difficultés ce que nous considérons comme ses plus précieux trésors, qu'il s'agisse de l'or recelé par les glaciers de l'Alaska et les escarpements désolés de la Sonora, ou des diamants enfouis dans les mortelles pestilences du bas Brésil. Aux Grands-Prix de Longchamps et d'ailleurs, aux Premières retentissantes, dans les salons très élégants, partout où les perles brillent, avec une profusion souvent déconcertante sur les épaules des « belles Madames », celles-ci ne se doutent guère de quelles audaces, de combien d'existences aussi, fut payé le caprice de leur luxe. Les requins infestent ordinairement les mers où se produit la perle.

Mais si les plongeurs ont presque disparu, remplacés par le moderne scaphandre, sûre défense contre l'attaque des squales, il existe, par contre, sur la côte Pacifique du Mexique et de l'Amérique centrale, un monstre hideux, cent fois plus redoutable. C'est une raie géante dont le diamètre dépasse sept mètres, appelée la « manta ragada ». Ce gigantesque poisson attaque parfois les plongeurs et brise leur tuyau de respiration. Il abonde à La Paz, paraît-il, et y rend la pêche particulièrement périlleuse. J'ai souvenir d'avoir vu à Londres, au Musée de South-Kensington, dont les incalculables collections rendent la comparaison avec notre Jardin des Plantes plus pénible encore à notre amour-propre, un de ces monstres naturalisé. Même ainsi, son aspect terrifie. Excellent nageur, le premier lieutenant de notre navire, se baignant à Santa-Rosalia lors d'un voyage précédent, me racontait s'être trouvé face à face avec une « manta ragada », au contact de laquelle il avait échappé. Encore aujourd'hui il sentait passer la petite mort en se rappelant son impression à cette minute.

Les pêcheurs de La Paz et les « mantas » sont bien loin des réunions mondaines où triomphent sur les épaules nues, les colliers de chien et les sautoirs...

Un ciel blanc et flou, une mer calme, à peine ridée par la mollesse d'une brise humide. Au balancement des grandes houles, jusqu'à nous propagées de centaines de lieues marines par les typhons et les cyclones d'autres climats, nous gagnons l'hémisphère austral. A l'Ouest nous laissons sans la voir l'île Clipperton, rocher perdu dans l'Océan à 1 187 milles de toute terre, et possession française ; fait généralement ignoré, jusqu'au jour récent où le gouvernement mexicain, dont le territoire continental appelle cependant tant de sollicitudes urgentes, l'ayant occupée sans plus de formes, l'incident fit l'objet d'un échange d'observations à la Chambre. Il serait curieux de savoir comment, quand et pourquoi ce « caillou », comme disent les navigateurs, fit platoniquement partie de notre domaine colonial. Par une anomalie plus grande encore, Clipperton, située pourtant très en dehors des grandes routes maritimes, a été dotée d'un phare assez puissant, puisque sa portée est de 15 milles, et bien malaisé sans doute à ravitailler. Si les Mexicains l'y trouvèrent construit, auront-ils au moins le scrupule de nous rembourser cet ouvrage?

*
* *

Quelques jours encore et nous entrons dans la région désignée sur les cartes : « Calmes Équatoriaux ». Nous y trouvons, contradiction toujours plaisante, une brise très fraîche qui fait moutonner la mer et tanguer le paquebot. Si au lieu de l'immensité déserte, nous pouvions être en contact avec des indigènes, ceux-ci, suivant la formule universelle, qu'on soit sous les Tropiques, dans les villes d'eaux, ou sur les plages à la mode, ne manqueraient pas de déclarer que « ça n'arrive jamais!... » « Ça n'arrive jamais!... » nous disaient aussi les British-Colombiens lorsque, par un froid polaire, notre navire prenait, sous sa carapace de glaçons, des airs de Bonhomme Noël.

Nous franchissons la Ligne. Jadis, au temps des longues croisières à la voile, le passage de la Ligne donnait lieu à une fête traditionnelle. Ceux qui n'avaient jamais dépassé l'Équateur recevaient le « baptême ». Les équipages se travestissaient. Pendant un jour la discipline faisait trêve à bord, où régnait platoniquement quelques heures un roi de la Ligne, assisté de toute une cour, grotesquement affublée. Aujourd'hui, ces traditions sont en partie oubliées. A peine si, parfois, sur les voiliers longs-courriers, sur certains navires de guerre, on les laisse revivre. Mais, avec les modernes vapeurs rapides, on fait trop souvent la navette d'un hémisphère à l'autre. Un mousse aura bien reçu un jet d'eau sur la tête ; quelque stewart suisse, victime d'une brimade sérieusement organisée par ses collègues, se sera consciencieusement évertué à découvrir la trace noire de la « Ligne » sur le bleu des eaux. C'est tout. Pourquoi faut-il, ici encore, que le progrès moderne ait tué la fantaisie d'antan et, avec elle, la gaie camaraderie, même éphémère?

Devant l'archipel des Galapagos nous trouvons enfin les Grands Calmes, et le ciel tropical. A la surface unie des eaux, de folles risées forment des taches plus sombres, telles des nuages dans le firmament. Légères, à peine perceptibles, elles suffisent cependant à faire franchir ces régions aux voiliers de long cours dont les mâtures démesurées et les immenses voilures mettent à profit les moindres souffles. L'active évaporation rend le ciel, non pas bleu, mais d'un blanc aveuglant sous ces climats où la nature est immuable, comme la durée des jours — de six en six —, comme l'implacable chaleur. Plus de crépuscules. La nuit arrive sans transition. Et c'est pendant quelques trop courtes minutes un éblouissement de féerie quand le soleil disparaît dans l'irradiation de ses rayons de feu, parfois nuancés de vert, tandis qu'à l'autre horizon c'est la nuit bleutée, scintillante d'étoiles inconnues au Septentrion, et parmi lesquelles se détache l'incomparable Croix du Sud.

Notre étrave chasse devant elle des bandes de poissons volants. On les prendrait pour de gros insectes à leur vol gracieux rasant la surface lisse qu'ils raient d'un léger sillage. De-ci de-là, les grosses tortues de mer dorment au soleil; une transparence extrême permet aussi d'apercevoir quelque squale flanqué de ces curieux poissons sous-satellites, auxquels les marins ont donné le nom de « pilotes ».

Au fur et à mesure que nous avançons vers le Sud, le ciel se couvre et devient opaque. De grosses gouttes commencent à tomber, pour se transformer ensuite en ondées diluviennes. La chaleur reste accablante. La mer prend des reflets de plomb en fusion. Nos vêtements, nos couchettes, tout ce que nous touchons est mouillé. Nous sommes dans ce que les Anglais appellent le « Cloud Ring » — l'Anneau des Nuages — et les Français le « Pot-au-Noir », cette ceinture de nuées équatoriales que Reclus supposait visible des autres mondes, et qui caractérise à nos yeux la planète Jupiter.

Et ce pendant que, dans nos vêtements coloniaux, nous luttons encore tant bien que mal contre l'étouffement du « Pont-au-Noir », je ne puis arracher ma pensée des rudes gars qui, là-dessous, dans les chaufferies, au fond des flancs du navire, luttent demi-nus pour lui donner la vie.

Combien est dure souvent l'existence aux humbles! Et qui sait si quelque jour, peut-être très proche, les hommes qui nous succèderont ne considèreront pas comme barbare cet « Age de la Vapeur » dont nous nous montrons si fiers?...

*
* *

Plus Sud encore.

Nous sommes sortis du « Pont-au-Noir ». Le soleil a

reparu, sous un ciel azuré plutôt que bleu. Le Pacifique a repris sa belle nuance turquoise, tachetée des moutons blancs soulevés par les alizés, les vents réguliers des deux tropiques. Leur phénomène, encore inconnu, jeta, dit-on, l'effroi parmi les compagnons de Colomb, convaincus que ces vents conduisaient tout droit à un gouffre situé aux limites du monde.

Vers le trentième degré seulement, un peu avant Valparaiso, donc à une latitude correspondant, dans notre hémisphère, aux Canaries, nous retrouvons les vents variables de nos climats, et ces changements constants de la mer, si belle ainsi qu'elle ne lâche plus qui s'est pris à l'aimer.

Une nuit, deux hautes masses noires, presque des nuages, ont profilé au loin leurs contours indécis : des îles, Saint-Félix et Saint-Ambroise, rocs isolés, surgis des profondeurs immenses de l'Océan, par un de ces mystères de la Nature dont la grandeur confond.

Nous dépassons l'île Juan-Fernandez où Foë plaça son Robinson Crusoé. Sans doute est-elle déserte, plus heureuse en cela que l'île Sainte-Marguerite et son brave cicerone marseillais détaillant imperturbablement aux bons touristes les lieux illustrés par le Monte-Christo d'Alexandre Dumas, lequel inventa le héros de toutes pièces, comme chacun sait, même les touristes, et le cicerone lui-même.

*
* *

C'est une impression indéfinissable, cette attente du contact avec la terre à l'issue d'une longue traversée ; le premier feu aperçu, après trois semaines passées entre le ciel et l'eau, dans l'isolement de tout, apparaît ainsi comme un lien nouveau avec la patrie lointaine, avec les êtres chers laissés là-bas.

Le roi Sisowath, me racontait-on, exigea pour le ramener, ses danseuses et lui, dans ses états, le commandant qui l'avait conduit en France. Il craignait qu'un autre ne pût retrouver le Cambodge... Nous, nous avons plus confiance depuis des mois que nous avons vu à l'œuvre notre commandant. Nous tombons juste, nous le savons, sur le phare de Coronel dont les importantes mines de charbon, exploitées par des Anglais et des Allemands, ont fait en quelques années un des grands ports d'escale du Pacifique sud-américain.

Nous jetons l'ancre dans une vaste baie, bordée de hautes collines qui cachent à nos yeux les Andes, toutes proches.

Tel un chemineau harassé par les longues marches, notre navire s'assoupit, avant de reprendre pour des jours et des jours encore, inlassablement, sa randonnée.

AU CHILI

Depuis les travaux hydrographiques des Anglais et
ceux effectuées, en 1868, sur l'*Astrée*, par l'amiral
Cloué, et, en 1874, sur l'*Infernet*, par le capitaine de
vaisseau Pierre, Magellan est devenu la voie de tous les
vapeurs passant d'un Océan dans l'autre. A défaut de
voir notre pavillon tirer pratiquement un parti satisfai-
sant de ces beaux travaux, on peut au moins retrouver
la trace de l'œuvre française par les noms géographiques
donnés aux principaux points : Mont-Tarn, îles Carte-
ret, Renouard, Tas-de-Foin, Pointe-Astrée, canal Mes-
sier, Mont-Graves. C'est là pour notre amour-propre une
de ces satisfactions dont nous devons savoir souvent
nous contenter. Et puis aussi, ce fut œuvre très utile, à
autrui...

Comment ne pas constater une fois de plus, en cette
partie du monde, la sûreté avec laquelle les Anglais se
sont embusqués à tous les coins des grandes routes maritimes ; ils occupent, à l'entrée du détroit, les îles Falk-
land, dont ils ont su faire une colonie prospère par son
élevage et sa grande pêche. Bien mieux, ils ont pris le
soin de s'installer dans l'îlot de Staatenland, près du cap
Horn, où les voiliers, ne pouvant passer par Magellan,
doivent doubler la Terre-de-Feu. On n'est plus méticu-

leux ni plus avisé dans l'esprit de suite que nos voisins
d'outre-Manche. Envions-les.

*
* *

Nous laissons Magellan et Punta-Arenas pour remonter vers le Nord, à Coronel, et de là, vers l'intérieur.
Punta-Arenas, où Charcot vient de faire escale avant de
partir pour la banquise australe, est la ville la plus méridionale du monde. Une colonie composée surtout de
Scandinaves et comptant, paraît-il, près de six cents
Français a porté ce jeune centre de quinze mille habitants à un degré de prospérité assez solide pour résister
un jour aux modifications apportées dans le mouvement
mondial par le percement de Panama. Déjà, quatre cents
navires touchent annuellement à Punta-Arenas.

*
* *

Nous quittons Coronel et sa rade, jalonnée des jetées
des charbonnages, et à l'autre extrémité de laquelle
Lota, avec ses mines de cuivre et son célèbre parc,
forme un contraste inattendu : ce parc a été établi par
une famille dont le nom fut souvent prononcé à Paris, il
y a quelque temps, lors d'une affaire où l'on s'occupa
fort des « millions de la Chilienne ».

En arrière de Lota, la capitale de la province voisine,
Arauco. Certains se souviennent-ils encore de l'Araucanie et de l'odyssée de son étrange roi, dont la presse,
jadis, s'amusa. Ce « monarque » était un Français du
nom de Thoneins. Par quels avatars s'était-il fait élire
roi des Araucans, une importante tribu d'Indiens établis
sur la côte sud du Chili? Le sut-on jamais? Il avait pris
le titre d'Orélie Ier. Le « souverain » vint en France,

chercha des capitaux, échoua, et les Chiliens coupèrent court à l'aventure en annexant l'Araucanie en 1875.

Aujourd'hui, l'ancien empire d'Orélie, mort depuis, indigent, à l'hôpital de Bordeaux, est une province où trente mille Européens forment un premier noyau d'avenir.

Au moment où nous sortons de Coronel, apparaît un navire indéfinissable, îlot plutôt que bateau. Il s'approche, se précise, et mouille près de terre. Informations prises, c'est un immense dock flottant, amené de Hollande par le détroit de Magellan, à la remorque de deux vapeurs néerlandais, et relâchant, avant de poursuivre vers Callao. Pour n'être pas sans exemple, ce tour de force de navigation ne valait-il pas d'être cité? Il justifie la locution dont se servait volontiers la femme d'un officier de la marine britannique, passagère à notre bord : « Rien n'est impossible aux marins... », disait cette dame, « anglais!... » corrigeait-elle, invariablement, il est vrai, avec une insistance un peu énervante à nos oreilles françaises.

Sans prétendre au luxe et à la rapidité de nos grands rapides, le train, qui de Concepcion nous emporte vers Santiago, la capitale chilienne, n'est plus le petit tortillard néophyte et poussif de Manzanillo. C'est un bon express, d'une vitesse honorable. Plus aucun pittoresque par exemple : finis les beaux cavaliers mexicains aux immenses « sombreros », aux harnachements étincelants, à l'allure théâtrale; finis les interminables arrêts dans les minuscules stations où la foule bigarrée, les femmes au type étrange, les enfants demi-nus, accouraient voir le spectacle, nouveau pour eux, du chemin de fer et des voyageurs étrangers; finis aussi les compagnons de voyage, le corps ceint d'une belliqueuse cartouchière, le revolver apparent au côté. Plus nous pénétrons vers l'intérieur, plus la première impression perçue à Concepcion se confirme ; nous sommes ici en pays « avancé ». Public très courant, banal presque. Et si quelque puncho, ce manteau confectionné d'une couverture, percée au centre pour le passage de la tête, et jetée sur les épaules, si le gracieux voile noir, la mantone, imposée aux femmes dans les églises où le port du chapeau est interdit, et dont toutes s'enserrent la coiffure, le cou et les épaules en une draperie d'un charmant effet, ne venaient jeter leur note particulière, on pourrait presque se croire en quelque coin de notre Midi, vers Valence ou Avignon. La nature ajoute à l'illusion. La voie, une fois franchis les contreforts arides qui séparent de la mer la longue plaine adossée aux Andes, s'engage pendant des heures, plus d'un jour, sur un plateau fertile, sans une ondulation. Des alignements de peupliers et de saules pleureurs flottant au vent, tels des plumets, séparent les propriétés, immenses, où paissent des troupeaux innombrables de bêtes à cornes, de moutons et de chevaux. Les animaux sont grands, en forme, luisants de santé. Partout des arbres fruitiers, de nos espèces. Faute de wagon-restaurant dans le train, à toutes les stations, des femmes vêtues de blanc, propres, avenantes, offrent, bien présentés dans leurs fines corbeilles, des fruits : pêches, poires, figues, raisins ; la plupart beaux comme les produits exposés dans nos concours agricoles. Le pays, plantureux, respire le travail et l'aisance ; l'ordre aussi, assuré sur le réseau par un corps spécial au Chili : sorte de gardes-voies, enrégimentés, vêtus militairement, armés, et remplissant à la fois sur les quais des gares, le rôle de gendarmes, de surveillants et de pointeurs de tickets.

J'ignore si les Chiliens ont emprunté cette organisation ailleurs : elle permet de laisser les gendarmes à leurs fonctions de police ; ces gardes-voies militarisés ne peuvent jouer de la grève ; enfin, ainsi, la surveillance des chemins de fer fonctionnerait automatiquement en cas de mobilisation.

*
* *

Le train approche de Santiago ; l'intensité de la culture et de l'élevage s'accentue davantage encore. De grands vignobles, soignés, bien enclos, se succèdent comme dans les meilleures parties de la France viticole. Beaucoup d'entre eux, me dit-on, appartiennent à des Français. Les routes elles-mêmes, point faible, même chez les plus favorisés de ces pays neufs, deviennent, aux abords de la capitale, presque assimilables aux nôtres... depuis qu'un ministre des Travaux publics s'est déclaré impuissant contre les dégradations de l'auto.

D'ailleurs, ici comme au Mexique, tout le monde est cavalier, jusqu'aux laitiers suivis de leur cheval porteur de boîtes et aux allumeurs de réverbères ; les lourdes charges sont traînées par des chars à bœufs ; hors de la périphérie immédiate des deux grandes villes, Santiago et Valparaiso, l'automobile est inconnue. La question de la qualité des routes est donc moins importante qu'en nos vieux pays d'Europe à trafic intense et à population dense, dans ces pays nouveaux, où, pour les longues distances, le railway s'impose, et, dans les villes, même secondaires, comme Concepcion, le tram électrique supplée à la défectuosité, souvent fort accentuée, de la voirie. Ce système, en Nord-Amérique comme ailleurs, choque, au premier abord, l'Européen ; il s'explique en fait, quand on réfléchit, et s'adapte bien au développe-

ment rapide d'agglomérations urbaines et de centres
ruraux, séparés souvent par des espaces, énormes pour
notre Europe exiguë.

Au vrai, on finit par perdre, en ces vastes contrées, la
notion des distances. « Vous devriez aller voir l'Alaska,
me disait à Seattle un ami canadien; c'est tout près et
très beau. — Mais qu'appelez-vous : tout près? fis-je mé-
fiant. — Huit jours! » me répondit avec simplicité mon
interlocuteur...

*
* *

Santiago ne dément pas la laideur architecturale des
autres cités, déjà vues, du nouveau monde, neuves ou
rebâties. Des rues à angles droits, et sillonnées « d'élec-
tro-cars », comme on les désigne au Chili. Elles sont
souvent bordées de quelques honorables constructions à
étages dans le quartier central, de maisons basses
ailleurs. Seule, l'ancienne forteresse espagnole de Santa-
Lucia, bâtie sur un cône dominant la ville, et transfor-
mée aujourd'hui en parc, offre quelque intérêt. Une salle
de concert y voisine avec une chapelle. On a respecté,
surmontant la porte ancienne, le large écusson de la
vieille Espagne, mère reniée, en expiation des fautes de
quelques-uns, par tous ces peuples qui, de la Californie
à Magellan, sont nés d'elle, et parlent sa langue.

Dans le centre de la ville, les belles artères méticuleu-
sement tenues, parcourues par une police nombreuse
et de tenue correcte, sont occupées par des maisons de
commerce françaises, dans une proportion qui frappe.
Nos produits, de toute nature, surtout les objets de luxe,
jouissent, au Chili, d'une faveur évidente. A chaque pas,
on entend résonner le bel accent de la Garonne, presque
exclusivement; preuve nouvelle de la tendance, cons-

tatée en maints endroits, chez les Français, à se grouper
de préférence suivant la communauté de leurs origines.
Nos publications s'affichent partout. On sent notre littérature suivie par la société chilienne, fait accentué
encore par la place réservée à nos compatriotes dans le
haut enseignement. Et j'ai la confirmation de cette impression déjà éprouvée, qu'il existe dans cette partie de
de l'Amérique un des centres les plus importants de
l'influence française, peut-être aussi un des moins
connus en France.

Le Chili compte une splendide colonie de dix-huit
mille de nos compatriotes — la province de Santiago
huit mille à elle seule — groupés en un faisceau com-
pact autour de notre ministre, dont la valeur et la
simplicité ont fait pour le bien de notre influence
économique en ce pays œuvre d'union féconde, d'un
exemple à mettre en relief.

Un détail fera mieux sentir la place que nous y avons
conquise; les cinq cent mille habitants de Santiago
comportent un important service d'incendie; or, deux
des compagnies de pompiers sont françaises, portent
notre uniforme, et, privilège unique, défilent dans les
cérémonies avec notre drapeau tricolore! A Santiago, le
14 juillet se fête comme en France; chaque année, ce
jour-là les représentants de notre colonie, ministre en
tête, vont, escortés de nos pompiers, solennellement
déposer une couronne sur la tombe de trois de nos
concitoyens morts victimes du devoir, et inhumés dans
un monument spécial.

Dans le commerce, dans l'industrie, dans les grands
travaux, les Français du Chili nous ont taillé une place

à part. Ici, les Yankees n'ont guère pied ; les Anglais,
cependant gros acheteurs des produits miniers du Chili,
ne sont pas prépondérants ; les Allemands, si remuants
pourtant, en sont encore à piétiner, les Espagnols restent
un souvenir historique. Et si nous étions outillés pour
aborder le marché des grandes affaires, nous jouirions
d'une situation sans égale, dans ce vaste pays, peuplé de
trois millions et demi d'habitants, région aux côtes arides,
mais incalculablement riches en minerais, aux vallées
d'une intensité de culture non surpassée. La chaire de
l'enseignement agricole y est d'ailleurs occupée par un
professeur français.

Privé d'industrie, le Chili achète tous les produits
manufacturés à l'étranger, dont 50 à 60 millions par an
à nous, dont le renom s'affermit encore par l'établissement des hauts-fourneaux de Corral, dus au Creusot, et
les premiers au Chili. D'autres grands travaux sont confiés
à nos compatriotes ou étudiés par eux. Et notez que cette
sorte de prédilection des Chiliens pour tout ce qui est
français se retrouve dans nombre de domaines : le Musée
de Santiago, encore à son début assurément, compte
quelques œuvres étrangères : ce sont des Diaz, des
Corot, des Roybet, des Allongé, des Boldini. La jeune
école chilienne procède avec évidence de la nôtre, et
s'y rattache étroitement. Dans les théâtres, où règnent
les cinémas, comme dans tout l'Ouest américain, les
sujets pris chez nous font à peu près exclusivement
l'objet du spectacle. Ce n'est pas toujours d'un goût
parfait ; mais enfin, sous un jour parfois trivial, c'est
encore de la propagande nationale... quand cela ne va
pas cependant jusqu'à une reconstitution cinématogra-
phique de l'affaire Dreyfus — fort inopportune à l'étranger, quelque opinion qu'on ait à ce sujet, — et où l'on
montrait, truqué de répugnante façon, même le suicide

du colonel Henri! A quelques pas, il est vrai, et par compensation, un autre établissement annonçait : « Vues animées de Paris, la « Splendide Cité ».

Il est curieux toutefois de constater combien, chez ce peuple latin, les plaisirs sont l'objet de peu d'attention. En dehors des cinémas, et sauf exception, rien dans cet ordre d'idées n'existe guère, ni à Santiago, malgré son importante population, ni à Valparaiso. Les gens sont en général d'aspect froid, presque mélancolique, comme si le temps et l'éloignement avaient éteint en eux la chaude exubérance de leur sang espagnol.

*
* *

Par exemple, plus de ces débauches de publicité obsédante dont l'Amérique du Nord est envahie. Quelques annonces locales, certaines de nos jolies affiches « démarquées » ; d'autres encore, spéciales celles-là, et bien caractéristiques : ce sont des affiches électorales. Les élections sont proches et ces affiches abondent. Oh! très simples. Pas de kilomètres de papier collé, apprenant aux foules le nom d'un humble inconnu, ou consacrant celui d'une gloire d'arrondissement; encore moins de ces engu...irlandages à coups de placards, bons à donner à tous le dégoût de la lutte politique, ni de ces apostrophes qui assureront une majorité parlementaire aux poissardes, le jour où le féminisme aura triomphé chez nous, comme il triomphe déjà presque au Chili, où les femmes sont conducteurs de tramways. Non; c'est plus simple : sur une affiche de dimension modeste, le candidat exhibe son portrait, suivi d'un court programme. C'est tout. Pas d'attaques, de réponses, de qualificatifs à l'adversaire, de « manœuvres de la dernière heure ». Et c'est assez. Les élections se font tout de même. Poliment, sans doute ; et avec l'avantage pour l'électeur de choisir, non seulement son candidat, mais la tête qui lui plaît... Et cela me parut bien. Mieux qu'ailleurs...

A plus forte raison les horribles panneaux de publicité dans la compagne ne déflorent-ils nulle part le paysage. Au fait, si. J'en ai vu un : c'était une annonce d'un magasin de cercueils, à l'entré d'un dangereux défilé bordé de précipices, entre Valparaiso et Santiago. Ce fut le seul et me suffit. Pas de Chinois non plus. Leurs avant-coureurs ne semblent pas avoir dépassé le Pérou, où, par contre, ils sont déjà soixante mille.

En réalité, sinon géographiquement, le Chili est une île. Ses 190 kilomètres de largeur moyenne s'étendent sur l'énorme longueur de côtes de 35°, du 18e au 55e. Vers l'Est il est isolé du continent par la formidable muraille des Andes, encore inaccessible au rail jusqu'à ce que les travaux du Transandin, en cours d'exécution depuis des années, soient achevés. Au Nord, les communications avec le Pérou n'ont lieu que par mer. Sauf pour le transit des voyageurs qui s'effectue une partie de l'année par les Andes vers Buenos-Ayres, le Chili dépend de la mer presque aussi étroitement que l'Angleterre ou le Japon. Eh ! bien, dans cette île où dix-huit mille des nôtres ont acquis au nom français la place que j'indiquais tout à l'heure, la navigation française est absente, ou peu s'en faut. Une grande maison d'armement de voiliers fait bien entre l'Europe et le Chili un service, spécialisé à certaines marchandises, donc en dehors du mouvement général. De loin en loin, notre pavillon est représenté par quelque vapeur. C'est tout.

La navigation du Chili est entre les mains des Anglais et
des Allemands. Les Italiens viennent à leur tour d'organiser un service régulier de leur Lloyd. Les Anglais ont
leur vieille et puissante Pacific Steam C°. Les Allemands
possèdent, pour assurer leurs communications avec tous
les ports de la côte pacifique américaine, leur compagnie
Kosmos. Nous, nous avons les pavillons... étrangers, et
surtout l'allemand, dont nos relations avec le Chili sont
tributaires. Nos compatriotes restent donc à la merci des
tarifs de préférence accordés par l'armement de leurs
concurrents à leurs propres nationaux. Peu à peu, à force
de voir le pavillon de nos rivaux progresser et le nôtre
s'abstenir, les populations étrangères généralisent et soli-
darisent cela avec l'état de prospérité et de puissance
respective des peuples. Nous y perdons en influence,
en capacité d'échanges, ce que les autres y gagnent.
« La marchandise suit le pavillon », a-t-on souvent
affirmé. Rien n'est plus vrai. Les acheteurs ont peine à
s'imaginer que leur avantage ne soit pas de s'adresser à
la nationalité même du transporteur. Point plus grave
encore : nos redoutables concurrents anglais et allemands arrivent à connaître aisément ainsi la nature
de nos fournitures, les noms de nos clients, le genre de
leurs achats ; cette situation, déjà signalée tant de fois
par nos consuls sur trop de points, devient une humiliation ici, où nous avons des intérêts aussi importants
conquis à la force du poignet par notre colonie. Nos
représentants au Chili ont, sans se lasser, inutilement
dénoncé ce péril. Les choses en sont restées là.

Certes la question est délicate, et, dit-on parfois,
« les conseilleurs ne sont pas les payeurs ». On ne peut
non plus, demander à notre armement d'établir sur les
ports américains du Pacifique des services, jugés
d'avance onéreux, en dépit des résultats obtenus depuis

des années par la Pacific Steam C°, de l'initiative
nouvelle des Italiens et des progrès significatifs de la
compagnie allemande Kosmos. Il y va pourtant pour
nous, là comme partout où nous avons des intérêts à
soutenir et des marchés à nous ouvrir, d'une question
vitale, intimement rattachée à toutes les branches de
notre activité productrice.

D'autre part, le régime des primes est considéré par
beaucoup comme contraire au bon sens économique,
onéreux au pays, et sans efficacité au point de vue de
la défense de nos affaires extérieures, parce qu'il incite
l'armement à négliger le côté commercial de la navigation, pour restreindre son exploitation à la seule préoccupation de la prime.

Problèmes infiniment complexes assurément; mais
qu'il faudra bien solutionner à notre tour, parce que nos
concurrents les ont, eux, résolus avec succès. Nous de-
vrons donc, ou faire comme eux, ou leur céder la place.
« Quand on voit comme nous le voyons, me disait un
notable commerçant français établi depuis longtemps à
Valparaiso, la façon de travailler des Allemands, on
comprend qu'ils soient devenus en si peu de temps les
seconds marins et commerçants du monde, et que leurs
progrès affolent les Anglais. Par exemple, les Allemands,
partout où ils arrivent, commencent par organiser une
escale de leurs bateaux et par ouvrir une banque. Le
reste vient ensuite... et vient, je vous assure. Et leur
propagande nationale donc! Ils l'ont montée comme on
monte celle d'une maison d'affaires. Ils distribuent des
cartes postales réclames, démontrant que Berlin est le
nœud des communications de l'Europe centrale. Dans
toute l'Amérique du Sud, l'administration des chemins
de fer allemands inonde le pays d'un guide officiel *en
français,* détaillant les beautés et les attraits de l'Alle-

magne, vantant les paquebots allemands. Des photos
habilement sélectionnées ornent ces livraisons, fort soignées, dont six fascicules forment la collection. Le but
très clair : détourner de France la riche clientèle chilienne et l'attirer en Allemagne, où elle achètera plus
aisément. » Sur la brochure remise par mon interlocuteur, je lus : « Ces guides sont émis par la direction des
chemins de fer d'Altona, *au nom des administrations
intéressées.* » Preuve nouvelle de cet esprit de solidarité
effective, de ce goût de l'action collective, spécial aux
Allemands, et auxquel ils doivent une large part de leurs
succès, mais faute duquel notre exportation générale
stationne, donc recule.

*
* *

Par un contraste, désorientant au premier abord,
dans ce pays où l'influence française, bien que médio-
crement servie par notre organisation économique, est
clairement en faveur, l'armée a été germanisée au point
que les uniformes sont exactement ceux de l'armée allemande. Les officiers ont pris l'allure rigide, le col
rehaussé, la casquette plate, le port du sabre de leurs
collègues d'outre-Rhin : leurs instructeurs teutons ont
fait là un tour de force d'assimilation. Les soldats, fantassins et cavaliers, ont la tenue allemande, jusque dans
ses détails : tout juste si une petite entaille rectangulaire
a été ménagée dans l'aigle de leur casque afin d'y loger
les couleurs chiliennes.

Ces lourds uniformes sont inappropriés au climat;
ils sont peu appropriés au fin type chilien.

N'importe, les éducateurs ont tenu à marquer ainsi leur
intervention, et l'ont faite pesante au point de la rendre
quelque peu humiliante pour leurs élèves, semble-t-il.

L'antithèse entre la francophilie du pays et la germanisation de son armée est due à la présence dans le haut commandement, d'un officier allemand, le général Korner. Lors d'un mouvement révolutionnaire, il y a une vingtaine d'années, cet officier, alors simple instructeur, servit dans l'armée dont le parti, vainqueur, arrivé au pouvoir, lui confia les plus hautes fonctions militaires.

Cet Allemand est resté dans son rôle en faisant bénéficier son pays de sa propre fortune : il avait trouvé l'armée chilienne équipée à la française, comme elle l'était lors de sa guerre victorieuse contre le Pérou et la Bolivie en 1883. De ce qui était français il ne reste plus guère que le sabre de quelques corps de police et la tenue des généraux; cela est minime. Les ordres de matériel, d'armes, de munitions, tout a été en Allemagne. De nouvelles et importantes commandes sont décidées. Il est aisé de deviner de quel côté du Rhin elles iront.

L'armée chilienne, au demeurant, passe pour n'avoir rien perdu de la valeur qu'elle montra dans sa guerre de 1883; la victoire valut au Chili les riches provinces minières de Tacna et d'Arica.

Il apparaît bien cependant que le Chili commence à sentir, lui aussi, le poids des armements exagérés. Son armée de deux cent vingt-deux mille hommes sur le pied de guerre est lourde pour une nation de trois millions et demi d'habitants.

Sa flotte est, toutes proportions gardées, de premier ordre, et l'a jadis prouvé. Certaines de ses unités comme le *Chacabuco* sont neuves, mais les grandes Républiques de l'Amérique du Sud, obligées, comme les principales puissances européennes, de maintenir entre elles l'équilibre de leurs forces, en vue de conflits toujours possibles, sont, sous le rapport de leurs marines militaires, à un tournant. Il va leur falloir ou s'engager dans la voie des dépenses folles, qui mènent à la ruine, ou limiter leurs armements sur mer par une convention, comme l'a envisagé l'amiral Uribe, une des autorités maritimes de l'Amérique; l'éventualité de la limitation imposée de force n'est pas à prévoir.

Le Brésil fait construire en Angleterre trois cuirassés géants le *Bahia*, le *Rio-Grande-do-Sul*, et le *Rio-de-Janeiro*. L'Argentine et le Chili devront, ou suivre le Brésil, ou renoncer à leur équilibre naval. Or, chacun de ces monstres coûte de quarante à quarante-cinq millions. De tels sacrifices, déjà lourds pour les grandes puissances, deviennent écrasants pour des puissances secondaires et touchent à la mégalomanie.

Le dur joug de la paix armée règne donc en ces pays de même race, de même langue, de même origine. Et ce n'est pas encore dans l'Amérique du Sud, plus qu'ailleurs, que les bons pacifistes, innocents rêveurs, verront se réaliser leurs prédictions de paix universelle et définitive.

DU PACIFIQUE A L'ATLANTIQUE

Valparaiso est la Métropole maritime du Sud américain sur le Pacifique, comme San-Francisco est celle du Nord ; c'est la porte, ouverte sur les mers, par laquelle le Chili, isolé par la barrière des Andes, communique avec le monde économique, écoule sa production, et reçoit de l'extérieur les produits nécessaires à sa vie.

La nature a doté Valparaiso, comme sa sœur du Nord, San-Francisco, d'une rade, admirable aussi, mais plus ouverte et moins sûre. Des travaux évalués à cinquante millions, et dont le projet fut dressé par un ingénieur de nos compatriotes, sont à l'étude ; ils muniront ce point d'aménagements modernes, conformes à son importance actuelle et à son développement prévu. La solution de ce programme intéresse de près l'entreprise et la construction françaises. Coïncidence bizarre, Valparaiso fut, comme San-Francisco, éprouvée par une catastrophe terrible, et non oubliée ; le 16 août 1906, la ville était ravagée par un tremblement de terre. Le fléau sévit surtout sur la ville basse, celle où sont situés les entrepôts, les maisons de commerce, les banques. Là également, le feu ajouta à l'horreur du cataclysme ; les ruines furent incalculables et se sont répercutées, jusqu'à ce jour, sur le pays tout entier. Les traces en sont en parties effacées aujourd'hui. De vastes enclos, dénudés ou couverts encore de leurs décombres, de grands bâtiments aban-

donnés dont les lézardes menacent ruine, attestent ce
que fut le désastre, toutefois moins apparent qu'à
Frisco parce que son étendue fut moindre ; puis, les
constructions, plus légères que dans les citées yankees
avec leurs « buildings » et leurs monuments géants,
purent être vite réédifiées.

*
* *

Entre l'arc de cercle du rivage et les collines toutes
proches, la ville s'allonge, étroite. Elle se développe très
vite : tout autour, elle a franchi les hauteurs, couronné
les éminences ; des funiculaires, nombreux comme ailleurs les trams, relient partout entre eux les quartiers
hauts et bas, et donnent à l'ensemble un caractère d'une
animation toute spéciale.

En rade, les navires s'alignent à perte de vue : lourds
chalands, grands paquebots, hauts voiliers, cargos épais,
retenus loin des quais par le défaut de profondeur des
berges, où, par un phénomène singulier et commun à
tout le Pacifique, la marée se fait à peine sentir.

A l'Ouest, la flotte chilienne est mouillée, un beau
croiseur de type yankee en tête. Tout n'est pas là d'ailleurs : j'ai vu d'autres navires à l'arsenal de Talca-
huano, près de Concepcion.

Ce jour-là des régates ont lieu ; des bateaux pavoisés,
des musiques, des sirènes, la foule ajoutent une note
de fête à la beauté du décor. De ce centre si vivant où,
comme à Concepcion, à Santiago, une belle colonie française tient une place visiblement importante, où se concentre et d'où rayonne un mouvement d'affaires dont
nous avons une part, sinon prépondérante, du moins
des plus considérables, pourquoi faut-il, encore une fois,
que notre pavillon soit à peu près absent? Cent cin-

quante-cinq navires français seulement, sur près de sept mille bateaux étrangers, fréquentent annuellement les ports du Chili. Nous n'y possédons aucune ligne régulière et pas davantage une seule banque nationale. Au nom de nos intérêts les plus immédiats, notre ministre, M. P. Desprez, a, à différentes reprises, signalé, à son tour, le danger que fait courir cet état de choses à notre situation acquise. On ne saurait trop insister sur cette question, si grave pour notre expansion commerciale et le maintien de notre influence, dans un des pays les plus intéressants, les plus remplis de promesses, de l'Amérique du Sud.

*
* *

A Los Andes, la station où nous quittons le railway pour prendre le lendemain matin le Transandin chilien, quel gîte allons-nous trouver? Quelle de ces nuits, dont on nous dit « qu'elles sont vites passées », comme on dit de la viande dure « qu'elle a bon goût », nous attend? Surprise. Un bel hôtel, très Touring-Club dernier modèle, admirablement organisé, à faire rougir de honte maint écorchoir voisin de Paris.

Il fait nuit encore quand, le lendemain, nous nous installons, en la cour même de l'hôtel, dans le train transandin : wagons confortables ; mais l'économie ou des raisons techniques ont fait adopter par les ingénieurs anglais chargés de ce travail, la voie d'un mètre d'écartement, obstacle définitif au raccordement futur avec les réseaux chilien et argentin qui, eux, sont à l'écartement spécial d'un mètre soixante-cinq. La question nous touche, car cette disposition annihile pour l'avenir l'espoir du trafic par voie ferrée des marchandises venant de Buenos-Ayres, et dont l'établissement eût été

si favorable à notre commerce ; nous resterons donc tributaires de la route maritime, aujourd'hui aux mains de
l'armement étranger.

Lentement nous remontons la vallée de l'Aconcagua, un
fleuve torrentueux qui, des Andes, se jette dans le Pacifique, au nord de Valparaiso. La vallée serpente, se
resserre ; les moindres coins exploitables, soigneusement
cultivés, se font plus rares. Peu à peu les grandes roches,
les hautes falaises surplombent la voie, pour se refermer
en cul-de-sac. Le torrent lui-même a disparu dans le
flanc de la montagne ; nous nous engageons avec lui dans
le gouffre, par un tunnel naturel où le mugissement des
eaux couvre le bruit de notre puissante locomotive. Et
c'est, pendant quelques minutes, un spectacle fantastique que celui de ce convoi, chevalant sur un abîme, dans
une excavation diabolique, faite d'une effroyable convul-
sion du sol. Ce lieu s'appelle, en souvenir de quelque
légende, « le Saut du Soldat ». Nulle part ailleurs sans
doute, l'audace et l'ingéniosité de la technique moderne
n'eurent à vaincre une difficulté plus redoutable.

Par une voie, dont la hardiesse du tracé rappelle en plus
allongé celle, trop peu connue des touristes, d'Ajaccio à
Bastia, nous nous élevons peu à peu. Dans un cirque
immense, le rail s'accroche au flanc de la montagne,
franchit de courts tunnels, monte encore, pour aboutir,
à trois mille mètres, à une cuvette dont les bords sont des
pics de sept mille mètres, et le fond un lac : lac mystérieux ;
nul, prétend-on, n'en trouva jamais la profondeur. Ses
rives, réceptacles des glaciers voisins, conservent, grâce
à quelque syphon inconnu, leur niveau constant. On
l'appelle le lac de l'Incas. La tradition veut que le trésor
des Incas, que Pizarre ne put découvrir, soit caché en
quelque coin de ces parages. Maints aventuriers l'ont
cherché ; certains le cherchent parfois encore.

La végétation, la faune ont disparu. Nous montons toujours ; nous gagnons El Portillo, esplanade déserte, au pied de la muraille géante qui nous sépare de l'Argentine. Là, la voie s'arrête et commence le tunnel de quatre kilomètres qui doit un jour relier par terre le Chili au versant de l'Atlantique. Mille ouvriers y travaillent.

Des voitures, breaks légers montés sur de robustes trains, traînés par quatre chevaux de front, nous attendent. Les colis sont fixés au bât de mules que guidera, par bandes d'une quinzaine, une jument blanche, la clochette au cou : la « madrina », la marraine. Les gros bagages sont entassés dans des chariots attelés de huit mules menées en flèche par un cavalier. Et, sous le ciel d'un bleu cru, sans un nuage, par les lacets aigus de la route, le long cortège commence l'ascension du col, tandis que la file des mules coupe droit, à pic. Des cavaliers escortent, prêts à remplacer un animal défaillant, à rattraper une bête échappée. Précisément un cheval s'est enfui : il dévale vers El Portillo. Aussitôt, sur la pente raide un cavalier s'élance dans un galop vertigineux, rejoint le cheval et, sans seulement recourir au lasso, l'encapuchonne de son puncho, immobilisant ainsi instantanément le fugitif. Ces gens sont des centaures ; mis tout jeunes en selle, en même temps qu'ils apprennent à marcher et à se servir du lasso, ils arrivent à un invraisemblable degré d'adroite témérité et de sûreté. Ils doivent faire, sur leur terrain, de redoutables adversaires.

Doucement, en une interminable file, la caravane s'allonge. L'air frais, mais non froid, se raréfie peu à peu. Pas de neiges. Pendant la belle saison, elles sont plus haut, à quatre mille cinq cents mètres. Le souffle des animaux devient court. Des haltes sont nécessaires. Le sol est d'un blanc aveuglant. Un peu avant d'arriver au faîte où le trajet est calculé pour qu'on soit à midi, nous traversons un ruisseau à demi gelé ; c'est l'Aconcagua, à sa source. Encore un coup de collier, un dernier détour, et nous parvenons au col, à Cumbre : quatre mille mètres. Les crètes des cimes neigeuses nous entourent, dominées par la masse écrasante du mont Aconcagua, parrain du fleuve, et plus haut que nous de trois mille mètres encore !

Ce dos d'àne de quelques pieds carrés est un lieu historique : la frontière de l'Argentine et du Chili, le versant de l'Atlantique et du Pacifique passent en son milieu. Voici quelques mois, un duel y eut lieu dont toute l'Amérique parla : deux vétérans de la guerre de 1883, les généraux chiliens del Canto et Boonen Rivera, éludant les lois de leur pays sur le duel, vinrent vider en cet endroit une grave querelle. Le général Rivera, blessé d'une balle à la tête, fut ramené mourant à Los Andes. Le chemin de fer n'existait pas ; on dut transporter le blessé à dos de monture par la route tracée à travers le chaos des Andes.

Solitaire dans le désert de ces altitudes, impressionnant en son geste de pardon, un colossal Christ de bronze couronne un monument élevé là. Au prix de quels efforts ? Cette œuvre, solennellement inaugurée il y a un an, a une haute portée : elle est le fait des gouvernements chilien et argentin qui l'élevèrent en signe d'apaisement et de paix définitive.

Le Chili et l'Argentine, divisés par une question de frontière, avaient été à deux doigts de la guerre. Ironie : il s'agissait de la possession de quelques territoires imprécis quand la densité de la population de l'Argentine est de deux habitants par kilomètre carré et celle du Chili de quatre ! La médiation du roi Édouard VII conjura le conflit. Le Christ de Cumbre restera l'affirmation matérielle de la paix jurée. L'Argentine et le Chili tourneront leur activité vers d'autres objectifs, faut-il espérer.

*
* *

Maintenant, emportée par le galop des attelages, sans souci des tournants à fleur de précipice, la caravane dépasse un massif, refuge de douaniers chiliens, le plus élevé du monde sans doute. Elle dévale à fond de train vers la station argentine de Las Cuavas. Nous apercevons l'éclat des toits de zinc brillant au soleil, à mille mètres au-dessous de nous. Tout droit, par leur sentier coupant à chaque instant la route, les mules descendent au galop, elles aussi, derrière leur « madrina ». Les cavaliers dégringolent les pentes. Le terrain, maintenant rouge brique, soulève une poussière aveuglante.

Un mince filet d'eau, à deux cents mètres du col. C'est le Mendoça, un affluent du Colorado. Ainsi, à 3 800 mètres, les deux bassins, pacifique et atlantique, ont leurs tributaires séparés par moins d'un kilomètre.

Dans un nuage d'ocre, en charge, la caravane, voitures, cavaliers et mulets, atteint pêle-mêle Las Cuevas, douane et tête de ligne du transandin argentin.

« Il n'arrive jamais d'accidents? » demandé-je à notre conducteur.

« — *Presque* jamais! » m'affirme le gaillard.

Et pourtant, un chapelet de chevaux, de mulets, morts, conservés par la sécheresse et le froid, quelques croix, égrenées le long du chemin, semblent bien significatifs?... Je crois donc l'homme sur parole.

« D'ailleurs, conclut-il, vous savez, chez nous, un cheval ordinaire vaut vingt piastres seulement. »

Aux yeux de ces gens, cette considération supplée évidemment aux autres. Quand le tunnel sera achevé, ce

sera fini de ce pittoresque. Personne, que quelques mu-
letiers isolés, ne verra plus le grand Christ de Cumbre.
Mais on espère passer pendant dix mois, au lieu de six
ou sept, où le col est maintenant praticable; de plus, le
service sera quotidien, alors qu'il a lieu maintenant seulement tous les deux jours.

Encore et comme partout, la science moderne aura
fait un pas de plus aux dépens du pittoresque et de la
beauté. Un bien? Un mal? Un bien au point de vue du
temps et de l'argent assurément : le passage de chaque
kilo de bagage coûte un shelling! un franc vingt-cinq
centimes!

* *
*

Las Cuevas, en Argentine : un plateau dans un fond;
mais un fond qui est encore à plus de trois mille mètres.
Un hangar et quelques baraques en tôle ondulée. A propos
de ces constructions, il a dû se vendre des milliers de
kilomètres de tôle ondulée et des myriamètres de fil de
fer de clôture en ces contrées où les enclos ont souvent
la surface d'un de nos arrondissements, où les matériaux
les plus courants font si souvent défaut.

Notre train commence la descente. Nous longeons le
Mendoça, déjà, à cette hauteur, un torrent abondant,
aux eaux ocres, comme ses affluents seront vert pâle,
bleu-vert ou limpides, suivant les terrains qui les ont
engendrés.

Les vallées sont plus larges et, sur le versant atlantique, les Andes ont un aspect autre. Elles semblent
s'être effritées, effondrées. Variés à l'infini dans leurs
teintes, de diaboliques éboulis tombent en éventails
gigantesques, du faîte au sol dénudé. Le roc, squelette
de la charpente terrestre, tantôt nu, tantôt couronné de

neiges, émerge vers le ciel bleu cru, avec des caprices de forme et de couleur d'une grandeur sévère, qui stupéfie.

Puenta del Inca : un pont naturel suspendu sur les berges à pic du torrent; là-haut, un établissement thermal, très spécial : les eaux y sont mercurielles; les curistes y affluent.

Constamment varié d'aspect et de nuances, le panorama se déroule lentement, plus lentement qu'en montant, jusqu'au coucher du soleil, jusqu'à la nuit.

A Mendoça, une grosse ville neuve, régulière, insignifiante, et prospère par les vignobles de sa province, le rapide de Buenos-Ayres : train plus que confortable, larges couchettes, riche wagon-salon, beau restaurant, grand fourgon à part pour la cuisine. Notez que c'est le train ordinaire, et non ce que nous appelons un train de luxe. Il faut venir au pied des Andes pour trouver de ces leçons de sens pratique et de souci du bien-être public; l'imprévu est le charme des voyages...

Pendant presque vingt-quatre heures, c'est la traversée de la pampa : un billard; des herbages desséchés; de temps en temps la fumée d'un incendie voulu; de rares habitations isolées d'espace en espace; des bœufs, des moutons, des chevaux en troupeaux compacts, et qu'on penserait à l'état libre, sans la silhouette de quelque gaucho vissé sur son cheval; puis des flaques d'eau où des ibis roses montrent leurs admirables couleurs et leur forme stupide, des lièvres, des lièvres... fléau, avec les fourmis, de ces plaines, comme le lapin l'est de l'Australie; de curieux élevages d'autruches où, sur des espaces sans bornes les grands oiseaux picorent pêle-mêle avec les bêtes à cornes et les moutons; parfois, reconnaissable à sa ceinture d'arbres, une estancia, résidence de quelque grand propriétaire. Cela est à la fois riche, monotone et morose.

Et puis, partout, dans les couchettes, dans les yeux, dans la bouche, de la poussière, de la poussière!! Un énervement qui, vite, tourne au supplice. Le soir, de nouveau, les approches d'une puissante agglomération : des arbres, des jardins, des villas, des voies qui, une à une, viennent se souder à la nôtre. L'arrivée dans le tohubohu des cris, des voitures, des porteurs, l'ordre maintenu par de beaux gardes à cheval, des lumières, des cars, un peu d'ahurissement même pour des Parisiens; la très grande ville, tout de suite : Buenos-Ayres !

Que les Andes sont déjà loin !

EN ARGENTINE

Arriver de l'autre bout du monde, après des mois loin de son pays et des siens, avoir vu tant de races, entendu tant d'idiomes, visité tant de cités diverses. Puis un jour, à l'extrémité de l'Amérique du Sud, débarquer sans transition dans une vaste capitale, aux grandes artères pavées en bois, bordées de hautes maisons semblables à à celles de Paris, aux riches quartiers peuplés d'hôtels aussi somptueux que nos plus beaux; aux magasins luxueux où le nom français, où le mot « Paris » revient à chaque pas; revoir des automobiles de prix, des taxi-autos, et mieux, nos piteux fiacres remplacés par de soignées victorias à deux chevaux; croiser des hommes bien mis et des femmes ultra élégantes, d'une élégance qui, sans précéder celle de la Française, la suit au moins de très près, car l'article des couturiers « pour Américaines » ne se fait plus; causer avec des gens qui vous parlent, en français, de Paris comme d'une ville voisine, connue à fond. Et sur tout cela, sentir planer une faveur certaine pour notre mentalité, notre littérature, notre esprit, nos mœurs; voilà ce que du premier coup d'œil j'ai vu et éprouvé sitôt à Bueynos-Ayres. Sans doute l'eussé-je perçu moins vivement si je fusse arrivé de France, directement.

Pour nous, Latins, Buenos-Ayres présente un intérêt

tout spécial; elle est le critérium de ce que peut créer notre race, transplantée dans un monde nouveau.

A un point de vue différent, plus général, Buenos-Ayres offre un exemple autrement significatif encore; elle est une des démonstrations caractéristiques de la la création de toutes pièces, sans entrave d'aucune sorte, sur un terrain neuf, de la grande ville moderne. Douze cents mille individus, partie « fils du pays », comme on dit là-bas, partie Européens, Français, Espagnols, Italiens, ceux-là en majorité, constituent une population urbaine de formation nouvelle, établie dans un milieu où chacun des éléments a été emprunté aux améliorations consacrées ailleurs. Comme en beaucoup de villes de l'Amérique, on a agi avec la seule préoccupation de bâtir, sans le souci de démolir d'abord, pour réédifier ensuite, ce qui est notre cas à nous autres, vieux peuples. Pas d'antiques quartiers tortueux à percer, ni de vénérables monuments à respecter; on a procédé géométriquement par carrés, de cent mètres de côté, autant que la configuration du sol l'a permis. Ce sont les « cuadres », les « blocs » du Nord-Américain. Cent numéros par cuadre, chaque construction comptant autant de numéros qu'elle occupe de fractions. Et quand on demande son chemin : « Tant de cuadres d'ici », répond-on simplement, sans que l'étranger puisse se perdre, et en indiquant par là même la distance. Au centre de la ville, un imposant et large boulevard le long duquel les cuadres viennent s'accoler; les voies constamment propres par les soins d'employés de voirie nombreux, et vêtus d'un uniforme décent. Alternant d'une rue à l'autre, la circulation dans un seul sens pour éviter les encombrements. Comme partout en Amérique, des électros-cars presque dans chaque rue, bien tenus, rapides, fréquents, effectuant en ville chacun un trajet

circulaire différent... à se demander comment peuvent
vivre les misérables populations arriérées qui en sont
encore à se faire véhiculer par de pauvres rosses marty-
risées, et à attendre interminablement la « correspondance » ?

L'organisation de la police procède du même souci du
sens pratique, et dénote, elle aussi, l'adaptation d'un
système dérivé de multiples études comparées, faites au
dehors, pour aboutir au rendement le meilleur. Partout,
la police est amusante à observer, parce qu'elle est le
plus souvent le baromètre d'une société : dans une petite
ville de l'Amérique centrale le soir, à la musique, je
causais avec un Français. Suivant la coutume du pays,
les dames se promenaient dans une allée circulaire,
près du kiosque ; les hommes dans une autre, en sens
contraire, tandis que maint cavalier caracolait sur la
chaussée entourant la place. Je remarquai l'un d'eux,
bel homme, élégamment botté et habillé, montant une
superbe bête, un sabre passé sous la jambe, la selle
richement ornée, un étui de revolver bien apparent sur
son veston civil. Aux quatre angles de la place se
tenait un agent de police. Et lorsque le beau cavalier
passait devant chaque agent, celui-ci faisait un impec-
cable salut militaire, gravement rendu d'un majestueux
coup du large chapeau. A la fin, intrigué, je demandai :
« Mais, qui est donc ce caballero? — C'est le chef de
« la police, me répondit-on. — Ah! et il commande à
« beaucoup d'hommes? — Seize. On l'a nommé là
« parce qu'il a eu des histoires dans sa province
« natale! »

Je n'insistai pas. Quand je quittai la place, longtemps
après, le « chef » continuait à caracoler circulairement
en saluant, toujours aussi gravement, quatre fois par
tour, ses quatre alguazils.

Dans une autre ville secondaire du Centre-Amérique, j'ai souvenir de bonshommes à mine patibulaire, le gourdin à la main, le sombrero retenu par une jugulaire, la ceinture en cartouchière portant le revolver nu, une chemise à carreaux serrée dans un pantalon douteux. « Ce sont les gendarmes, me dit-on. Et si vous avez besoin d'un beau cheval, ils vous loueront un des leurs qui sont excellents. »

Je vous le répète, la police est le critérium d'un pays.

A Buenos-Ayres, où une si importante population, nouveau-venue d'un peu partout, et sans doute fort inégale de moralité, nécessitait une organisation plus forte, on a recouru au système du planton isolé, placé à poste fixe, de l'angle à l'autre d'un ou deux cuadres. Ces hommes ont un sifflet strident; un coup appelle leur collègue voisin; deux coups, un accident où à l'aide; trois coups, le feu. La nuit, ils doivent se répondre en sifflant à intervalles réguliers. Un malfaiteur prend-il la fuite? les plantons voisins, aussitôt prévenus, lui barrent la route, en quelque direction que ce soit.

Aussi ne voit-on jamais personne rester en plan, sans secours ni assistance, pendant que l'agent tutélaire demeure introuvable, comme cela se passe parfois « au pays des correspondances ».

La criminalité est peu élevée.

Aux heures d'affluence, des agents montés circulent dans les grandes artères.

Cette troupe, fantassins et cavaliers, vêtue, casquée, et gantée de blanc, et bottée de jaune, est d'une remarquable tenue. Elle a même une musique! Idée à creuser par notre Préfet de Police.

*
* *

Par exemple ici, pas plus d'art ni de monuments artistiques qu'ailleurs, au nouveau monde. C'est que cela ne s'improvise pas, même avec la puissance de l'argent : une cathédrale, pastiche forain de la Madeleine; une grande bâtisse très banale, palais du Gouvernement; c'est tout. Détail pittoresque : la garde est montée par une sentinelle en costume premier empire, haut shako évasé à torsades, buffleteries croisées, habit à queue, houseaux collants : c'est le régiment San-Martin, gloire de la guerre d'indépendance, en 1810, en souvenir de quoi on lui conserva pieusement son uniforme archaïque.

A ce propos et incidemment, les Argentins ne sont pas tombés dans la germanophilie militaire des Chiliens; si les coupes sont allemandes, les couleurs sont en général françaises, et le tout forme un ensemble élégant et très militaire.

Est-ce à dire que les Allemands n'aient pas cherché à tirer parti, là encore, de leur actuelle réputation militaire pour s'implanter dans l'administration de la guerre, et en tirer profit? Non certes. L'art militaire est à peu près le seul dans lequel ce peuple d'imitateurs et de contrefacteurs, auquel la science moderne n'est redevable d'aucune des grandes découvertes, toutes latines ou anglo-saxonnes, ait une personnalité propre, à défaut d'une suprématie certaine, puisque la preuve en remonte à quarante ans. Mais, partout où les gouvernements des nations secondaires avaient besoin d'une collaboration et des éléments d'enseignement dans le domaine de la guerre, les Allemands ont su jouer du souvenir de leurs succès passés avec une habileté consommée; ils se sont faufilés, puis implantés, pour le plus grand bien de

leur influence et de leur industrie. Ils sont sur le point
d'obtenir, si ce n'est fait à l'heure actuelle, la commande
de trois cuirassés. La lamentable anarchie, tant de fois
dénoncée, enfin avouée à laquelle a abouti l'administration de la rue Royale, les scandales de nos arsenaux et
de nos ports de guerre, la série inouïe des catastrophes
qui ont, en pleine paix, décimé notre marine depuis
quelques années, ont été exploités contre nous par nos
concurrents, avec le malveillant acharnement que l'on
devine, et ont contribué à nous faire éliminer, au pré-
judice de notre renom, de notre production, de nos
ouvriers.

*
* *

De beaux théâtres. Constructions neuves, de bon
goût; un architecte français réputé conseille officiellement les services d'architecture de la ville. Pourvus
d'un fâcheux promenoir, quelques beuglants, français
aussi, où se débitent, accentuées dans leurs grossièretés,
les pires malpropretés de nos cafés-concerts, afin de bien
montrer aux peuples la supériorité de notre littérature
dans cette fâcheuse spécialité.

Un musée historique. Sait-on que nous jouons un
rôle, sans relief, dans l'histoire de la jeune République?
Vers 1825, une escadre française fut envoyée contre le
dictateur Rosas. Celui-ci s'empara des colons français,
et déclara que dix d'entre eux paieraient de leur vie
chaque boulet tombé sur la ville. Il eût fait comme il le
disait. L'escadre française s'en revint sans agir, mais
quelques années après, les actes publics débutaient encore
par cette expressive mention : « Vive la Sainte Fédéra-
« tion ! Mort aux sauvages unitaires ! Mort au sauvage
« unitaire Louis-Philippe, roi de France ! »

Cela est de l'histoire, bien oubliée.

En Argentine, les Français, moins nombreux que les Italiens, mais industriels, ingénieurs, commerçants, artistes, savants même, jouissent d'une estime et d'une influence particulières, acquises sans avoir besoin, comme les Allemands, d'invoquer à tout propos « leur Empereur! »

Au Musée de peinture, comme à Santiago du Chili, les tableaux étrangers sont signés de noms français : J.-P. Laurens, Roll, Rochegrosse, Renouard, Degas, La Gandara, Courbet, Gervex, Bail, Dufau, Boudin, Duez, Dewambez, Rafaëlli, Cormon, Sain, J. Lefebvre, Luminais, L.-O. Merson, Chaplin, Willette et Forain. On y retrouve même une délicieuse cire de Delagrange, mort dans des circonstances si dramatiques, et qui fut un sculpteur de talent avant d'être un des rois de l'aviation.

Un jardin zoologique, presque égal à celui de Hambourg, mais où certains animaux sont plus beaux, parce que le climat leur est plus propice. Quelques-uns se promènent en liberté sous la sauvegarde du public : fourmiliers, gigantesques tortues de terre, autruches. Les habitations de chaque espèce rappellent son pays d'origine, et des cartes émaillées indiquent son habitat. Une volière monstre, haute d'une trentaine de mètres, permet aux plus grands oiseaux de s'y ébattre à l'aise, même au condor, le roi des Andes.

Une digression au sujet de ce sarcoramphe dont on fait un être presque fabuleux. Ce vautour énorme, le front brun et dénudé, couvert d'une protubérance cornée, ne pullule assurément pas comme le « sanpilote », le petit vautour noir à crête de dinde, de la Basse-Californie; mais il est assez abondant pour gêner les éle-

veurs, dont il décime, en certains endroits, les basses-
cours et le jeune bétail. Vint, il y a quelque temps, la
mode des grandes plumes. La chasse du condor, fort
rémunératrice, fut régulièrement organisée, surtout par
des Italiens; le condor, très vorace, s'appâte facilement.

On en détruisit des milliers. Aujourd'hui, il est
devenu rare dans la partie fréquentée des Andes. Quant
à la faculté qu'on lui prête d'enlever un bœuf, ou même
un mouton, légende. Beaucoup plus lourd que l'aigle, le
condor n'arrive à s'enlever lui-même qu'après avoir
couru quelques mètres, tout comme un simple aéroplane,
et il atteint seulement sa vraie puissance de vol lorsqu'il
plane à des hauteurs, d'ailleurs fantastiques. Ceci, qui
m'avait déjà été affirmé au Chili, par plusieurs personnes, me fut confirmé par un ingénieur minier,
M. S..., Français établi en Argentine depuis des années,
et sur les propriétés duquel un spécialiste italien tua, l'an
dernier, près de trois cents condors.

Les sports tiennent à Buenos-Ayres, faut-il le dire,
une place considérable. Leur rubrique, dans la presse,
— cette presse dont les numéros à vingt pages et plus
déroutent un peu le lecteur français, — est particulièrement abondante et soignée.

La possibilité, si avantageuse, de tailler dans le vif, a
même permis de leur consacrer dans l'ouest de la ville,
près du beau parc de Palerme, non loin de la Cascade
et de Longchamp, s'il vous plaît, un quartier sportif,
instructif à visiter : le champ de courses, — on joue
beaucoup en ce pays, — parfaitement aménagé, y voisine avec un Cercle de l'escrime, Cercle où d'autres
sports de plein air et la gymnastique ont leur place.

Un vélodrome, des terrains de foot-ball sont contigus.

Un peu plus loin, à Tigre, au confluent du Parana et de La Plata, existe un centre de Yachting important, où, les jours fréquents de réunions, des trains spéciaux amènent toutes les classes de la population. Une flottille nombreuse des différentes catégories de yachts est mouillée là. Chaque Société nautique, bien mieux, chaque nationalité, y possède son Club. Certains, celui des Allemands notamment, sont remarquables. Les Anglais, les Italiens, les Espagnols ont le leur. Nous, avec notre détachement pour les choses de la navigation, en dépit des huit mille Français fixés à Buenos-Ayres même, nous nous contentons de compter quelques membres au Club argentin, malgré l'intérêt qu'il y aurait pour nous à affirmer notre solidarité et notre vitalité, en ce domaine comme en tous les autres.

Malgré la valeur de notre colonie, en dépit de la prédilection évidente de la haute société argentine pour la France, pour ce qui est français, pour Paris surtout, notre situation en ce pays est menacée. Ce fait incroyable résulte de toutes les conversations, de tous les documents sur lesquels ont peut se faire une opinion. Effet du légitime protectionnisme agricole de notre législation douanière, de la situation acquise du haut négoce anglais, du panaméricanisme yankee, de l'effrénée concurrence allemande? Le résultat est là.

Il a ému en France. Un diplomate distingué, M. Wiener, chargé d'une mission, enquête. La mission Wiener rédigera un rapport, certainement remarquable, et qui aura le sort des rapports passés, présents et futurs. Il sera peu lu, ne recevra pas de sanction, et ira rejoindre ses aînés dans les locaux où ceux-ci l'attendent depuis des années.

Non, voyez-vous, pour que, même dans les pays où

nous avons tous les atouts en mains, le même mal se révèle : stagnation ou recul de notre situation, progrès de nos concurrents, il faut qu'il y ait un vice à la base de notre action économique à l'extérieur.

Et ce vice, seule l'opinion enfin éclairée du Parlement et du public peut en conjurer les désastreux effets, en étudiant, en adoptant, adaptées à notre tempérament, les méthodes de nos concurrents.

EN URUGUAY

Il eût été intéressant de remonter, par les vapeurs du Parana, de Buenos-Ayres jusqu'au Paraguay, l'étrange République enclavée entre le Brésil et l'Argentine, qui la séparent du reste du monde.

Le temps m'a manqué.

Les suites de la guerre que ce petit peuple d'un million d'habitants eut à soutenir de 1865 à 1870 contre la coalition du Brésil, de l'Uruguay et de l'Argentine se font encore sentir. La population, exterminée, fut réduite à trois cent cinquante mille individus; majorité de femmes encore aujourd'hui. Le célibataire est, paraît-il, fort demandé, au Paraguay.

Le Paraguay combattit avec un courage héroïque et faillit battre les républiques alliées. Son dictacteur, Lopez, était d'éducation française : il avait passé par notre École Polytechnique. Ce despote, génie auquel seul l'instrument manqua pour jouer un grand rôle, fut tué. Mais l'exemple de cette nation se faisant décimer pour sauver son indépendance mérite le respect.

Depuis, la rivalité de l'Argentine et du Brésil a sauvegardé l'existence du Paraguay, qui durera autant que le *statu quo* sud-américain se prolongera.

*
* *

En une nuit, un des rapides et bien aménagés vapeurs uruguayens ou argentins, qui font le service entre les deux capitales, me déposait à Montevideo. Celui-là, coïncidence aimable, s'appelait *le Paris,* et portait dans tous les coins de sa décoration, les armes du clocher natal. Arrivée au petit jour, sous la surveillance aisée d'un ou deux policemen pourvus de débonnaires menottes passées réglementairement dans le ceinturon; des portefaix bien tenus, rangés à distance, offrent leurs services de geste, sans cris, et sans rompre leur alignement. Sitôt à terre, l'ensemble donne une impression de société ordonnée, de soin dans l'organisation urbaine, qui contraste favorablement avec la fréquence des secousses politiques de la République orientale, comme l'appellent les Argentins.

Et j'en arrive à me demander ce que doivent penser de nous nombre d'étrangers, originaires de pays que nous considérons comme secondaires, mais où le confort public et le raffinement dans ces services municipaux sont poussés à un degré peu soupçonné chez nous, lorsqu'ils débarquent en la Ville Lumière, dans la poussière ou la boue, les senteurs, qu'ils voient nos chaussées couvertes d'immondices vieilles parfois d'un jour, et les détritus maculant nos trottoirs. Car, pénible constatation, Paris est devenu depuis quelques années une des moins entretenues parmi les grandes capitales. Il y a quelque temps, la Préfecture de Police fit installer à titre d'essai! oh! ce titre d'essai! une — je dis « une » — corbeille à vieux papiers fixée contre un de réverbères du boulevard près de l'Opéra. Et je vois encore les bons badauds pensifs devant cet objet nou veau, demeuré unique. Or, dans la plupart des villes du nouveau monde, il y a longtemps que, multipliées, ces boîtes existent. Nul ne manquerait d'y jeter ce qui est à même de souiller la voie, nettoyée, je l'ai dit, par un service « permanent ». Bien mieux, des crachoirs publics, biens entretenus, sont partout, par mesure d'hygiène. Et quand les Parisiens s'imaginent que leur Ville étonne les étrangers, ils n'ont pas tort, mais c'est parfois par son mauvais entretien... ce qui ne l'empêche pas de rester la plus belle, entre toutes.

*
* *

Montevideo, malgré l'importance que lui donnent ses trois cent mille habitants — sur un million en Uruguay — est, et, surtout, fut la station balnéaire des Argentins, jusqu'au jour où un conflit, toujours pendant, s'éleva entre les deux Républiques, pour la possession des eaux du Rio, dont l'Argentine réclamait la totalité.

Les forces navales de l'Uruguay se limitent à un pacifique petit croiseur et au yacht affecté au service du Président. L'armée uruguayenne, — nos uniformes quelque peu modifiés; un ou deux officiers français en mission, moins officiellement qu'au Pérou cependant; nos canons, — ne saurait se comparer numériquement à celle de l'Argentine.

Néanmoins, l'Uruguay a tenu bon jusqu'ici; il s'est surtout refusé énergiquement à céder une île, l'île Lobos, située le long de ses côtes, et dont l'Argentine lui réclamait la possession en invoquant l'exemple... devinez de quoi? des îles Normandes... c'est bien simple.

Depuis la tension des rapports entre les deux gouvernements, la riche société argentine a adopté un centre mondain en territoire national, à huit ou dix heures au sud de Buenos-Ayres. Cette plage, appelée Mar-del-Plata, est devenue en peu de temps un des endroits les plus élégants du monde, et aussi un de ceux où les petits pains d'un sou, déjà si chers en Amérique, atteignent leur plus haute cote. Casino : très forte partie, avec des différences comme à Trouville, pendant la Semaine. Bref, le dernier cri. La Patagonie, récemment annexée, hier encore pays mystérieux et sauvage, est à deux pas de ce rendez-vous des suprêmes élégances. Le progrès marche ; il court, même.

Le contre-coup de la faveur dont jouit Mar-del-Plata n'empêche cependant pas Montevideo d'être restée une importante ville balnéaire.

L'élément commercial français y est, comme à Buenos-Ayres, très en vue. Le port de Montevideo vient d'être achevé. Il fut conçu par un éminent ingénieur français, M. Guérard, et exécuté par une firme également française. Cette entreprise compte parmi les beaux travaux qui font honneur à notre pays. De telles initiatives sont la base de notre bon renom au dehors.

Ce travail est un des plus beaux et des mieux conçus qu'il m'ait été donné de voir jusqu'à ce jour ; il a coûté soixante-cinq millions. Il a provoqué à lui seul l'achat, en France, de douze millions de marchandises, et a été accompli, sans un à-coup, en sept ans, par l'industrie libre, en pays libre aussi de toute entrave administrative. Il peut nous être un enseignement.

Détail peu connu : la petite République urugayenne possède une des finances les plus prospères du monde, et le seul pays, peut-être, où la livre anglaise, devenue la vraie monnaie universelle, perde au change.

*
* *

Près du port, se trouvent quelques-uns des fameux « saladeros » de la Plata, ces tueries industrielles, dont une seule abat couramment, sans compter les moutons, onze cents bœufs par jour, pour les peaux et la corne surtout; cependant la viande, boucanée, est consommée par les États tropicaux sud-américains, ou bien, frigorifiée, est expédiée en Angleterre, et, en bien moindre proportion, en France, où cette importation se heurte à la protection de notre élevage. Là réside, en effet, une opposition d'intérêts dont l'influence se fit, et se fait encore lourdement sentir sur nos rapports commerciaux avec les différents États de la Plata. Difficulté insoluble? non, sans doute, il faut en exprimer l'espoir.

*
* *

Au premier abord, la division politique de cette partie de l'Amérique surprend. On ne s'explique guère comment, lors de l'Indépendance, des fractions secondaires, comme le Paraguay et l'Uruguay, ont pu se séparer de l'attraction argentine, constituer des nationalités à part, et conserver leur indépendance. Chez nous, l'opinion se désintéresse à peu près complètement de la politique des grandes Républiques sud-américaines, à tort. En effet, si le *statu quo,* les négociations en cours et les événements ultérieurs ne peuvent guère, à aucun moment, nous engager directement, nous commettrions par contre une faute lourde en nous abstenant de suivre les affaires politiques, en cette partie du nouveau monde où tant de nos nationaux luttent pour la défense de nos intérêts économiques; on appréciera l'importance de l'enjeu en songeant que la seule Argentine est notre acheteuse pour 150 à 200 millions de nos produits par an, sans compter ce que les Sud-Américains viennent, depuis toujours, dépenser chez nous, à Paris principalement.

Ne sommes-nous pas nous-mêmes, d'ailleurs, liés à l'histoire de ces pays par la part que prirent à leur formation quelques-uns des nôtres, par l'influence indéniable que la France exerça sur l'éclosion de leur mentalité? Sans la guerre d'Espagne et la captivité de Ferdinand VII, l'indépendance de l'Amérique latine, née de la révolution de 1810, eût-elle pu être proclamée, et, soit dit en passant, engendrer par contre-coup l'affranchissement du Brésil, alors portugais? Déjà, en 1806, c'était un Français, Liniers de Brémont, qui, à la tête des Hispano-Américains, avait capturé l'amiral Beresford, — aïeul de l'amiral anglais actuel, — dans Buenos-Ayres, occupé par lui avec un corps britannique de mille huit cents hommes venus du Cap? C'est à un Français encore, un corsaire du nom de Mordel, venu opérer en ces parages avec son vaisseau *le Dromadaire,* que, l'année suivante, l'amiral Whiteloc, envoyé venger Beresford à la tête d'un corps de dix mille hommes et capturé à son tour, remettait son épée. Quand les Argentins eurent conquis leur liberté après avoir expulsé le vice-roi espagnol Soliemonte, ils nommèrent à sa place ce même Liniers, fusillé, il est vrai, quelque temps après à Cordoba.

Lorsque l'héroïque San-Martin, le chef du régiment argentin dont j'ai parlé, eut, dans un geste antique, résigné son commandement entre les mains du Libérateur Bolivar après qu'il eut, de Mendoza, franchi les Andes, conquis le Chili, chassé le général Canterac de Lima et conquis au Pérou sa liberté, c'est, en France, à Bourg-la-

Reine, qu'il se retira, pauvre d'ailleurs. Le grand banquier Aguado, qui avait jadis servi sous ses ordres, le prit auprès de lui. San-Martin mourut à Boulogne-sur-Mer, où la colonie argentine en France lui a élevé un monument. Ses restes furent depuis ramenés à Buenos-Ayres, dans un tombeau, œuvre de Carrier-Belleuse, édifié dans la cathédrale.

De tels souvenirs créent un lien entre les peuples. En quoi ceux-ci sont-ils inférieurs à ceux des Lafayette, et des Rochambeau, et pourquoi sont-ils plus oubliés? Pourquoi ne contribueraient-ils pas à affermir notre action économique et intellectuelle dans ces régions contre nos concurrents, parvenus nouveaux venus?

*
* *

Dans les temps troublés des débuts, le petit Paraguay se détacha des États de la Plata, pour se livrer à Lopez. Sa faiblesse même et son courage l'ont protégé jusqu'ici. Il en sera ainsi tant que l'équilibre pacifique entre l'Argentine et le Brésil subsistera.

La situation de l'Uruguay est différente et plus délicate. L'Uruguay ferme au Brésil l'accès du rio de la Plata. Cependant les affluents de ce fleuve immense sont la route naturelle, la seule, par laquelle un quart au moins du Brésil, de ce pays démesuré dans sa superficie représentant seize fois et plus celle de la France, peut communiquer pratiquement avec la mer. D'autre part, pour l'Argentine, l'existence d'un État, non négligeable en lui-même assurément, mais faisant l'office de tampon, représente un intérêt vital : l'absorbtion de cet État par le Brésil serait pour l'Argentine la perte de la maîtrise de ses eaux territoriales dans leur partie la plus essentielle. La longue guerre terminée en 1828, entre les deux grandes Républiques, et qui aboutit à la reconnaissance de l'Uruguay comme État indépendant, n'eut pas d'autre motif.

On peut dire que la cause est restée entière. Pour d'autres mobiles avoués, les relations entre le Brésil et l'Argentine furent tendues, il y a quelque temps, au point d'être précaires. Depuis, les rapports chilo-argentins, devenus cordiaux, je l'ai dit, enlèvent actuellement au gouvernement de Buenos-Ayres tout souci à l'Ouest, et lui laisse les mains libres au Nord. Le calme règne pour le moment. Que couvre-t-il? paix assurée ou veillée d'armes?

En attendant le Brésil commande trois cuirassés monstres en Angleterre et, sans doute, partie de son artillerie en France; l'Argentine renouvelle la sienne en Allemagne et reçoit d'Europe des devis de navires de guerre, tandis que le vaillant petit Uruguay, attentif aux armements de ses voisins, se pourvoit de canons dernier modèle, probablement français.

Tous ces peuples sont nos vendeurs, nos clients, nos amis.

Souhaitons-leur la paix durable et prospère.

RIO DE JANEIRO

« Attendez Rio de Janeiro! Vous verrez! » répétaient volontiers les officiers de notre paquebot lorsque nous nous enthousiasmions pour tel de ces admirables sites offerts à nos yeux depuis notre départ d'Europe. Une chose trop vantée à l'avance aboutit le plus souvent à une désillusion. Allait-il en être ainsi de Rio? Eh! bien, non. Depuis le matin nous longeons la côte : des îles coniques et régulières se détachent de la chaîne montagneuse de la « Serra ». Rapidement nous nous rapprochons de la terre dont nous distinguons les détails; quelques maisons; dans une déclivité, entre deux monts, une construction blanche : Le Palais de l'Exposition, que je reconnais de suite pour en avoir vu des reproductions. Mais rien encore ne semble déceler la ville, toute proche. Puis, tout à coup, au pied d'un rocher pointu, haut comme un montagne, le célèbre Pain-de-Sucre, un étroit goulet; un fort, accroupi, ras sur l'eau, garde l'autre rive : gardien rébarbatif dont le paquebot français *les Andes* essuya le feu lors de la révolution de 1894. Et, tel un somptueux décor apparaît au spectateur sous la montée lente du rideau, Rio de Janeiro déploie à nos yeux la splendeur de ses lignes monumentales, interminablement allongées sur les sinuosités capricieuses de la baie. Au-dessus de la cité, les hautes montagnes, Tijuca, Carcovado, ceinturées d'une végétation de féérie, dressent leur masse verticale. Tout au fond, très loin, le pic d'Itataïa se détache de la chaîne qui borne l'horizon de ses rameaux dentelés, dont les prolongements vers le Nord, incurvés en un immense cercle, viennent fermer le goulet, en face du Pain-de-Sucre. Les eaux de la baie se ponctuent d'îlots capricieusement disséminés, et formant autant de plans différents, propres à mettre mieux encore en valeur la majesté de l'ensemble; infiniment variés aussi dans leur aspect, tantôt une roche basse d'où émerge sournoisement le dôme gris de grosses tourelles blindées, tantôt un terre-plein surmonté d'une construction gothique, en toc, mais de bon effet cependant; ce monument est historique, car c'est pendant qu'il s'y donnait une fête en l'honneur de Dom Pedro qu'éclata la révolution, préparée de longue main; un autre îlot forme un monticule orné d'une vieille forteresse, authentique celle-là, et pittoresque; d'autres encore, essaimés à perte de vue.

Au Nord, Nitcheroy, jolie ville de cinquante mille habitants, fait pendant à Rio, comme à San-Francisco, Oakland, elle aussi, effacée par l'éclat de son opulente voisine.

Sur rade, une flotte nombreuse; quelques petits cuirassés, blancs, coquets, et d'âge un peu marqué; deux ou trois contre-torpilleurs, du dernier type; la belle mâture du *Benjamin Constant*, la frégate-école, fréquente visiteuse de nos ports; immobilisé, un grand croiseur en bois, le *Tamandara*, résultat malheureux d'un essai de construction nationale, jadis tenté. Aussi des paquebots, des cargos, des ferry-boats, moins grands et plus lents que ceux de Puget-Sund et de Frisco, mais dont le va-et-vient ininterrompu anime l'ensemble. Et sur tout cela, une lumière éblouissante, soulignée davantage encore par les nuées épaisses accrochées aux crêtes.

On ne nous avait rien exagéré : après tant de choses vues, Rio de Janeiro nous remue profondément par sa grandeur et son charme intenses.

Dans la genèse du peuple brésilien, la France encore a joué un rôle. Et le fait de retrouver partout, en quelque coin du globe que l'on soit, la trace de notre action passée, n'est-il pas le plus noble témoignage de ce que fut notre race, de ce qu'elle pourra encore, si l'avenir met à son service les circonstances et les hommes propres à seconder sa valeur? Devons-nous donc désespérer qu'il en soit ainsi quelque jour?

Conjointement avec les Portugais et les Hollandais, nous avons été les premiers occupants de ces rivages. Villegagnon, envoyé par Coligny au milieu du seizième siècle, y prit pied. Pour les Hollandais, comme pour nous, l'entreprise échoua, parce que le redoutable climat des côtes était un insurmontable obstacle à notre implantation. Mieux préparés par la nature de leur propre patrie et par leur tempérament, les Portugais, au contraire, résistèrent, demeurèrent, et devinrent les possesseurs de cet immense empire; à l'heure actuelle, douze à quinze millions d'individus occupent un espace presque grand comme l'Europe, mais où sont nombreuses et vastes les parties inexplorées, inexploitées, pour jamais exploitables peut-être, tant en est meurtrier le séjour.

Si la rare apparition de nos armes au Brésil fut, depuis Villegagnon, dont une île de la baie a conservé le nom, fortuite et non suivie de conséquences, l'indépendance du pays n'en est pas moins intimement rattachée à notre histoire, par les répercussions de la politique napoléonienne sur les destinées des deux métropoles sud-américaines, espagnole et portugaise.

Il n'y a guère, au Brésil que la marine et la diplomatie de vraiment fédérales. L'État de Rio-Grande-do-Sul, avec sa formidable colonie allemande, est précisément celui où un réseau ferré est exploité par une compagnie française. Dans l'État de Sao-Paulo, les instructeurs de l'armée sont des Français, et la troupe possède, marqué, le caractère de notre éducation militaire. Conciliez cela. Ce caractère se retrouve dans l'ensemble de l'armée brésilienne. Les officiers de l'infanterie portent la même tenue que les nôtres, à peine modifiée, et celle des troupiers rappelle l'uniforme des fantassins du Second Empire : pantalon rouge, bonnet de police à gland, buffleteries blanches.

*
* *

A Rio, comme à Santiago, comme à Buenos-Ayres, nos livres, nos illustrés, nos magazines s'offrent presque sur le même pied que les éditions nationales. Nous vendons par an pour deux millions de francs de publications, les Allemands pour trois cent cinquante mille francs, les Anglais pour cent quatre-vingt-quinze mille, les Italiens pour cent cinquante-cinq mille francs seulement, car leurs immigrants, ouvriers et tâcherons pour la plupart, lisent peu et se tiennent en dehors du mouvement intellectuel.

Dans la rue, dans les magasins, dans les maisons de commerce, six fois sur dix, on répond en français à vos demandes. Cependant, pour un chiffre global d'affaires extérieures de un milliard six cent onze millions, les plus gros acheteurs du Brésil sont les États-Unis avec quatre cent quatre-vingt-huit millions par an ; les plus gros vendeurs, les Anglais et leurs possessions avec deux cent quatre millions. Les Allemands ont bien fait, là comme partout, un effort considérable au point de vue commercial, et surtout maritime ; ils ont même avili les frets au point de rendre précaire la situation de leur propre armement. Mais, en vérité, où, dans le domaine intellectuel pas plus que dans celui des affaires, aperçoit-on des éléments permettant d'affirmer, comme certains l'ont prétendu, que le Brésil « est devenu une colonie allemande » ? Cela ne tient pas debout ; ainsi que sur beaucoup d'autres points, à force de bluffer, les Teutons ont fini par faire croire aux autres, et par croire eux-mêmes à leur suprématie définitive. C'est un système.

En réalité, le Brésil est une vaste nationalité en formation : ses dimensions prodigieuses, le peu de précision de ses ressources, la diversité extrême de sa constitution démographique, où une élite d'origine portugaise, une puissante immigration européenne se superposent à une immense majorité de nègres, en partie anciens esclaves dont l'affranchissement définitif remonte seulement à 1890, de métis, de mulâtres et d'Indiens, accentuent encore ce caractère d'évolution, que l'on retrouve dans tout le nouveau monde, sauf au Chili où la race espagnole forme un tout homogène, d'une pureté dont les Chiliens tirent une juste vanité, en excipant hautement de leur supériorité, de ce chef, sur les autres peuples de l'Amérique latine.

*
* *

Les États brésiliens, où l'Européen peut vivre utilement en travaillant, offrent à l'activité des nations productrices et consommatrices, donc à nous, le plus vaste

champ d'action. C'est ici que les Yankees ont peut-être
porté leur principal effort en vue d'attirer l'Amérique
du Sud dans l'orbite de leur politique. Quand le président Roosevelt fit accomplir à la flotte de l'Union son
célèbre raid autour du monde, on vit là, généralement,
une démonstration visant le seul Japon, sans plus.
C'était, en réalité, une fraction de l'objectif. Inavoué
pour ne pas soulever de susceptibilités, le but latent
de cet extraordinaire cortège naval fut de montrer aux
autres nations américaines la puissance des États-Unis,
l'instrument dont ils disposaient pour étendre, au besoin
jusqu'à Magellan, la défense de la doctrine de Monroë,
cette vieille guitare dont l'Oncle Sam se déclare, à tout
propos, prêt à tirer, s'il le fallait, des accents guerriers;
de prouver en même temps quel bon fournisseur de
cuirassés il saurait être, si ses voisins continentaux vou-
laient bien s'adresser à lui. Et, de fait, partout l'impression fut profonde, et dure encore. Le contact n'alla
pas sans quelques nuages : les mercenaires américains
sont de rudes compagnons. A chaque escale, l'escadre,
d'accord avec les autorités, dut, en même temps qu'elle
installait à terre des changes de monnaie pour ses
marins, débarquer ses propres policemen, géants armés
de casse-têtes, et prier les polices locales de s'abstenir.

Le ministre des affaires étrangères des États-Unis,
M. Elihu Root vint, en personne apporter la bonne
parole; il la fit si persuasive qu'un somptueux édifice
fut élevé sur une des belles places de Rio, pour commé-
morer cette significative visite, depuis laquelle l'Office
panaméricain de Washington n'a pas dû rester inactif,
on peut en être sûr.

*
* *

Ici se pose, une fois de plus, la même question : Et nous? où en sommes-nous dans ce pays?

Le Brésil est une contrée de double monoculture : le café fourni surtout par les États de Sao-Paulo, de Minas-Geraës, de Rio de Janeiro, et le caoutchouc, qui vient principalement du Para et des territoires de l'Acre, cédés récemment par la Bolivie au Brésil. Ces deux éléments représentent à eux seuls les huit dixièmes de l'exportation brésilienne. C'est dire qu'ils sont la base des relations commerciales extérieures de la grande République sud-américaine.

Or, malgré la consommation de café qui se fait en France, notre pays, par suite peut-être du droit considérable d'un franc trente-six centimes par kilogramme, qui grève ce produit, non concurrent des nôtres cependant, n'en achète que trois cent vingt-six mille sacs en moyenne, quand les États-Unis sont acheteurs de près de six millions et demi de sacs et l'Allemagne de plus d'un million et demi. Les États-Unis achètent par an dix millions de kilogrammes de caoutchouc, l'Angleterre douze, et nous un million et demi.

La question de l'exportation du café a paru assez grave au gouvernement fédéral pour que l'on ait prohibé l'extension de sa culture, afin d'en maintenir la valeur, en évitant la surproduction. On a été jusqu'à penser recourir à un emprunt de valorisation de trois cent soixante-quinze millions, emprunt destiné à la fixation du change, dont l'instabilité est la plaie de toutes les finances sud-américaines.

Notre expansion économique a donc là un objectif tout trouvé, en ouvrant le plus largement possible nos portes à la production brésilienne, en échange des légitimes avantages dont notre commerce doit bénéficier sur ce marché, où nos marchandises sont soumises à des droits oscillant entre cent pour cent et cinq cents pour cent de leur valeur !

De telles charges ne sont pas seulement une entrave; elles sont prohibitives, parce qu'elles engendrent sur place une effrénée contrefaçon. Nos vins, nos spiritueux, nos conserves, nos produits pharmaceutiques, notre parfumerie, nos objets de luxe et nos modes sont copiés, vendus impudemment, sous nos marques, contrefaites. A Rio, une boutcille de champagne moyen se vend trente-cinq francs. La tentation d'un gros bénéfice, fût-il illicite, devient trop forte pour certains négociants sans scrupules.

La Chambre de commerce française de Rio et une « Union industrielle contre la contrefaçon », fondée en 1903, luttent pour la sauvegarde de notre commerce au Brésil. Pourront-elles beaucoup, tant que subsistera une législation douanière réciproquement défectueuse?

Aussi, au Brésil encore, où notre mentalité, notre goût, notre langue, notre nom même sont si nettement en faveur, par un phénomène déplorable et déjà constaté ailleurs, nous reculons. Nous étions au second rang; nous voici au cinquième, après les États-Unis, l'Angleterre, l'Allemagne et l'Argentine. Sur près de six cent cinquante millions de marchandises achetées chaque année au dehors par le Brésil, nous intervenons pour le chiffre de cinquante-sept millions et demi, un peu plus que le Portugal. Pis encore : nous n'y possédons aucun établissement financier, et nos affaires doivent passer par les banques anglaises et allemandes. Cela semble incroyable. Et pourtant, au Brésil, combat une imposante colonie de dix mille Français dont trois mille cinq cents dans l'État de Rio. Notre consul, nouvellement nommé, m'invita à assister à sa première réception de la Colonie. Ses représentants, peut-être en rapports insuffisamment suivis avec leur consulat, à Rio comme à peu près partout, vinrent trop peu nombreux ; mais il fut échangé d'excellentes paroles d'espoir et d'union, réconfortantes à entendre, et rendues plus touchantes pour être dites dans la Maison de France.

C'est que, voyez-vous, les Français d'outre-mer, ont, plus que tous les autres, droit à la sollicitude de la France : car ceux-là ont été, au loin, transporter leur foyer, assurer à notre production la vie expansive, propager notre langue et notre intellectualité, risquer parfois leur existence aussi, en des climats où la nature s'est jouée à faire de tels Paradis de Beauté les points les plus pernicieux à l'Européen.

La terrible fièvre jaune exerce sur toute la côte brésilienne d'effrayants ravages. Le séjour à Rio était, il y a peu de temps encore, si redouté que, chaque soir, la population aisée émigrait sur les hauteurs, vers les villas, et jusqu'à Pétropolis, de l'autre côté de la baie, à deux heures de la capitale. On a lutté sans relâche contre le fléau. Le service de l'assainissement a été confié à un savant, formé par un séjour de quatre ans à notre Institut Pasteur. Aujourd'hui, Rio possède elle-même son institut Pasteur... dont le matériel vient de Berlin.

Des quais, constituant d'admirables promenades dans ce cadre unique, ont été construits. Les égoûts ont été multipliés. Bordée de majestueuses constructions, parmi lesquelles, voisinant, l'Hôtel de la Société des ingénieurs civils et celui des employés de commerce sont les plus remarquables. Une vaste avenue a percé de part en part la presqu'île sur laquelle est bâtie la ville basse, et, aboutissant à la mer, distribué l'air du large et la lumière.

Les lagunes ont été asséchées, en partie, car c'est œuvre de longue haleine. Aussi bien, mieux encore peut-être qu'à Buenos-Ayres et à Montevideo, la voirie est entretenue à Rio avec un soin méticuleux. Le résultat de ces efforts est venu : depuis plusieurs années la fièvre jaune a épargné la ville, comme, grâce aux mêmes méthodes, elle a maintenant disparu de Santos, le grand port des cafés, jadis malsain au point que les équipages devaient être, pendant la durée du séjour de leurs navires, dirigés sur un sanatorium élevé. Il y a quelques années, un vapeur français perdit là, en quelques semaines, treize hommes de son équipage et tous ses officiers, sauf un ; ce survivant, le lieutenant J. Simon, eut l'énergie de ramener, à lui seul, le navire en France.

Assainis maintenant, les environs de Santos sont devenus une des villégiatures préférées des riches Brésiliens.

Cet immense service rendu au Brésil est le résultat des applications de la science française. Les sympathies et la reconnaissance de la société éclairée nous sont certainement acquises. Mais cela se traduit-il par une situation privilégiée pour nous dans le domaine économique ? Les statistiques le nient. Et la constatation est fâcheuse, presque décourageante.

Un objet de surprise, quand on visite un grand nombre de centres épars, sur les deux continents, c'est de voir avec quelle rapide uniformité nos modes se répandent dans le monde entier. A peine Paris a-t-il lancé ses modèles de saison qu'aussitôt, de l'Amérique du Sud au Canada, de Chine en Égypte, apparaissent les lignes, les nuances nouvelles, imposées pour quelques mois par nos couturiers et nos modistes. Cette belle branche de notre commerce ne profite pas à l'exportation, dans toute la mesure désirable de sa suprématie universelle. En répandant à profusion, au quatre coins du globe, l'artistique ingéniosité de nos modes, les journaux et les publications spéciales — restant, il est vrai, dans leur rôle — fournissent au plagiat des faiseurs locaux des armes pour la concurrence à notre production. A cela, évidemment, pas de remède pratique; mais encore, pour la fourniture des matières premières, notre commerce devrait-il, seul, bénéficier de la faveur dont jouissent nos spécialistes. Ce serait justice; mais ce n'est pas.

A propos de mode, masculine celle-là, il en existe une à Rio, qui n'est pas banale : le blanc, pour les hommes, est mal porté! Et, sous un ciel dont l'humidité chaude fait le plus souvent une étuve insupportable, les gens posés se promènent couramment en chapeau haut de forme et redingote! Quant au casque colonial, comme dans tout le Sud-Amérique et au Mexique, il obtient un succès si fâcheux de ridicule, que, du premier jour, nous y renonçâmes. Mais, où donc n'est pas la mode? les collégiens de Rio sont bien habillés en généraux : pantalon rouge à bandes, dolman marron à brandebourgs, képi couvert de dorures. Au fait, très vite, on trouve ceci fort naturel.

A chaque instant, dans la plupart de ces sociétés neuves, l'étranger est frappé par l'heureuse adaption à tous les services de nos progrès modernes, par l'utilisation judicieuse des principes d'amélioration. Je ne parle pas seulement des transports en commun — à Rio également, ils atteignent la perfection — mais de ces détails, dans l'organisation des ressources urbaines, qui soulignent la valeur d'une éducation publique : ici, c'est

une caserne centrale de pompiers, dotée de tout le matériel moderne, et comme ni Paris ni Londres n'en possèdent assurément; là, c'est une large avenue d'accès vers
la banlieue : sous une quadruple rangée de hauts cocotiers, y cheminent parallèlement des chaussées classées,
pour les charrois et les trams, les piétons, les cycles, les
automobiles; l'automobilisme est très répandu, sous
toutes les formes : autos de luxe, de louage ou de poids
lourds. Plus loin, longeant l'océan, une « Corniche »,
admirablement aménagée, et propre à mettre en valeur
les incomparables splendeurs du rivage; puis, bordant
une baie propice aux sports nautiques, une intelligente
installation de belles tribunes permanentes atteste combien la société brésilienne s'intéresse à la navigation de
plaisance. A l'extrémité de la ville, vers la mer, un jardin
botanique qui passe pour le plus beau du monde et justifie sa réputation. Un Opéra monumental tout neuf. Des
jardins publics irréprochables. Nombre de statues, et,
parmi elles, témoignage de respect demeuré sur la plus
belle place, celle de don Pedro, et qu'aucun sectaire imbé-
cile n'a encore songé à proposer de « déboulonner ».

Les sites eux-mêmes sont mis en valeur. Par une voie
tracée à travers une forêt de fougères géantes et de grands
arbres, couverts de « fleurs de l'air », d'orchidées, autour
desquels volètent les paradoxaux oiseaux-mouches et les
papillons énormes, un funiculaire vertigineux conduit au
Pic de Corvado. De là, l'altitude permet d'embrasser
l'inoubliable ensemble de Rio et de son cadre. Ou bien,
par des lacets sans nombre dont chaque détour offre un
nouvel et admirable point de vue, un car électrique conduit à Tijuca, station mondaine noyée dans la végétation

tropicale, au pied de cascades élevées. A deux heures de
la Rio, Petropolis, perchée à huit cents mètres dans la
montagne, réunit les Légations, les villas des riches
familles et le palais estival du Président, à l'arrivée duquel le hasard me fit assister. Ce fut simple : sur le quai,
ouvert à tout venant, et qu'aucune grille ne sépare de la
rue, une musique militaire. A l'arrivée du train, la musique joua l'hymne national, écouté tête nue. Puis le président Penna, silhouette fluette de petit vieillard avisé, —
mort depuis, — descendit du wagon, suivi de deux officiers en tenue sobre et d'un secrétaire; il salua, traversa
la foule et partit dans sa victoria, bien attelée, sans
que la circulation ait été interrompue un instant, sans
bousculades, ni cris, ni agents chargés d'organiser des
encombrements, ni salamalecs de fonctionnaires obsé-
quieux.

Par contre, en réembarquant, je vis, mouillé au milieu
de la flotte, le yacht croiseur affecté aux déplacements
présidentiels, les Brésiliens, et d'autres avec eux, trou-
vant absurde, sans doute, de dépenser deux ou trois cent
mille francs pour établir incommodément d'éphémères
aménagements sur un de leurs cuirassés, chaque fois
que leur Président doit aller outre-mer.

Je rentrai tard, ce jour-là, la chaloupe louée par nous
pour nous conduire à bord, en rade, nous avait manqué
de parole. Nous l'avions attendue plus d'une heure. Il
faisait nuit. En arrivant, le préposé me réclama une
plus-value de milliers et de milliers de reis... parce que le
service de jour était terminé depuis trente ou quarante
minutes! Ces gens sont très avancés, vous dis-je.

Si avancés que nulle part, je crois, la vie, pourtant si

chère dans les grandes cités américaines, n'atteint un
taux aussi élevé qu'ici.

Et puis, le Brésil a conservé de leur origine portugaise cette affolante monnaie en milliers de reis dont le
calcul constant est bien de la plus énervante incommo-
dité : « Vous payez une voiture 3 500 reis! On vous
apporte de la bière; la bouteille est ceinturée du timbre
de consommation dont tout est estampillé au Brésil, —
rien n'est nouveau sous le soleil, vous le voyez, — et
des centaines de reis la grèvent déjà. Vous réglez une
note d'hôtel. Alors, oh! alors, ce sont des centaines de
mille, des milliers de mille reis qu'il vous font compter, en papier crasseux, ou bien en menues pièces con-
fuses. En tirant de ma poche des myriades de ce rei, dont
jamais nul n'a vu un exemplaire isolé, je me rappelais
cette jolie anecdote narrée jadis par Aurélien Scholl, un
des princes disparus du Boulevard, au temps où l'on
« faisait » de l'esprit :

— « Qu'est-ce que cela vaut 50 000 reis? » demandait un jour à Scholl une petite acteuse quelconque.

— « Mais, dit celui-ci, ça doit valoir 75 francs... »

— « Ah! le coquin! » ne put retenir la dame.

DU BRÉSIL AU SÉNÉGAL

Nous quittons, dans la splendeur d'une nuit scintillante d'étoiles, Rio, dont les rives s'accusent en lignes lumineuses : le rio de Janeiro, la rivière de Janvier, cette immence rade où, seuls, se jettent quelques torrents, les premiers navigateurs la prirent pour un autre Amazone ou rio de la Plata. La dénomination a survécu à leur erreur, comme les indigènes autochtones sont restés des « Indiens » parce que les Christophe Colomb, les Americ Vespuce pensèrent aborder aux Indes.

Au cours d'un tel voyage de circumnavigation, le sentiment qui domine est précisément une admiration réfléchie pour l'audace inouïe de tous ces hommes : Français, Anglais, Espagnols, Portugais, Scandinaves, Hollandais, — on chercherait ici en vain un seul nom allemand, — de ces marins qui, depuis J. Cartier, Cabot, Colomb, Magellan, jusqu'à Cook, Dumont d'Urville, Lapeyrouse, Nordenkiold, Nansen et J. Charcot, lui-même en ce moment aventuré, pour le renom de la science française, dans le mystère des glaces australes, qui ont découvert les Continents, ouvert les mers à l'humanité, et créé la navigation moderne.

*
* *

Nous sommes à présent de nouveau sur une voie maritime ; car les océans ont, comme les continents, leurs grandes routes, séparées entre elles par d'immenses espaces déserts. Il y a quelques années, un navire français, *l'Entre-Rios*, perdit son hélice entre Durban, au Natal, et Rio ; donc en dehors des routes maritimes. Le commandant fit des vergues avec ses espars, des voiles avec ses tentes. Le vapeur, que l'on crut perdu, mit deux mois à gagner l'Amérique. Il n'aperçut, pendant son long séjour à la mer, qu'un seul voilier, presque hors de vue.

Nous-mêmes, par deux fois, durant trois semaines, du Japon au Canada et de Californie au Chili, vîmes un unique navire à voiles, fort éloigné. Cet isolement au large possède, au demeurant, son charme, un peu mélancolique, et sa grandeur.

Maintenant, de temps en temps, une mâture haut voilée, un flocon de fumée, ou, plus rapprochée, la coupe nette d'un grand paquebot, rompt la solitude.

Un matin, au lever du soleil, un beau trois-mâts se montre ; il arbore les couleurs françaises et signale qu'il veut nous « parler ». Nous mettons le cap dessus. C'est le *Duc d'Aumale*, de Nantes. Par trois, par quatre, les pavillons multicolores de la série alphabétique sont hissés, puis amenés. Et le dialogue s'engage :

— « Dites que tout va bien à bord », commence le *Duc d'Aumale*.

— « Aperçu. »

— « Merci, bon voyage ! »

Salut des pavillons nationaux. Et nous continuons

laissant derrière nous le trois-mâts, presque accalminé
sous le soleil équatorial.

*
* *

Nous nous présentons devant Dakar longtemps après
le coucher du soleil. Ce sont les premiers feux français
que nous voyons depuis sept mois. La côte est admirablement éclairée, comme, au reste, toutes les eaux françaises. L'organisation du service des phares est une de
celles où nous avons acquis une supériorité absolue, et
reconnue par tous; de même, nos quelques construc-
teurs dans cette branche jouissent d'une juste et universelle réputation : ce qui prouve que quand nous voulons... Que ne voulons-nous plus généralement?

Le soleil sénégalais se montre, à l'aube, sous un jour
maussade : un ciel gris, un vent aigre, une température
plutôt fraîche. « Surtout à Dakar, nous avait-on recommandé, ne vous risquez pas sans casque. Là l'insolation
vous guette; elle y est souvent mortelle. » Et le fait est
que, sans souci du temps couvert, tout le monde a le
casque, de même que, en Amérique du Sud, on se promène en chapeau sous un soleil de plomb parce que le
casque « ne s'y porte pas ». Caprice des us, facétie des
coutumes.

L'embarcation de la santé nous accoste, mal tenue,
conduite par des nègres dépenaillés. L'administration
compétente, avec sa belle insouciance française des choses
de la marine et son ignorance de ce qui est au dehors,
serait sans doute fort surprise d'apprendre que, depuis
notre départ de Marseille, nous n'avons encore vu nulle
part, ni dans l'Amérique du Sud, ni à plus forte raison,
en pays anglo-saxons ou en Extrême-Orient, les fonctionnaires des services publics se présenter en plus misérable

équipage. Cependant Dakar est un grand port d'escale, régulièrement fréquenté par les Allemands, les Anglais et les Belges. Beaucoup d'étrangers n'ont ici d'autre contact avec les choses françaises que cette piteuse embarcation. Quelle opinion emportent-ils de nous? L'obligeance du personnel de la santé, par contre, est parfaite ; bien que nous soyons un dimanche et à la limite extrême des douze jours révolus, nécessaires à la libre pratique, depuis notre départ de Rio, celle-ci nous est accordée.

Donc nous allons à terre. Un vapeur de service, ferrailleux, la coque ornée d'une longue barbe d'herbes marines ennemies de la peinture, nous y conduit. Nous passons devant le croiseur *Du Chayla* mis à la disposition du gouverneur général. Non loin, est un aviso britannique, de lignes assez ingrates. Au fond du port, un singulier bâtiment arbore belliqueusement la flamme de guerre de notre flotte : il est à aubes comme les vétérans de 1850. Une mâture de terreneuvat. C'est le *Goëland*, un antique stationnaire, extrêmement stationnaire en effet, impropre à tout service, incapable de tenir au feu une minute, ni même, probablement, de filer à temps. Mais on vient de changer « d'urgence » ses chaudières à grands frais, on l'arme à effectif complet, et... on fait venir un *Du Chayla* quelconque lorsque le gouverneur a un déplacement maritime à effectuer.

Nous débarquons. Les quais, tout neufs, attendent leur outillage, sans doute prévu. Quelques petits hangars : c'est un commencement. Le commerce est surtout représenté à Dakar par une ou deux maisons, qui vendent du charbon anglais. Presque tous les édifices ont arboré leur pavillon. Ce sont des administrations :

marine, services militaires, douanes, santé, travaux
publics, fisc, police, que sais-je? Un palais plus somptueux les domine : celui du gouverneur général. Il a
coûté des dizaines de millions, disent les uns, trois
affirment les autres. On n'est pas fixé : cher en tous cas.
De confortables villas s'égaient autour de la ville. Logements de fonctionnaires sans doute. Beaucoup d'uniformes dans les rues : tenue et casque blancs, avec, pour
différencier les « marsoins » des artilleurs, les gendarmes des douaniers, les administrateurs coloniaux des
marins, de discrets insignes. Une population nègre superbe. Hommes et femmes grands, élancés, physionomies
intelligentes, vêtements éclatants et d'une propreté méticuleuse. Chez eux, aucun symptôme d'abatardissement.
Au-delà de la ville, un village sénégalais important, composé de huttes basses, bien tenues, encloses de bambous.

*
* *

Rufisque. Deux heures de trajet. De la gare de Dakar,
petite masure pittoresquement malpropre, agrémentée
d'un jardin projeté, mais pour l'instant parsemé seulement d'essieux montés, en partie enfouis en terre, de
tampons sans emploi et de pièces diverses, jetés dans
un désordre dédaigneux du magasinage, un train minuscule en partie composé de wagons tout neufs, du type
américain et fabriqués à l'étranger, nous emmène à
travers la campagne sénégalaise.

Tout de suite, c'est la brousse, légèrement vallonée ;
sans guère de culture, mais animée par quelques huttes
indigènes, et plantée de boababs, arbres au tronc énorme,
et dont le fruit fournit une farine comestible.

La coquette gare de Rufisque contraste heureusement
avec celle de la tête de ligne. Une foule bigarrée de

noirs, hommes et femmes, aussi beaux qu'à Dakar.
Quelques Européens, de blanc vêtus. Des « marsoins »
encore, en kaki. Des tirailleurs sénégalais ; grands
diables, chéchia rouge, uniforme bleu sombre : jambières blanches, pieds nus dans des sandales, et d'une
belle tenue.

Rufisque est non seulement une ville d'affaires, mais
le port naturel de Saint-Louis, dont l'accès vers la mer
est fréquemment entravé par l'étiage du fleuve Sénégal.
On se demande pour quelle raison on a négligé ce point
si vivant en faveur de Dakar, toute proche, où tout était
à créer, au prix de formidables dépenses, sans doute
pour longtemps improductives. On exporte surtout de
Rufisque des arachides, les cacaouettes de nos foires.
La Hollande en consomme beaucoup, paraît-il, pour ses
fromages gras. L'arachide est un produit sain et le
« hollande » un fromage excellent. Que l'intervention
dévoilée de l'arachide n'atténue pas nos sympathies pour
celui-ci. Une particularité de Rufisque ce sont ses fiacres-
wagonnets. La ville est sillonnée de petites voies étroites
sur lesquelles circulent des trucks de louage, à deux
places, traînés par des nègres. Ce mode de transport
ingénieux remonte à l'époque où Rufisque, qui s'est rapidement développée, n'avait pas encore de voirie.

Aux gares, de belles négresses, soignées, coiffées
savamment, l'hélix des oreilles orné de multiples
anneaux en filigranes d'or finement travaillés, vendent
des fruits, des bananes, des patates, de la canne à sucre.
Ces vendeuses de fruits rappellent, sous un autre jour,
celles vues au Chili. Seulement, au lieu d'aller et venir
librement, les femmes sont parquées derrière le grillage
entourant les gares. Je retrouve tout de suite cette tour-
nure d'esprit, révélée à chaque pas chez nous par la formule partout inscrite : « Défense de ... », Tous ces noirs

ont des dents d'une blancheur éblouissante, et machon-
nent pour les entretenir un bois spécial. Pourquoi cette
hygiénique coutume n'est-elle pas suivie chez nous, par
compensation à l'importation exotique de l'usage du
tabac; de l'opium, surtout, dont le néfaste abus n'est plus
une rareté dans certains de nos ports militaires, dit-on.

*
* *

Le petit vapeur poussif et barbu nous a reconduits à
notre navire. Jusqu'à la dernière heure, des marchands
indigènes restent à bord. Ils vendent des broderies, des
dépouilles d'animaux, des armes grossières, mais plus
d'aigrettes. La chasse en est, paraît-il, suspendue par
mesure administrative, tant était devenue intense la destruction de ces beaux oiseaux.

Un des marchands vient de faire affaire avec moi
pour quelques francs. « Toi qui zouli, me demande-t-il,
donne-moi deux sous. — Mais je viens de te payer. —
Alors donne-moi vieille culotte! » Je me récuse et songe
combien primitifs et étrangers à notre intellectualité,
notre contact deux fois séculaire a laissé ces grands
diables. Au Brésil, les nègres portent fréquemment, à
Rio tout au moins, des traces de dégénérescence. Mais
les balayeurs eux-mêmes, en s'abordant, s'informent :
« Comment va la gracieussime épouse de votre illustris-
sime Excellence? »

Lequel vaut mieux?

*
* *

Pour appareiller nous évoluons assez péniblement.
Nous avons dû mouiller tout à l'entrée du port, et
cependant nous manquons de fond. Nos hélices remuent

la vase malodorante. Au fait, ne nous a-t-on pas raconté que Dakar est devenu un des plus sûrs points d'appui de nos flottes? Et en effet, là, tout près du palais du gouverneur, une grosse batterie s'aperçoit, gardienne vigilante. Seulement la flotte qui « s'appuiera » Dakar, — ou sur Dakar, comme vous voudrez, — devra être composée de navires calant peu comme le *Goëland*, ou bien, si elle est constituée par nos grandes unités neuves, elle devra aller chercher son point d'appui au large. C'est une façon de voir. Mais alors, encore une fois, pourquoi la dépense de tant de millions sur ce point, puisque les affaires sont à Rufisque, appelée à bénéficier du développement de notre riche, salubre et paisible Soudan, dont les Anglais tiennent une des clés par leur Gambie, enclavée dans nos possessions sénégalaises. A ce propos on a parlé de la rétrocession possible à la France, moyennant un échange dont les éléments seraient aisés à trouver, de cette colonie britannique, qui gêne le développement de cette partie de notre empire africain. Le Colonial-Office ne serait pas systématiquement hostile, paraît-il, à l'ouverture de négociations ayant cet objectif, et ce, en raison même de l'attraction économique exercée sur la Gambie par le Sénégal, infiniment plus important. L'ouverture de ces négociations semble désirable.

En sortant de Dakar, nous dépassons l'île de Gorée. Il y a quelques années, un grand journal parisien raconta en termes indignés un fait abominable dont Gorée avait été le théâtre. De pauvres soldats noirs, préposés à la garde de l'île, aride et privée d'eau, avaient été oubliés là. Oubliés! Et quand on songea enfin à eux, trop tard, on trouva les infortunés morts de faim et de soif. La presse s'empara de l'incident, le commenta avec la sévérité désirable. Un des plus répandus illustrés publia même à ce sujet une émouvante composition, bien propre à frapper les imaginations. Je contemplai donc le théâtre de ce drame affreux : c'est une île de dimensions restreintes, peu escarpée. Elle est couverte d'habitations, très recherchées par les gens de Dakar, à cause de la situation extra-douanière de l'île. Un fort la défend, occupé par une petite garnison. Un vapeur, contemporain du vieux serviteur qui nous transporta, la met, depuis toujours, en communications constantes avec Dakar. Bref, journaux et public avaient tout bonnement « marché », et marché avec d'autant plus de grâce que Dakar est à neuf jours de la France, pas davantage, et le Sénégal une de nos plus anciennes colonies, donc une des mieux connues, — théoriquement.

Au fait ce canard fut peut-être une humoristique plaisanterie du télégraphe anglais, installé à Dakar dans l'un des édifices les mieux en vue, et un avant-goût des cablogrammes que nous confectionneraient, en temps de guerre, nos amis du moment.

LA FIN DE LA BOUCLE

Nous longeons, sans l'apercevoir, la côte basse. Nous parvenons à la hauteur du banc d'Arguin, dont il a été, dont il est beaucoup parlé. C'est là que, en 1816, la *Méduse* se perdit : catastrophe commémorée par le célèbre tableau de Géricault au musée du Louvre.

Plus récemment, la baie du Lévrier, le cap Juby, dans ces mêmes parages, furent le théâtre d'une épopée : celle de l'Empereur du Sahara. Mon Dieu! que l'on a donc de peine à se tailler un empire par nos terre-à-terre temps modernes!

L'épave du *Jean-Bart*, un des naufrages qui a frappé notre marine, au cours de la série noire de ces dernières années, gît quelque part par là.

Par un de ces contrastes dont l'exemple est frappant, les victimes de la *Méduse* moururent de faim dans une région marine considérée de nos jours comme un des futurs champs de pêche les plus fertiles. Terre-Neuve et l'Islande sont pauvres en effet, affirment les spécialistes, en comparaison des immenses ressources inexploitées du banc d'Arguin. Depuis quelques années, des hommes de foi et d'énergie se sont mis en tête de tirer parti de ces richesses, offertes par la nature, presque à nos portes, sous un climat infiniment moins dur que ceux où la grande pêche se pratique actuellement. Les efforts de ces vaillants sont dignes d'être suivis et encouragés, car aucune difficulté à leur action féconde n'apparaît jusqu'ici comme insurmontable.

*
* *

Dans l'intérieur, presque ignorée de la Métropole, une poignée de braves lutte pour nous conquérir la Mauritanie, où, après Blanchet, Coppolani trouva la mort. Campagne terrible dans ces régions inhospitalières ; les Maures guerriers nous opposent une résistance acharnée, empoisonnant les points d'eau, allant au feu avec une témérité qui déconcerte nos braves tirailleurs sénégalais eux-mêmes. « Les Maures, me disait un capitaine qui les a combattus, sont certainement les descendants d'une race d'élite, retournée à l'état sauvage. Nos Sénégalais, affranchis pourtant depuis longtemps de leur joug, redoutent encore étrangement leur choc. »

J'eus occasion de voir trois de ces Maures à Rufisque : Les traits fins, le caractère arien, la peau bronzée, la tête nue sous une chevelure bouclée, presque lisse, la barbe clairsemée, bien plantée, le costume, tout leur donne un aspect particulier, très dissemblable des autres peuples.

La conquête de ces sables où « le coq gaulois se plaît à gratter », suivant l'expression ironique d'un homme d'État anglais, nous rapproche évidemment du Maroc par le Sud, et parfait notre empire saharien. Cela offre un intérêt assurément. Mais, au point de vue rendement, la Mauritanie restera sans doute une charge et une non-valeur.

Nous y sommes engagés. Nous ne saurions plus abandonner la partie sans porter atteinte à notre prestige aux yeux des populations sénégalaises et sahariennes. Et le

pays doit de la reconnaissance à ceux qui, là-bas, derrière cet horizon hostile, combattent pour la Plus Grande
France.

* * *

Un cône grisâtre émerge, la base noyée dans les
nuages. Le même soir, quelques feux, les lueurs lointaines d'une ville. C'est la Grande Canarie. Deux jours
encore, et le souffle régulier et violent des alizés cesse.
Nous allons entrer, nous entrons de nouveau dans la
zône des vents variables de l'Hémisphère Nord ; mais
cette fois, c'est vers l'Europe. La fixité, la régularité du
régime des océans, leur division nette en régimes si violemment tranchés, est un des phénomènes les plus im-
pressionnants auxquels l'homme puisse assister.

Brièvement nous dépassons le Maroc. Son nom résonne,
et pour longtemps encore, comme une évocation de mystère et d'angoisse.

* * *

Nous remontons, par une grande houle dont les creux
sont des vallons, les crêtes des collines, s'avançant vers
nous en un afflux scandé et lent, l'Espagne et le Portugal, hors de vue. Mais, la « route » se resserre. Maintenant, les navires se succèdent, par un, par deux, tantôt
espacés de quelques heures, parfois aussi se suivant.
Certains nous croisent tout près. Un paquebot belge,
élégant et neuf, nous salue de la sirène et du pavillon.
Nos excellents voisins commencent, par leur Congo, à
posséder une marine marchande. Déjà ils songent
à étendre leur action maritime vers l'Amérique du Sud.
Ils ont Anvers et Zee-Bruges. Leurs compatriotes d'hier,

les Hollandais, sont des marins de tradition. En Belgique, l'industrie est puissamment outillée. Il n'apparaît donc pas de raison pour que la flotte belge ne vienne, à son tour, « s'asseoir au libre banquet de la concurrence des mers », comme diraient componctueusement nos orateurs officiels. Le pavillon noir jaune rouge sera donc quelque jour un compétiteur de plus, surtout pour l'Union Jack, déjà si inquiétée. Par exemple, il nous est permis, à nous autres Français, de regretter la direction allemande, dans les personnes et dans l'esprit, donnée à l'enseignement maritime des Belges. Leur navire-école, durement éprouvé il y a quelques mois, a même failli naviguer sous pavillon allemand ; cela eût été un nonsens, et aussi, un peu, une offense au sentiment national. Mais ce seul fait que, chez un peuple limitrophe étroitement lié à nous par l'histoire, le langage et un puissant courant d'affaires, on ait confié aux Allemands le soin de former les futurs officiers de la marine, ne souligne-t-il pas dans quelle mesure les erreurs de notre direction maritime, l'agitation prolongée dans nos arsenaux, la succession de pacifiques revers essuyés par notre flotte, ont jeté, à l'étranger, le discrédit sur tout ce qui touche à la marine française? En ce domaine encore, un réagissement s'impose, auquel se doivent de participer tous ceux qui ont souci de notre grandeur, de nos destinées.

Une côte apparaît, rude, poussant en mer une pointe abrupte, surmontée d'un phare. C'est l'Espagne encore ; Finisterre, le point extrême du vieux continent, le carrefour de la navigation du monde. Les communications par mer de toute l'Europe septentrionale avec la Méditer-

ranée, l'Orient, l'Extrême-Orient, l'Australie, l'Afrique,
l'Amérique du Sud, le Pacifique confluent là. Et les navires, en effet, passent en un défilé sans fin, surgissant
les uns après les autres de la ligne d'horizon, grands ou
petits, palais flottants ou cargos, anonymes, sans leurs
couleurs ni leurs lettres. Ils sont le véhicule du mouvement mondial. La valeur des grandes nations maritimes,
donc la nôtre, se proportionne à la place qu'elles tiennent
dans ce mouvement sans cesse renouvelé, nuit et jour,
depuis des siècles.

*
* *

Nous doublons Finisterre pour obliquer à l'Ouest, vers
la Pallice où nous devons laisser tous nos compagnons,
depuis ceux du premier jour, jusqu'aux fonctionnaires
coloniaux embarqués à Dakar. Ceux-là venaient presque
tous du Soudan. J'eus le loisir de m'entretenir avec certains. Je fus frappé de la conception qu'ils avaient de
leur mission ; je dirais presque de leur foi dans l'avenir
de la France africaine occidentale, de leur souci du
parti à tirer de tant d'années d'efforts et de sacrifices consentis par la métropole. Outre les arachides, le coton,
un textile nouveau le sisal, le caoutchouc, d'autres
produits encore permettent, d'après mes interlocuteurs,
d'entrevoir le jour où nous pourrons tirer de ces
immenses contrées maintes matières de première importance, et pour lesquelles nous sommes aujourd'hui partiellement ou totalement tributaires de l'étranger.

Mais ils déploraient aussi l'indifférente ignorance où
l'on est, en France, de nos affaires coloniales, en dehors
des milieux spéciaux. Là, encore, l'éducation de la généralité du public reste à faire.

Une des plus belles tâches de la presse d'aujourd'hui

et de demain sera, par la vulgarisation, l'accession de tous à ces questions maritimes, coloniales, économiques, demeurées l'apanage d'une sélection, d'une minorité de petites chapelles, alors qu'elles intéressent chaque Français, depuis le plus humble producteur jusqu'aux grands organismes financiers et industriels.

Nous n'en sommes pas là encore, malheureusement. Un seul ministre, le distingué M. A. Lebon, visita le Soudan. Il y resta quelques heures. M. Miliès-Lacroix, lors de son voyage récent, ne put y aller. Aucun membre du Parlement n'y mit jamais les pieds. C'est peu.

*
* *

Nous voilà à l'ancre, assez loin de terre, devant la Pallice. Une côte à fleur d'eau, sans une saillie. Quelques clochers, de rares cheminées, des bouquets d'arbres au ras du rivage; d'un côté l'île de Ré, de l'autre Oléron se détachant à peine du continent. Un petit aviso vieillot passe; il escorte deux ou trois sous-marins émergeant de leur dôme. Rapide, un torpilleur se montre, panaché d'un nuage trop épais de fumée. Rochefort est tout près.

En face de nous, le port que défend une forte digue. Une chaloupe nous y conduit; par une passe, exiguë aux grands transatlantiques modernes, nous entrons. L'ensemble de la construction est techniquement luxueux. L'avant-port est vide. Dans le bassin contigu, le long des quais silencieux, deux ou trois bateaux somnolent.

Le port de la Pallice fut une des grandes pensées du plan Freycinet. Il a coûté trente millions. On va lui en consacrer douze encore. La Rochelle, dont dépend la Pallice, en fournira la moitié; l'État l'autre. Ce n'est pas tout : on hésite entre la création d'un autre port au

Verdon dans la Gironde, — le devis pourra s'élever à quatre-vingts millions — et un bassin nouveau à la Pallice où l'on dépenserait trente-huit millions « seulement ».

Je m'en voudrais de critiquer en quoi que ce soit des efforts très louables ; mais, en toute indépendance, je suis obligé de dire qu'une pareille répartition de notre outillage économique semble financièrement une erreur ; au point de vue général, elle est un mal, parce que de semblables immobilisations font sentir leur effet sur l'ensemble des grands travaux urgents, nécessaires à la mise en valeur de notre sol, et dont l'exécution s'impose, impérieuse, au point que chaque jour de retard est un échec pour le pays : la création d'un grand port transatlantique et Paris-Port-de-Mer par exemple, pour ne citer que cela. L'idée première de la conception du port de la Pallice, tel qu'il fut exécuté, reste sans explication matérielle. La preuve en est dans le projet d'aggrandissement, au prix de dépenses formidables, de ce point, tout nouveau cependant. On eût, à la rigueur, compris cette création à la Rochelle où existait une ville, un noyau maritime, quelque chose, enfin. On se contenta de doter la Rochelle d'un petit bassin ; mais on a laissé en l'état ou à peu près, l'accès défectueux, au point de vue de la navigation, de la vieille et charmante cité. La Rochelle possède pourtant une importante flottille. La Pallice restera un point dénué d'hinterland économique, donc de fret, et comprimé entre deux centres à courant d'affaires établi : Nantes-Saint-Nazaire et Bordeaux, d'où les navires ne se détourneront pas pour aller à la Pallice, où ils n'auront jamais rien à charger.

On l'a compris ; on a cherché à faire de la Pallice un port d'escale, où les grandes lignes régulières viennent recevoir et débarquer leurs voyageurs. On a dû s'y prendre fort judicieusement, car on a réussi, autant que

possible, et l'on est parvenu à attirer là plusieurs lignes :
une française, une belge, une anglaise, et, depuis quelques semaines, une hollandaise. Cela est parfait. Seulement, les grands navires de ces Compagnies mouillent
au large, le plus souvent, trafiquant avec la côte par un
vapeur de transbordement; ils restent peu d'heures, et
passent sans acheter un sou de combustible ou d'approvisionnements. Et le port reste vide, ce port qu'on va,
dit-on, plus que doubler, si l'on peut. Les contribuables
de la Rochelle et l'État vont s'imposer de nouvelles
charges. Pourquoi, en vérité? Dans quel but? La création de la Pallice fut une erreur. Cela a été dit
cent fois, par d'autres plus autorisés que moi. Puisque
les intéressés ont été assez avisés, assez adroits, pour
amener chez eux, ou tout au moins à leur porte, un
certain trafic, dont le seul bénéficiaire paraît être jusqu'ici le réseau de l'État, qu'ils bornent leur ambition
à améliorer, à rendre pratique, rapide et commode, le
va-et-vient de la clientèle, surtout étrangère, dont ils ont
si heureusement provoqué la venue. Ce sera un remarquable résultat. Quand en France on aura bien compris
que les intérêts généraux passent avant les intérêts
locaux, que les intérêts particuliers prospèrent seulement si les intérêts généraux sont judicieusement dé-
fendus, on vaudra cent pour cent de plus.

Il y a une question qui domine de beaucoup tout ceci,
c'est l'existence de Bordeaux comme grand port. Bordeaux manque d'eau. Les navires de fort tonnage sont
obligés de s'arrêter à Pauillac, centre factice. Pauillac
est loin du point de chargement naturel, et incommode
à gagner; la clientèle internationale, sollicitée de toutes

parts, va là où on lui ménage avec du confort, des économies de temps et d'argent. Bordeaux, débouché actuel de toute la France du sud-ouest, souffre de cet état de choses. Jadis le second port de notre pays, elle recule lentement, mais d'une façon continue, bien propre à inquiéter nombre d'esprits avertis. On a songé, disais-je, à la création d'un port gigantesque au Verdon, dans la Gironde. On a parlé, un peu à la légère sans doute, de quatre-vingt millions. C'est presque ce qu'a coûté le port anglais de Douvres, autrement important cependant. Au fond de tout cela apparaît surtout une âpre lutte de compétitions régionales. Le souci du bien général semble ici relégué au second plan. S'il est injustifié de vouloir faire de la Pallice autre chose qu'un port d'escale — en améliorant l'organisation actuelle de transbordement — il l'est bien plus encore d'engloutir des millions dans la Gironde, du moment qu'on n'est pas décidé à envisager préalablement les moyens d'adductionner les éléments de chargement; sans un fret assuré, abondant, comment notre armement pourra-t-il lutter vers le Sud-Amérique, contre les pavillons étrangers, anglais, allemand, hollandais, belge et bientôt peut-être argentin, avec lesquels il lui faut compter.

Il y aurait bien un moyen : c'est le canal des deux mers... Mais cette œuvre gigantesque, vigoureusement défendue, âprement attaquée, comporte une envergure qui semble, en vérité, dépasser nos présentes facultés de vues d'ensemble, puisqu'on a reculé même devant son examen.

Et pourtant, depuis mai 1880, en 1882, 1884, 1887, 1888, 1889, 1893, 1894, 1895, 1900, 1901, juillet et octobre 1902, 1904, juillet et novembre 1905, juillet 1906, les commissions ministérielles, les demandes de concession du canal, les dépôts de décrets, les rapports, les projets de loi, les congrès, se sont succédés, sans que la question ait avancé d'un pas.

Le 23 novembre 1905, trois cent deux députés votaient les enquêtes. Celles-ci n'ont même pas été commencées!...

Ainsi donc, voilà une question de la solution de laquelle dépend l'avenir du tiers de la France. Et après tant de luttes, de travail, le vote de trois cent deux députés reste sans sanction, sans même aboutir, non pas à une mise en œuvre, cela n'est pas seulement en cause, mais à un simple examen, encore bien théorique; mais faute duquel pourtant personne ne peut agir, ni même prévoir.

Pendant ce laps de temps, par contre, les discussions oiseuses, les lois de surenchère, tout ce qui représentait la politique « pure » — oh! combien — a absorbé le Parlement, la presse et l'opinion, pour aboutir à ce que vous savez.

Est-il preuve plus éclatante, plus tangible de cette impuissance d'agir, qui semble bien être le mal le plus profond dont souffre la France contemporaine?

Nous aurons passé quelques heures seulement sur le sol natal, revu par un soleil de printemps sentant bon les fleurs et les jeunes pousses ; nous aurons réentendu parler notre langue, retrouvé le type français, si caractéristique, s'en doute-t-on? lorque pendant des mois on en a vu tant d'autres. Il nous faut faire un effort sur nous-mêmes pour regagner notre bord. Mais le terme prévu de notre voyage est ailleurs : chose décidée, chose due, presque. Et de nouveau, nous voilà en mer.

Nous nous éloignons. Longtemps, nous suivons la

côte française, basse et perdue dans le lointain. Oues-
sant, son haut phare. Après, le large, encore. Sale temps,
la lame courte, noire et dure, monte à l'assaut de notre
navire. Voici un bateau pilote du Havre, la voilure réduite
à trois ris. Le pilotage est acquis à celui de ces bateaux
qui accoste le premier. Intrépides, ils s'en vont jusqu'au
large du Finistère, jusqu'aux îles Scilly, au devant des
paquebots. Mais quand ils sortent les navires du Havre,
le service s'effectue par roulement. Sans émulation,
alors, ces mêmes rudes marins quittent souvent la passerelle avant la sortie des jetées, parfois devant le
Musée municipal. Le cas fut mis, une fois de plus, en
lumière, lors d'un naufrage récent. Frappant exemple
de ce que fait l'aiguillon individuel opposé à l'annihilation de l'initiative par la réglementation administrative?
Par quelle aberration faut-il que, plus spécialement en
France, où l'exaltation des énergies personnelles serait
si nécessaire, on s'acharne à détruire ce sentiment au
profit du fonctionnarisme déprimant, et d'un étatisme
stérile, funestes aux sociétés les plus fortement organisées? Comment arriver à faire comprendre cela à la
génération qui vient?

Les feux de la côte anglaise. A l'Est, celui de Lizard,
point d'atterrissage de la plupart des transatlantiques,
éclipse les autres. A l'Ouest, les deux phares des îles
Scilly, coin charmant tempéré par les dernières évapo-
rations du Gulf-Stream. Quelques riches Anglais, amou-
reux de la mer, se sont retirés dans cette villégiature
marine; les Scilly furent jadis considérées comme de
redoutables écueils, fréquents témoins de naufrages, que
rappelle curieusement un original musée où sont réunies

toutes les proues des vaisseaux perdus dans ces parages.

Le lendemain nous sommes dans la mer d'Irlande. L'Ile Verte et le pays de Galles s'accusent en faibles traits de chaque côté de l'horizon.

Liverpool, enfin, la grande cité, dont l'admirable organisation maritime, l'incomparable essor, presque inégalé, est un des plus frappants exemples de ce que peuvent donner, par l'effort privé, l'autonomie des ports, leur conception et leur administration par ceux qui sont appelés à les faire vivre et prospérer.

De Liverpool, après une pointe à l'insignifiante et trop vantée île de Man, une escale prévue nous mène au fond du canal de Bristol, à Avonmouth, le nouveau et puissant port creusé à l'embouchure de l'Avon.

Puis c'est le retour : la Hève, le Havre, Paris, le « home ». La Grande Boucle est bouclée.

Déjà? nous semble-t-il. Le monde est donc si petit? si vite vu? même en s'attardant ?

Mais, comme le Maréchal avait raison : Que d'eau! Que d'eau !

*
* *

Ces croquis glanés au hasard des latitudes et des races, ces notes recueillis au gré des gens et des choses, resteraient sans conclusion logique, si elles ne se rapportaient pas, en fin de compte, à l'appréciation comparée de notre statut dans le monde.

Cette vue d'ensemble, j'ai essayé de la dégager des lignes qui vont suivre.

Constatations réconfortantes, ou critiques formulées sans amertume, le tout doit contribuer à mettre en lumière les causes de nos faiblesses, les éléments de nos supériorités, avec, comme objectif, le rendement meilleur de toutes les forces expansives de notre nation.

A cela, chaque Français peut et a le devoir de participer. Car le peuple le plus noblement doué, mais chez qui ces hautes préoccupations disparaissent, cesse de progresser, stagne, puis décline, et va vers la mort.

NOS COLONIES A L'ÉTRANGER

Nos colonies à l'étranger, si peu connues, si inopportunément décriées parfois, présentent, dans leur ensemble, une fortifiante impression de valeur, de vitalité et d'union, dominant les questions de personnes ou d'intérêts particuliers.

Notre situation de peuple riche, à faible natalité, enlève à notre émigration le caractère d'exode, appréciable dans les pays pauvres ou sujets à de profondes crises économiques, comme l'Espagne, le Portugal, certaines provinces de l'Italie et de l'Autriche-Hongrie. Nous n'exportons guère ni travailleurs manuels, ni agriculteurs, ni petits artisans. Nous n'inondons pas le monde, comme la prolifique Allemagne, de jeunes gens instruits, acceptant au dehors les plus modestes emplois, quitte à se dénationaliser sans scrupules, si les circonstances les y poussent.

Non. Nos colonies sont faites de personnalités financières, commerciales, industrielles, techniques, artistiques ou savantes. Il est rare de trouver un Français parti au loin, sans but, tenter la fortune et rester en plan. Ou bien celui-là, exceptionnel, est un déserteur, un déclassé, invariablement « sorti le matin même de l'hôpital » quand il vous aborde et cherche à vous attendrir. L'élément ouvrier est peu abondant, en général ; il

se compose d'hommes venus en vertu d'un contrat,
spécialistes bien rémunérés, et ne rappelant en rien les
pauvres diables, accourus sous d'autres cieux subir les
mêmes misères qu'en leur pays d'origine.

Aussi, nos colonies sont-elles hautement estimées partout. Leur influence indéniable, leur rôle économique
sont faits, non de leur importance numérique, mais bien
de la valeur de leurs membres. Trente mille émigrants
miséreux, répartis dans un pays, comme tâcherons,
manouvriers ou gagne-petit, ce qui est le cas d'autres
nations, font moins pour le rayonnement de leur patrie
que deux ou trois mille citoyens, dont presque chacun
est une personnalité représentant de gros intérêts,
comme cela est le cas pour la plupart de nos compatriotes établis au dehors, mais restés en relations étroites
avec la métropole.

J'ai recueilli précisément ce reproche, adressé parfois
à nos compatriotes par les étrangers, d'affecter à leur
séjour au dehors un caractère provisoire, de ne
presque jamais dissimuler leur intention de retour
en France, à l'achèvement de leur carrière. Cela est
vrai, légitime et désirable aussi. Nous ne croissons pas
assez pour souhaiter voir beaucoup des nôtres se séparer
à jamais de la famille française. Par exemple, lorsque le
cas se présente, la scission est vite faite, allez! J'ai, au
cours de ce voyage, rencontré des Français, hommes de
haute culture, fixés au loin sans esprit de retour, mariés
à des Anglo-Saxonnes, à des Hispano-Américaines, à des
Brésiliennes; les enfants ne parlaient pas français, et
rien chez eux ne rappelait le sang gaulois! Cela échappe
à toute analyse, mais c'est ainsi.

L'EXPATRIEMENT DES JEUNES FRANÇAIS

C'est là une grosse question, très controversée.

Les jeunes Français qui s'expatrient dans le but de se consacrer aux affaires ne sont-ils pas l'élément fondamental de notre action extérieure?

M. Jean Périer, notre attaché commercial à Londres, dont les beaux travaux, trop peu répandus dans le grand public, ont rendu d'inappréciables services au commerce français avec l'Angleterre, publiait dernièrement un rapport où il étudiait précisément cette question, en termes dignes d'être diffusés :

« Il faut, a dit en substance M. J. Périer, que le représentant à l'étranger d'une maison française soit, autant que possible, français; jamais d'une nationalité dont les produits sont concurrents de la nôtre. Seul le représentant français peut faire valoir convenablement notre production, s'entendre avec le producteur français, le conseiller, l'encourager, dénoncer les contrefaçons étrangères; l'Allemagne doit ses succès à la compréhension de ce principe. Lorsque les représentants étrangers voient un produit, qui n'est pas le leur, moins demandé, au lieu de chercher à en relever la vente, le plus souvent ils l'abandonnent simplement. C'est que l'avenir d'un représentant de commerce français est solidaire de la prospérité de l'exportation française, car,

lui, ne peut guère compter se voir confier des produits
d'un autre pays. Bien entendu, ce nouveau-venu dans
un pays aura, comme tous, à surmonter les difficultés
de mœurs, de langue, de climat parfois. Mais comme
le Français qui s'expatrie est, d'ordinaire, plus énergique qu'un autre, il aura d'autant plus de chances de
succès. »

M. J. Périer a raison quand il affirme que le commerce suit ses nationaux, comme il suit le pavillon.
Donc exportons des hommes pour exporter des produits,
avec la préoccupation, surtout, de la qualité de ces
hommes plutôt que leur quantité.

Toutefois, il convient de prémunir les jeunes gens
contre certaines illusions qu'ils se font sur la vie à
l'étranger. Nul ne doit s'expatrier s'il n'a de quoi vivre
un an et, en poche, le montant de ses frais de retour,
en cas d'insuccès. Il devra faire, dans le pays, un stage
de quatre à huit mois, et surtout, apprendre pratiquement la langue, avant de trouver quoi que ce soit. Supposer autre chose c'est croire aux « alouettes toutes
rôties », et s'exposer à l'échec. En thèse générale, il est
plus difficile à un Français de réussir à l'étranger qu'en
France. Mais lorsqu'il réussit, il réussit beaucoup
mieux. Son champ d'action est immense. A un âge où
d'autres sont encore étudiants ou stagiaires, lui peut
déjà non seulement se suffire, mais posséder une position large et faite.

Autre point de vue non moins sérieux : avant d'accepter une situation quelconque, commerciale ou autre, on
doit sévèrement s'enquérir de la valeur de la pièce de
vingt sous, dans le pays où l'on va. Presque partout au

monde, hors d'Europe, notre franc vaut soixante-quinze, cinquante ou même vingt centimes. Je parle ici seulement, cela va de soi, des contrées mentionnées dans ce livre. Aux États-Unis, on dépense un dollar de cinq francs comme un franc chez nous. A Buenos-Ayres, les loyers sont le triple de ce qu'ils coûtent à Paris. A Rio de Janeiro, — détail sans doute, mais typique, — une paire de bons gants ordinaires se paie de dix-huit à vingt francs ; et le reste est à l'avenant : une poule brésilienne ne consent pas à pondre un œuf à moins de trente-cinq centimes. Cette différence du coût de la vie n'est pas uniformément vraie, bien entendu. Ainsi, au Chili, la monnaie est un chiffon de papier immondément sale, mais l'existence est infiniment moins coûteuse que dans l'Argentine, toute proche cependant.

Naturellement, partout, les appointements, les salaires, les gains sont proportionnés aux dépenses. A San-Francisco, un débardeur touche vingt francs par jour ; un ouvrier d'art, trente, quarante, jusqu'à cinquante francs ; l'avantage est que pour celui qui va se créer au dehors une situation, s'il gagne par an cinquante mille francs au lieu de dix ou quinze mille en France, et s'il dépense infiniment plus, par contre quand il économise un cinquième de son gain, c'est dix mille francs qu'il mettra de côté par an, au lieu de deux ou trois mille francs en France.

Mais, et ceci s'adresse surtout aux employés, aux artistes, aux ingénieurs, à tous ceux qui vont au loin, attirés par des conditions éblouissantes et des contrats mirobolants, avant de s'engager, on doit s'enquérir auprès de notre consul, de la valeur réelle, c'est-à-dire comparée au franc pris comme base, de la rémunération convenue. Que j'ai vu de gens pris ainsi ! Ils gagnaient en France, trois, cinq, dix mille francs. Un beau jour on leur proposait le triple pour aller à l'étranger. Ils partaient, et tombaient dans un centre où dix mille francs, aisance en France, étaient la misère ; où le mètre d'étoffe, vendu deux et trois fois sa valeur, se débitait à quatre-vingts centimètres, où un savon se vendait cinq francs, et le litre de lait deux francs.

Et les pauvres avaient un contrat, étaient liés, bouclés... là où les « contrats de service » sont légaux, parce qu'il est des contrées où ces « papiers d'écrit » ne sont pas valables, ni reconnus par la loi. Encore un point dont il faut s'enquérir et au sujet duquel on doit prendre ses garanties ; surtout dans les pays à constitution fédérale, et dont chaque État possède sa législation particulière, en opposition souvent avec celle des autres États de la même Confédération.

En Sud-Amérique, nous avons ainsi reçu la visite à notre bord d'un pauvre diable de Français venu là-bas avec sa femme et un enfant, sur la foi d'un contrat. Peu de temps après, pour une cause quelconque, l'homme avait été congédié, mis sur le pavé avec sa compagne et son bambin, à quelque six mille lieues de France. Il avait invoqué son contrat : le contrat n'était pas valable d'après les lois locales ! Et, pleurant, le pauvre suppliait qu'on les rapatriât, les siens et lui.

Quand on s'expatrie, c'est pour trouver un avantage. Donc, avant de s'engager, on doit, en tout premier lieu, savoir ce que la roupie, le yen, le dollar, la piastre, le peso, le milreis sont au franc, et faire ses conditions en conséquence ; sinon s'abstenir, car alors mieux vaut encore végéter au pays natal. Il faut encore, c'est essentiel, stipuler en francs ou en livres anglaises, le paiement des émoluments, à cause de l'instabilité des cours de la monnaie chez beaucoup de peuples.

Pour en terminer avec ce sujet, un avis aux jeunes gens décidés à aller s'établir au dehors : autant que possible, qu'ils apprennent la sténographie et la dactylographie. Leurs collègues étrangers les connaissent presque tous, et l'ignorance de ces deux éléments constitue un redoutable handicap.

Un conseil encore : celui-là s'adresse à tous nos compatriotes de l'extérieur sans distinction, colons ou touristes. Qu'ils s'appliquent à favoriser obstinément ce qui est français : marchandises, paquebots et individus. Et surtout, qu'ils se débarrassent donc de l'habitude de débiner tout haut, n'importe où, sans s'inquiéter de savoir s'ils seront entendus ou compris, les nationalités et les gens dont ils reçoivent l'hospitalité.

Je n'ai, au demeurant, aucune illusion sur la sanction de cet avis. Le naturel est si fort !

MAISONS DE FRANCE

Il n'est pas un citoyen que les consuls et les consulats n'intéressent, ou n'aient intéressé, à un moment donné; commerçants, touristes, militaires, justiciables, presque tous, nous avons eu, nous avons ou nous aurons recours aux consulats, aux « Maisons de France ».

Pour la défense de nos intérêts dans un pays, un bon consul est un bienfait; un mauvais ou un neutre constitue un fléau : il n'y a pas de milieu. Je puis exprimer une opinion sur les consulats, parce que, indépendant, donc sans parti-pris, je les ai, en dehors de ce voyage, vus un peu partout à l'étranger; j'ai souvent correspondu officiellement avec eux de tous les bouts du monde; puis, je me suis imposé, depuis des années, de lire leurs rapports, les bons et les autres.

Ce petit préambule seulement pour justifier le fait d'aborder un sujet quelque peu délicat.

Les consuls ont eu, ils ont encore, dans une bonne partie du public, une exécrable « presse ». On les a représentés le plus souvent, exception faite pour certaines personnalités confirmant la règle, comme des fonctionnaires hybrides, pleins de dédain pour la partie commerciale de leurs fonctions, infiniment préoccupés de jouer au diplomate, et fort enclins à se demander, à demander même à autrui, de leurs compatriotes établis dans la même résidence : « Ah ! ça, qu'est-ce donc que ces gens-là sont venus faire ici?... » Avec cela, fonctionnaires reflétant fidèlement la veulerie d'en-haut, et ayant fait leur la devise générale du « pas d'histoires ! » avec laquelle on achète le plus souvent son repos aux dépens des intérêts nationaux.

Ce type a existé. J'en ai connu, en Orient, un exemplaire, d'ailleurs rétrogradé par le Quai d'Orsay. Il n'était pas unique. Il fut même un temps où dans certains centres, un Français ayant hors de France une difficulté, des intérêts à défendre, s'arrangeait de façon à ne pas s'adresser à son consul, et tâchait de faire en sorte que l'affaire ressortît d'un consulat étranger : anglais ou américain de préférence.

Cela a disparu ou est devenu la négligeable exception, heureusement. Partout où je viens de passer, je dois le dire, j'ai trouvé resserrés davantage les liens entre nos compatriotes et nos représentants, à des degrés divers évidemment. Mais, d'après une documentation multiple, j'ai constaté chez certaines très importantes colonies, une union profonde, cordiale, féconde entre elles et les agences diplomatiques, les consulats, les agences consulaires françaises.

Grand progrès? certes. La perfection? vous ne me croiriez pas. Les critiques? voici :

D'abord, en beaucoup de villes, les consulats sont logés d'une manière indigne de leur caractère de « Maisons de France ». Ailleurs, il semblerait qu'on s'est ingénié à choisir le quartier le plus éloigné, le plus incommode, le plus impropre à faciliter l'accès : une vraie gageure.

Dans un grand port, très fréquenté par les Français, je vais, comme il convenait, saluer le consul. Onze heures et demie du matin. Une heure de trajet en voiture, par une dure montée. J'arrive. Pas de plaque, pas de hampe,

pas de signe extérieur. Personne pour répondre. Enfin
une... mettons indigène, ne parlant pas un mot de
français, m'avise et m'informe en baragouin que l'officine
de la République est fermée. Je le voyais, fichtre bien !
Ce consul est, peut-être, personnellement, un homme
charmant, mais enfin, tout de même !...

Dans un autre grand port, même jeu. Seulement là, le
bronzé serviteur qui me reçut parlait un peu notre
langue et vous appelait « Missi ». Ce langage primitif
rappelait au moins un peu la patrie absente.

J'ai souvenir, d'autre part encore, d'un jeune subalterne, pommadé, fleurant bon, parlant avec affectation
« comme ceci et comme ceça ». Celui-là apprenait son
métier en recevant ses compatriotes avec un dédain
« très de la carrière »... quand ça prenait. Son chef
était un homme aimable et de valeur pourtant. Mais
quelques accueils inopportuns du subalterne commentés
entre compatriotes, et voilà revivifiée pour un temps
dans toute une région, la légende passée du vieil esprit
consulaire, à base de pseudo-diplomatie. J'ai vu aussi
combien, dans certains cas, il fallait viser juste pour
arriver à l'heure d'ouverture des bureaux. Parfois,
c'était même, même en pays chauds, d'une heure et demie
à trois heures et demie... Mais les titulaires, fort nombreux souvent pour un labeur si doux, venaient tard et
partaient tôt.

Détails que tout cela, au demeurant. L'essentiel est
que, du haut en bas de la hiérarchie diplomatique, on
ait compris combien le premier devoir est de favoriser
les intérêts économiques du pays. Les Français qui vont
de par le monde exposer leurs capitaux, leur travail et

parfois leur vie, doivent pouvoir compter sur l'appui absolu, sans réserves, de nos représentants au dehors. Au reste, le fait est devenu la règle, tous s'accordent à le reconnaître. Encore l'exception doit-elle disparaître comme une tare, en présence du concours, parfois poussé jusqu'à l'opiniâtre acharnement, que nos compétiteurs étrangers trouvent auprès de leurs agents nationaux : les Allemands, les Anglais, les Américains du Nord, surtout.

Le jour où, ceci acquis, nous nous serons fait une règle d'agir financièrement en conformité avec nos intérêts commerciaux extérieurs; quand nous, les gros banquiers du monde, nous aurons perdu la naïve habitude de prêter aux autres, pour le profit de quelques-uns, de l'argent destiné à payer les commandes faites à nos concurrents, au détriment de nos industries et de nos ouvriers, ce jour-là nous commencerons à reprendre notre place. Surtout si la création d'une institution financière d'exportation, terrain sur lequel nous nous sommes laissé devancer, couronne l'œuvre.

Un mot des agences consulaires : cet organisme fonctionne partout où nous possédons une colonie ou des intérêts assez importants pour le justifier, insuffisants pour comporter un consulat. On relève même, dans ce domaine, de surprenantes anomalies. Ainsi, à Colombo, où relâchent sans exception tous les navires allant aux Indes, en Extrême-Orient, aux Indes Néerlandaises, en Nouvelle-Calédonie et en Australie, nous ne possédons qu'une agence consulaire; par contre à Singapore, escale des seules lignes d'Extrême-Orient, et où nos compatriotes sont en nombre insignifiant, nous entretenons un consulat. Le motif de ce fait?

Les agents consulaires ne sont pas nécessairement des Français. Ces fonctions honorifiques sont recherchées. Cependant, ces agents, bons serviteurs de la France, bénéficient peu des récompenses publiques, et le regrettent, si j'en juge par certaines confidences, non secrètes. Quelques bouts de ruban, fût-ce violet, seraient ici, parfois, bien placés. Les palmes retrouveraient un prestige insoupçonné dans ces pays où, pour la plupart, le port constant des décorations est inconnu, et inconnu au point que dans les premiers temps on est dépaysé de ne pas croiser tous les cent mètres une boutonnière ornée de rouge imposant, de violet banal, de jaune militaire, de bleu colonial, de vert agricole, de tricolore sauveteur, et d'autres nuances encore, que j'oublie parce qu'elles sont trop. Puis, on s'y fait. On en est quitte, de retour en France, pour se refaire l'œil à ce décoratif de caléidoscope.

L'action de nos consuls, leur sollicitude pour les intérêts dont ils ont la charge, s'affirme par la valeur croissante et le nombre de leurs rapports. Tous, assurément, ne peuvent prétendre à la même envergure, à la même généralisation d'idées. Mais ils sont de précieux auxiliaires pour quiconque s'intéresse à notre développement extérieur. Sur certains chapitres, ces travaux sont d'une unanimité indémentie depuis des années : sans se lasser, nos consuls ont dénoncé l'insuffisance du nombre de nos représentants de commerce, la faiblesse de nos services de navigation, lesquels abandonnent, sur trop de points du globe, le transport de nos propres marchandises, achetées ou vendues, aux pavillons étrangers. Les statistiques contenues dans maint de ces rapports, les aperçus ingénieux, les exposés remplis de clarté, constituent des documents de la plus haute valeur. Certains, même, abordent les questions financières avec une sûreté remarquable.

Leur inefficacité relative est évidente cependant. La raison n'en est pas bien difficile à trouver : d'abord ces publications ne sont pas régulières; certains consulats les communiquent une fois par an à l'Office National du Commerce Extérieur, chargé de les collationner et de les publier; d'autres consulats, moins assidus, les envoient à intervalles indéterminés, espacés parfois entre eux de plusieurs années; certains s'abstiennent, tout bonnement. Donc aucune règle ne préside à l'élaboration de ces utiles études : leur rédaction dépend du seul zèle de leurs auteurs. Dans un ordre d'idées aussi général, où tout se complète et s'enchaîne, chaque lacune nuit à l'ensemble, et reste sans justification.

Autre chose : aucun canevas arrêté, nulle méthode ne président à l'établissement des rapports consulaires. Les uns se placent à un point de vue, les autres à un autre; certains établissent leurs statistiques d'une manière non adoptée ailleurs. Presque tous sont muets sur certains chapitres, fondamentaux cependant, comme, par exemple, l'importance exacte de nos colonies dans tel ou tel pays, leur croissance ou leur diminution, l'intérêt que nos compatriotes peuvent avoir à y venir ou à s'abstenir. Enfin, fait plus sérieux : les rapports consulaires sont insuffisamment connus du public. La presse les ignore; les Chambres syndicales intéressées, les Chambres de commerce les voient peu; lors de mon passage, certain consulat général possédait un unique exemplaire de son propre rapport, conservé jalousement comme une précieuse relique.

Dans ces conditions, le but auquel concourent tant d'hommes de valeur peut-il être efficacement atteint?

*
* *

J'ai dit combien l'union entre colonies et consuls semblait presque partout affirmée. On doit s'en réjouir car, en pareille matière surtout, l'unité d'action constitue un des plus essentiels facteurs du succès. Là aussi, nos compatriotes doivent s'imposer une certaine discipline. « Voilà vingt ans que je suis ici, me disait l'un d'eux, devenu gros commerçant, je n'ai jamais mis les pieds au Consulat. » Dans son esprit, ce Français, d'une mentalité courante, se faisait évidemment un compliment. « Moi, me déclarait un autre, je vois le Consul au 14 juillet et c'est tout. » Je dois signaler à ce propos que, partout nos colonies à l'étranger célèbrent la Fête Nationale, un peu « fatiguée » en France, avec un empressement unanime.

L'intermittence des relations entre nos consulats et trop de nos compatriotes est fâcheuse. Les consuls ne peuvent pourtant pas aller chercher leurs administrés jusque chez eux. Il appartient à nos nationaux de se grouper sans défection autour de leur consul dans toutes les circonstances où il s'agit d'affirmer publiquement l'union de tous les Français au dehors; par réciprocité il dépend de chaque consulat de ne laisser passer aucune occasion de provoquer de telles manifestations, profitables à tous, à la propre autorité consulaire comme au renom de notre pays.

Ce ne sont pas là des conseils : les gens les aiment peu. C'est l'expression d'opinions exprimées en toute franchise, pensées par beaucoup, tues par presque tous, mais bonnes à dire, quoi qu'en puissent penser quelques-uns.

*
* *

Un mot pour en terminer avec ce sujet. Nombre de
nos compatriotes voient dans une étroite solidarité
d'action entre les Chambres de commerce françaises à
l'étranger, consolidées et réglementées par un statut nouveau, et les consulats, les éléments d'une continuité,
d'une unité de vues, bien propres à consolider la défense
de nos intérêts extérieurs. Une telle opinion vaut d'être
retenue, étudiée et reprise en vue d'une féconde application dans l'avenir.

NOTRE PAVILLON DEVANT SES RIVAUX

Quelle figure fait notre marine, sous quel jour se montrent les flottes étrangères, dans les contrées que je viens de parcourir, et qui représentent à peu près les trois quarts de celles où fréquente, à des degrés divers, notre pavillon?

A force d'entendre parler de notre déchéance maritime, du désastreux effacement progressif de notre rôle sur mer, on aboutit à un état d'esprit tel, même quand on est averti, qu'on éprouve un véritable soulagement à contater la place occupée, encore aujourd'hui, par notre flotte de commerce. A Gênes, dans le Canal, à Ceylan, en Extrême-Orient, sur le versant atlantique du Sud-Amérique, partout, elle est présente et défend sa place; elle est souvent personnifiée par de belles unités modernes, plus généralement, malheureusement, par des navires âgés, rendus davantage vieillots encore d'apparence par la singulière tendance d'une partie de notre armement à donner à ses paquebots l'aspect d'antiques frégates déclassées; un peu comme ces vieux beaux qui s'obstinent à porter les chapeaux évasés, les coupes vétustes, les cols, devenus comiques, du temps de leurs succès passés. Cela est nuisible, comme tout ce qui peut offrir un sujet de critique à la concurrence. Nous avons pour nous, par contre, propre à attirer la clientèle, l'aménité et la valeur de nos officiers nous avons aussi la qualité de nos équipages, restés meilleurs, en moyenne, sur les grandes lignes, que la réputation à eux faite depuis l'agitation des Syndicats et les inconséquences d'un passé récent, à l'époque où notre direction maritime s'appliquait à substituer, comme emblème, la gaffe à l'ancre et le rond-de-cuir à la bouée.

Les accidents sont rares ; dans notre marine de commerce, s'entend, car dans l'autre... passons. La régularité des services, excellente, et, en beaucoup de cas, la vitesse supérieure à celle des pavillons étrangers.

Par contre, il semblerait que notre grand armement s'obstine à ignorer les indispensables méthodes de la publicité moderne. Dans les hôtels, dans les gares, dans les agences, sur les murs, partout, les affiches anglaises, allemandes et autres, sollicitent le client, l'assaillent, le poursuivent. De loin en loin, on découvre une affiche française, le plus souvent mal placée, et comme honteuse. Cela en devient même énervant, à la longue.

Un autre élément, inévitable celui-là, défavorise notre armement et éloigne de lui le grande clientèle, celle qui paie cher : je veux parler des transports administratifs, pour tous ceux de nos paquebots qui touchent à nos colonies. Constatation platonique, au demeurant, puisque les transports administratifs sont solidaires des subventions, et que les subventions forment aujourd'hui la base de la majeure partie de l'industrie maritime française.

Or, si l'on supprimait de notre flotte commerciale, avec les lignes coloniales et le cabotage jouissant du privilège de pavillon, les lignes subventionnées, que resterait-il de notre flotte commerciale? rien, ou si peu !

Là gît précisément une des causes de notre effacement et, parallèlement, le principe du succès de nos rivaux.

Eux possèdent à côté de leur marine subventionnée
une flotte vraiment commerciale, naviguant pour faire de
l'industrie pure, cherchant son bénéfice dans son chiffre
d'affaires, dans l'écart entre son prix de vente et son
prix de revient; sans rien demander à personne. Mais
ces armateurs étrangers n'ont pas à souffrir, non plus,
de l'ingérence de quiconque, ni d'aucune limitation dans
la liberté de l'exploitation. Eux existent loin de la théorie
des sociologues français, dont les néfastes tendances éta-
tistes pèsent si lourdement sur toute une partie de notre
production nationale.

*
* *

Le pavillon anglais domine partout, de beaucoup;
je n'apprends rien à personne. Mais il n'est pas un point
des routes maritimes, pas un port important, où les
bateaux allemands ne soient; lors de notre escale, la
rade de Hong-Kong, port bien anglais cependant, était
encombrée de navires allemands, de même que les Allemands ont transformé les ports sud de l'Angleterre en
dépendances de leurs paquebots; au surplus, les compagnies de Brême et de Hambourg ont bien compris dans
leur emprise, Boulogne, le Havre et Cherbourg.

A ce tableau, une toute petite fissure, qui pourrait
bien cacher, quelque prochain jour, une débâcle. Les
Allemands ont dû, coûte que coûte, tailler une place
à leur formidable marine, créée de toutes pièces sans
précédents ni colonies. La réclame et le luxe de leurs
bateaux modernes leur ont, certes, attiré des passagers.
Mais il leur fallait du fret aussi. Et le fret c'étaient les
Anglais et nous, dans une proportion moindre, qui le
détenions. Alors, avec cet instinct inné du camelotage
qui est en eux, les Allemands ont, pour râfler le fret,

gâché les prix. On a cité ce fait du transport de la balle
de laine, d'Argentine en Europe, jadis coté 30 francs, et
tombé, par leur désastreuse intervention de 8 à 11 francs,
sans profit pour personne. Il fut un moment, malsain, il
est vrai, où la tonne de café de Santos en Europe valait
de 80 à 90 francs. Elle est cotée de 30 à 35 francs, par la
même intervention.

Et cela s'est reproduit partout.

Nous avons été atteints assurément. Mais les Anglais
infiniment davantage encore, et pour cause. La concurence
allemande est tout bonnement la ruine de leur marine,
et la raison de la crise intense qu'elle traverse depuis des
années.

On prétend bien que les Allemands commencent à
lâcher pied. Ils perdent de l'argent, affirme-t-on, et les
derniers bilans de leurs grandes Compagnies de navigation
le prouvent. Voilà des années qu'on répète cela : les
Allemands tiennent toujours.

Leur formidable industrie, où les matières lourdes
tiennent une place considérable, les avantages fournis à
leurs transporteurs par d'avisés tarifs combinés, l'impulsion énergique et constante des Pouvoirs publics
aiguillonnés par les vues impériales, l'organisation de
leurs approvisionnements charbonniers en commun, leur
main-d'œuvre bon marché, leur esprit indéniable de
méthode assidue, les servent puissamment, il faut bien le
reconnnaître.

Résisteront-ils? Reculeront-ils? Accepteront-ils la lutte
violente pour l'empire maritime? Qui saurait le prédire?

*
* *

Ce n'est pas avec les seuls Allemands que les Anglais
commencent à payer leur méconnaissance des intérêts

d'autrui, ni la légèreté aveugle avec laquelle leur politique, surfaite d'une vieille réputation, a, après avoir laissé, par haine de nous, éclore l'hégémonie allemande, créé de ses mains un instrument nouveau pour la servir et au besoin pour l'attaquer, comme le célèbre sabre de Joseph Prudhomme.

Je veux parler du Japon. Sans rien retirer à l'admiration due aux hommes qui ont su, en quelques années transformer une société fermée, féodale et militairement primitive, en l'une des premières puissances matérielles du monde, on peut dire que c'est l'Angleterre qui a fait le Japon moderne. Peu apte à organiser l'armée nipponne, où les Allemands nous supplantèrent, le Gouvernement anglais lui a, en revanche, ouvert les grands marchés financiers, appris la construction navale et la « manière de s'en servir ». Il l'a, surtout, élevé au rang de puissance de premier ordre le jour où, traitant d'égal à égal, il en a fait son allié.

Cette reconnaissance inespérée de leur valeur a plus fait pour le prestige des Japonais et aussi pour leur jactance anti-blanche que leurs victoires.

La mégalomanie nipponne ne pouvait négliger le domaine de la marine marchande. Le Japon s'est, à son tour, lancé à corps perdu dans l'établissement d'une flotte commerciale. Le premier atteint devait être, là aussi, le pavillon anglais, hier encore maître des mers d'Extrême-Orient. En quelques années, les steamers japonais, luxueux paquebots desservant l'Europe et l'Amérique du Nord, ou cargos, ceux-là pour la plupart d'ailleurs usagés et achetés d'occasion en Europe, ont envahi le Pacifique. Ils remontent jusqu'au cœur de la Chine par les grandes artères fluviales où le gros Joh Bull était accoutumé à voir flotter seul son Union-Jack : les bas salaires des marins nippons et l'avantage pour les Japonais d'opérer à leur porte, rendent aux Anglais la concurrence intenable.

Ceux-ci commencent à trouver la chose amère. Ils n'abandonneront pas sans lutte une situation depuis longtemps acquise et d'une telle importance. Là encore, l'avenir pourrait bien réserver des surprises.

*
* *

J'eusse aimé terminer cette partie de mes notes en parlant de notre marine militaire.

Mais qu'en dire? Hasard ou abstention, je ne l'ai vue nulle part. La paisible *Décidée,* à Shanghaï, les deux petites canonnières du Canton, quelques matelots du *Pei-Ho,* autre canonière, à Chi-Wan-Tao, la station de Dakar, avec son vétuste *Goëland*; c'est tout.

C'est assurément peu, pour avoir affectué le tour du monde par mer. Et, vous l'avouerai-je? c'est assez, à mon sens, avec notre organisation actuelle.

On a beaucoup discuté sur l'opportunité des divisions lointaines.

A certaines époques, récemment encore, on a même constitué, avec de belles unités neuves, de ces divisions, assez imposantes.

Actuellement, on semble y renoncer, sans que sachent bien au juste, et probablement moins que nous encore, les augures hostiles aux lignes de conduite arrêtées, si cette suppression est définitive ou temporaire, utile ou nuisible.

Le résultat le plus patent des divisions lointaines, à l'heure actuelle, est d'enlever à la flotte métropolitaine d'importantes valeurs, soustraites, la plupart du temps, à l'entraînement militaire nécessaire. Qu'une guerre survienne avec n'importe quelle nation sur un point quelconque du globe, et dans la zone de cette nation : la puissance mondiale, encore accrue par la création récente d'escadres propres à chaque grande colonie, de la flotte anglaise, en Extrême-Orient, comme en Australie, comme au Cap ; celle, récente, du Japon ; l'importance de la flotte américaine ; et même la valeur, à des degrés divers, de marines secondaires, comme la flotte chilienne, argentine ou brésilienne, condamneront notre division lointaine au seul objectif d'éviter la destruction. Donc, de fuir ou de se dissimuler. Cet aveu est pénible à faire, mais il en sera ainsi.

Du même coup, nos forces maritimes dans la métropole se trouveront privées d'un appoint précieux, alors que leur véritable rôle est, ou de défendre nos côtes, ou d'aller porter la guerre, avec le maximum de leurs forces, sur le champ choisi par nous.

Le renforcement des divisions lointaines constitue donc un non-sens et une charge inutile. De petits avisos-croiseurs, bien aménagés pour les climats où ils auront à opérer, devront suffire à assurer la police maritime dans nos possessions d'outre-mer, à représenter nos couleurs, et à sauvegarder les intérêts de nos nationaux partout où besoin est. Sans plus, et sous réserve de l'intervention des escadres stationnées en France, lorsqu'il sera nécessaire.

En revanche et comme corollaire, il serait souhaitable que l'on comprît enfin, en haut lieu, l'absolue nécessité de multiplier les visites de nos escadres dans les centres maritimes étrangers, où nous possédons des colonies importantes ou de gros intérêts. J'irai plus loin : partout où il y a un acheteur possible de notre matériel.

Ces visites ont une portée morale insoupçonnée chez nous. Elles affirment le prestige de nos représentants, fortifient et resserrent les liens de nos nationaux avec la patrie, donnent lieu à des réceptions favorables à nos relations avec les peuples. Il n'est pas un point où nos compatriotes ne m'aient exprimé leur regret de recevoir si rarement la visite de nos couleurs, et ne le déplorent.

Voyez si les Anglais, les Allemands, les Américains, les Japonais eux-mêmes montrent leurs flottes et en jouent.

Mais pour cela, bien entendu, il faut que nos bateaux soient au point. Si, chaque fois que nous ferons naviguer un peu loin un groupe de navires, nous devons avoir la crainte de semer des éclopés sur la route, renonçons-y et restons chez nous. Surtout, oh! surtout, lorsque nous montrerons notre armée navale, que celle-ci soit digne de notre pays, que les navires qui la composeront nous fassent honneur, au lieu de nous nuire et de provoquer le dédain des spécialistes, comme lors de certaine manifestation internationale récente, où figurèrent, à côté de bateaux à peine achevés, de vieux « sabots » valétudinaires et poussifs, lamentables déjà, condamnés depuis.

Et quand les étrangers, clients éventuels, verront de belles divisions françaises faisant de bienfaisante réclame à nos chantiers, bien armées, rapides, naviguant sûrement, ils reprendront l'habitude de s'adresser à nous pour l'établissement de leurs flottes, au lieu d'aller porter leurs ordres en Angleterre ou ailleurs, comme le ont aujourd'hui la plupart, sans même plus nous demander d'offres.

Lorsqu'on verra nos « mathurins » propres, disciplinés, sobres, militaires, on comprendra que nos marins sont parmi les bons, parmi les premiers, et non

pas les voyous impossibles à commander, impropres à
tout service efficace, qu'une presse étrangère hostile se
complaît à représenter au dehors.

Le meilleur moyen d'imposer le respect de sa puissance, c'est de l'exhiber fièrement. N'hésitons donc pas
à faire visiter par nos plus belles escadres, tous ces pays
si intéressants pour nous, où notre marine se montre
seulement à de rares intervalles, sous la forme plutôt
nuisible à notre prestige de médiocres et désuets croiseurs des stations lointaines.

Économisons les charges inutiles et lourdes, représentées par l'armement et l'entretien de ridicules non-va-
leurs; mais employons nos économies, de ce chef, à faire
naviguer nos beaux navires, à les faire admirer, nous
aussi.

Sans prétendre l'imiter jusque-là, la gigantesque et
triomphale croisière de circumanigation effectuée par la
flotte de l'Union a plus fait pour le prestige de ses armes
et sa propagande nationale qu'une guerre heureuse... dont
cette hardie manifestation a peut-être évité le risque immédiat aux Yankees.

Cela est un enseignement.

En matière de marine militaire, l'argent dépensé en
fumée l'est toujours judicieusement.

Et puis, ainsi, on réapprendra le chemin du large à nos
escadres qui, à force de naviguer toujours en vue de
terre, peu à peu le désapprennent.

LES LANGUES

De longue date je m'étais, comme tant d'entre nous sans doute, posé cette question :

Quelles langues parle-t-on dans le monde, et quelle place, parmi elles, tient la nôtre?

Au risque d'exciter la verve sarcastique des malins détracteurs auxquels leur esprit casanier a permis de n'avoir jamais éprouvé l'angoisse de se trouver dans un pays sans pouvoir s'y faire comprendre, je commence tout de suite par dire mon regret qu'on n'y parle pas encore l'espéranto, la future langue universelle en laquelle je lus cependant un article dans un journal chilien !

En réalité, et sous réserve de l'idiome propre à chaque peuple, deux seules langues dominent : l'anglais et l'espagnol; accessoirement, le français. En dehors des pays rattachés au Royaume-Uni, l'anglais a, par la politique néfaste de notre gouvernement de jadis, détrôné en partie le français en Égypte. L'anglais est la langue de l'Extrême-Orient; en Chine comme au Japon il se superpose à la plupart des inscriptions administratives ou commerciales. Dans l'Ouest Canadien, aux États-Unis, il absorbe entièrement les autres éléments linguistiques. Du Mexique à la Terre de Feu, on parle espagnol; sauf au Brésil, d'essence portugaise, et où la belle langue de Cervantès est le langage secondaire.

Enfin, un peu partout, surtout dans l'Amérique du Sud, mais bien moins en territoire d'influence britannique, on parle plus ou moins français. « Quiconque a les ongles propres connaît le français », a-t-on spirituellement dit.

Quant à l'allemand, il faut qu'on le sache bien, il ne sert nulle part. Sans doute les Allemands le pratiquent-ils entre eux, comme d'ailleurs, les Italiens leur langue. En pays anglo-saxon, le Germain est partout absorbé, assimilé, dans des conditions telles que son langage disparaît avec sa nationalité. Ailleurs, si la marine et le commerce des Allemands agissent et progressent, par contre, leur influence intellectuelle est nulle, leur langue inemployée, leur littérature et leur théâtre restent absents, alors que nos journaux, nos livres, nos artistes vont partout, surtout dans le Sud-Amérique. Les Anglo-Saxons, eux, affectent de n'employer que l'anglais et l'imposent.

On ne doit guère s'étonner, au demeurant, de cet effacement de l'allemand. Les Teutons sont-ils donc, en fin de compte, autre chose que les néo-parvenus, faufilés depuis quelques années seulement parmi des peuples nouveaux, des sociétés fondées par d'autres qu'eux?

Une vaillante association, l'Alliance Française, s'est donné pour mission de défendre le français au dehors. Elle ne saurait être trop appuyée dans sa lourde et méritoire entreprise.

LES JOURNAUX

La presse dans les pays que j'ai traversés, est d'une conception aussi différente que possible de la nôtre.

De manière générale, nos illustrés et nos magazines semblent universellement appréciés : surtout dans les contrées de langue latine, cela va de soi.

Nos quotidiens rayonnent peu, en général, et leur vente publique est restreinte. Au surplus, si cela est une compensation, les grands quotidiens étrangers à chaque pays sont dans le même cas. Cela tient à l'abondance et à la rapidité des informations d'abord ; puis également pour beaucoup, à la différence de conception que les autres peuples ont, pour la plupart, de la presse.

Je ne parle pas des journaux d'Europe bien entendu ; tout le monde les connaît plus ou moins. On sait que les feuilles d'Espagne, de Belgique, de Suisse, d'Italie, moins compendieuses que celles d'Allemagne, très différentes des grands journaux anglais, sont à peu près les seules se rapprochant de notre façon de concevoir un journal ; avec, en moins, pour la plupart, la puissance d'organisation et le soin de la rédaction des nôtres.

Mais à côté de cette fraction de la presse étrangère, hors des grands centres intellectuels et économiques avec lesquels nous sommes en relations constantes et obligées, il existe, de part le monde, une formidable organisation journalistique, assez peu connue, par la tendance un peu bornée que nous avons à considérer comme négligeable tout ce qui ne nous touche pas directement.

Négligeable? Combien peu quand on considère que cette presse-là crée ou dirige l'opinion de tant de pays où nous possédons de si considérables intérêts, où chaque peuple est apprécié suivant la place qu'il occupe dans la presse locale.

Or, cette presse est formidable, et surprend. Elle est aussi d'une étonnante souplesse. Ainsi, à Colombo, point d'arrêt obligé de tous les vapeurs circulant entre l'Europe et l'Extrême-Orient ou l'Australie, se publie en fascicules embrassant les quinze derniers jours écoulés, un journal anglais, qui collationne tous les télégrammes des agences, sans plus. Il se vend très cher, mais chaque arrivant, longtemps sevré de nouvelles, l'achète, et l'achèterait encore s'il coûtait le triple. C'est là seulement une des formes ingénieuses de la presse exotique.

Dans toutes les colonies britanniques, à Singapore, à Hong-Kong, à Shang-Haï, on trouve plusieurs organes, bien imprimés, bien compris, dans la forme métropolitaine, copieux en câblogrammes, peu littéraires, mais où les informations d'Europe, les nôtres comme les autres, sont soigneusement sélectionnées de façon à mettre en valeur ce qui peut montrer combien Albion est grande, et le reste petit. Je n'ai malheureusement pu me procurer des exemplaires de l'époque de Fachoda. A ce moment, vous le devinez, « ça devait barder » comme disent nos bons chauffeurs, et nous en avons sans doute « pris pour notre grade ». Les événements passent, et l'impression reste. Cela est astucieux, mais de bonne guerre. En dehors de ces cas particuliers, ces journaux nous ignorent; ils parlent de nous le moins possible.

Par contre, les sports y tiennent une place à rendre jaloux nos organes spéciaux. Et ceci, encore, est bien britannique.

*
* *

La presse chinoise existe, lue seulement par une sélection intellectuelle, et encore! Tenez, ce fait : à Soo-Choow, un kam-lô, — du français camelot? hum! — est hélé par un Céleste cossu, bien mis de soie, fine face de paravent, surmontée de lunettes d'or. Le monsieur à natte prend un journal, le paie, le parcourt entièrement. Puis il rappelle le vendeur, lui restitue le journal et réclame sa monnaie, que l'autre lui rend sans murmurer. La vente s'effectue souvent plus « ferme », pensé-je bien pour la prospérité des feuilles de là-bas. Mais n'est-ce pas caractéristique, ce petit bout d'incident?

En Chine, la presse illustrée vaut seulement par sa naïveté et la façon imprévue dont nos frères jaunes traduisent par le dessin leurs appréciations sur nous, frères barbares.

Tout, en Chine, sauf quelques mentions anglaises, s'imprime en caractères chinois, bien entendu; cette difficulté de l'écriture n'est pas un des moindres obstacles à la diffusion de la presse, voire de l'imprimerie et de l'éducation populaire.

Quelques journaux étrangers, dont entre autres une revue française publiée à Tien-Tsin et tout à fait remarquable de texte et de présentation.

*
* *

Au Japon, la note est autre : presse abondante mais non pas populaire comme nous la concevons, journaux à nombreuses feuilles, caractères japonais, et, toujours, pour les grands organes, une importante partie en anglais. Autant et plus qu'en Chine, les journaux sont imprimés en une couleur spéciale à chaque organe : rouge, orange, noir, bleu. Simple fantaisie ou moyen de se distinguer? Revues, journaux satiriques, magazines nombreux, calqués sur ceux d'Europe; sous réserve du texte, que je n'ai pas cherché à traduire, et pour cause, tous paraissent pousser très loin la critique acerbe, à en juger par leurs illustrations. Journaux d'Europe presque introuvables, même dans les grands centres : jusqu'ici le Transsibérien ne les accepte pas, et les paquebots les apportent défraîchis, par paquets dont le plus jeune exemplaire a quarante-cinq jours.

Avec l'Ouest Canadien et le Nord-Amérique, c'est la grandre presse, industrielle et formidable, si souvent décrite. Pour quelques « cents » on vous livre des journaux de seize à vingt-huit pages, où il y a de tout; surtout des nouvelles et des choses pratiques. Beau papier, impression soignée. Montagne de magazines de toutes sortes, d'illustrés où les sports, la littérature, les sciences, les arts et les spécialités les plus imprévues ont leur place. Mais aussi quel public! Tout le monde, jusqu'au plus humble, achète et lit.

Et quelle publicité! La moitié des pages en est pleine; publicité s'appliquant à tout, depuis les sujets les plus spéciaux, jusqu'aux choses de la vie courante, au point d'en être un peu terre-à-terre parfois.

Ici la presse joue son vrai rôle. Elle informe sur chaque objet avec une rapidité, une plénitude de renseignements, inconnues ailleurs sauf en Angleterre. Mais

aussi, elle est le véhicule du mouvement social ; elle
assure la mise en rapports de tous les éléments divers
qui font une société. Rien n'existe sans elle. Elle est le
courtier de la vie courante. Elle constitue, par excellence l'instrument public, prospère intrinsèquement, et
profitable à tous.

La presse et la publicité sont un des terrains où
l'Américain du Nord, Canadien ou Yankee, possède vraiment une supériorité, à côté de toutes celles qu'il s'attribue tout seul.

Cela suffit à expliquer que la presse étrangère soit
absente du Nord-Amérique occidental. Nos livres s'y
trouvent cependant, sinon en Colombie britannique,
du moins dans l'Union, suivis par une certaine classe
lettrée et composée surtout de lectrices.

Là, seulement j'ai vu crier et vendre, le samedi après-
midi, moyennant quelques sous, une lourde poignée de
lectures populaires à l'intention du strict repos domi-
nical.

*
* *

Avec moins de vigueur exubérante peut-être, la presse
hispano-américaine est servilement calquée sur la
méthode nord-américaine. Jusque dans de petites villes,
les quotidiens sont à huit, douze et seize pages. Ils
atteignent vingt-quatre et vingt-huit pages dans les
grands centres. Même mise en pages avec manchettes
par colonnes ; même variété ; même afflux, abondant au
point d'ahurir un peu le lecteur non accoutumé, d'une
publicité luxuriante, envahissante, indiscrète presque,
comme la flore des tropiques.

Est-ce l'effet des rapports restés étroits du Brésil avec
le Portugal? La presse brésilienne, elle, se rapproche

davantage de la presse latine européenne, dont elle
semble avoir tenu à conserver la composition et l'aspect.

De l'ensemble de cette presse du nouveau monde, se
dégage une sensation d'effort, d'activité sociale, où le
souci littéraire perd à coup sûr un peu ses droits, mais
qui reflète bien, et, sans doute aussi, guide intimement
ces sociétés neuves, en fermentation, à la recherche
d'une forme définitive.

LES THÉÂTRES DANS LE MONDE

A travers tous les âges, dans toutes les civilisations, l'homme a éprouvé l'impérieux besoin de pallier l'âpreté des luttes, les rancœurs et les tristesses de la vie, par la recherche d'un idéal. Idéal religieux ou idéal artistique. De ce besoin est né le théâtre. Là, pendant quelques heures, l'esprit vit d'une vie altruiste, s'identifie à des personnages de drame ou de passion, en des données dont la conception initiale dérive d'une génératrice commune, simple comme l'ont été à travers les époques, sous des formes infiniment multiples, la mort et l'amour.

Le cri fameux des Romains de l'Empire reste vivant : « Panem et circenses ! » « Du pain et des jeux ! » Le pain qui fait vivre ; les plaisirs populaires, qui font oublier.

Et voilà pourquoi, sur la surface entière du monde, partout où existe une agglomération, de quelque degré civilisée, le théâtre tient, dans la vie publique, une si importante place, tout en s'adaptant au milieu, à la société, dont il émane, puisqu'il la reproduit dans ses sentiments les plus élevés, aussi bien que dans les plus bas.

Le théâtre se ressemble, à peu près, dans tous les grands pays d'Europe. Dans les Opéras des capitales, le répertoire est sensiblement le même ; à peine varient les vedettes dont la plupart ont été demander leur consécration à Vienne et à Berlin, comme à Saint-Pétersbourg, à Milan, à Londres ou à Paris.

Il n'est pas jusqu'aux théâtres de comédie dont le caractère national ne s'atténue singulièrement des emprunts, consentis ou déguisés — voire des simples plagiats — que se font entre elles les littératures anglaise, allemande, italienne, russe ou française. La nôtre, faut-il l'ajouter, joue généralement le rôle de dupe, dans ce genre d'opérations.

Des quelques grands centres intellectuels du globe, la production dramatique se répand de l'Égypte au nouveau monde ; elle apparaît uniforme jusqu'à la monotonie, dans tous les pays où les ressources financières permettent les riches cachets et le succès, mais où les éléments locaux manquent d'une production littéraire ou musicale.

Ce vaste mouvement n'offre donc guère, à nous autres Français, que l'intérêt de constater notre supériorité, demeurée intacte, dans cette branche comme dans les lettres.

Les Chinois ont, pour le spectacle, un goût fort vif, et probablement aussi antique que leur vénérable civilisation. Il n'est pas de ville importante qui ne possède son théâtre, vaste hall orné de bannières et dont la scène est surélevée.

Les pièces qu'on y joue sont le plus souvent trilogiques. Pas de fauteuils. Des carrés, divisés comme un damier, où chacun s'accroupit à son aise en grignotant mille choses imprécises dont les marchands sillonnent sans cesse la salle, tandis que des hommes font passer de rang en rang des serviettes humides, chaudes et noires de crasse... pour s'essuyer la bouche!

A mi-hauteur du hall règne une galerie, unique, pour les spectateurs de condition supérieure. Toujours pas de sièges, naturellement. Il y a autre chose aussi qui « règne » : c'est un fumet très accentué. Mais bast! en voyage!...

Quant à la pièce elle-même, sans doute fort compliquée, car chacun la suit sur un programme en papier de soie remis à la porte, elle varie peu, sans doute, depuis des siècles; et quelques légendes, indéfiniment répétées, en constituent le fond. Le décor ne change pas davantage. Mais, au fur et à mesure des péripéties, les lieux sont indiqués par des accessoires apportés sur la scène. Oh! peu compliqués : une guirlande de lanternes allumées signifie une maison en fête; deux ou trois grandes plantes en pots, une forêt; un paravent, une demeure, et ainsi de suite. Au fond de la scène domine une avant-scène grillagée où, sans discontinuer, joue, dissimulé, l'orchestre, simple également : un tambourin, un gong et une flûte nasillarde. Le rôle de ces instruments consiste surtout à souligner tour à tour l'intensité ou la douceur de l'action, par plus ou moins de bruit. Et, dans les moments pathétiques, la flûte pousse des grincements bien propres à arracher les larmes.

Les acteurs font peu de gestes. Leur physionomie reste impassible, de même que le public est attentif et silencieux. Chaque personnage débite à tour de rôle un long monologue, à la suite duquel il sort généralement, accompagné par les roulements furieux du gong.

Par exemple, particularité curieuse, pas de femmes. Les rôles de celles-ci sont tenus par des hommes spécialisés. Et rien n'est plus suggestif que la façon dont ces

artistes arrivent à donner l'illusion d'un sexe différent :
leur voix de tête, leur coiffure, jusqu'à leurs pieds qu'on
croirait déformés en moignons, tout contribue à provoquer « l'erreur sur la personne » à un point tel que
quiconque ne serait pas prévenu, jurerait voir et entendre des jeunes filles. Et cela forme, avec l'incroyable
somptuosité des costumes, un attrait suffisant pour que
le Blanc, ignorant de la langue, incapable de suivre le
fil, emporte du théâtre chinois un souvenir amusé.

*
* *

Au Japon, le théâtre est aussi dissemblable de ce
qu'il est en Chine que le reste. Mêmes halls, il est vrai,
avec les compartiments en damiers, où chaque spectateur, assis sur les talons, mange de menues choses;
même galerie unique. Un orchestre là, encore, dissimulé
dans une loggia sur la scène, suit l'action, mais avec
discrétion. La mise en scène n'est pas moins conven-
tionnelle. Par contre, quelle différence dans le jeu ! quelle
animation, quelle intensité d'expressions, grâce à de
savantes contractions des muscles faciaux, et qui arrivent
à reproduire, dans l'effroi, la joie ou la douleur, les
lignes tourmentées des masques laqués, réputation de
l'art nippon ! Ceux qui ont vu jouer Sada Yacco savent
jusqu'où peut aller l'effet dramatique obtenu par l'acteur
japonais. A propos de la grande artiste nipponne, il convient de rappeler qu'elle est une exception, et, je crois
bien, avec une actrice de Tokio, la seule femme japonaise qui ait paru sur les planches. Les rôles féminins
sont remplis par des hommes qui ne le cèdent en rien à
leurs voisins d'outre-mer Jaune dans l'art avec lequel ils
donnent l'illusion de l'autre sexe : du beau.

De la scène, court une longue et étroite estrade qui,

traversant la salle sur un des côtés, aboutit à une issue située au fond du hall. Par là, après chaque phase de l'action, sortent les personnages. Et ce n'est pas une des moindres curiosités du théâtre japonais, que ces sorties mouvementées du rival ravissant dans ses bras l'héroïne évanouie, du père cherchant son enfant, du meurtrier s'enfuyant après son crime. Là, le public « marche », je vous assure! Les vociférations, les acclamations, les huées que poussent suivant le cas les petits Japs en délire, donnent au spectacle une animation singulière.

Les Japonais ont voulu se payer aussi le luxe d'avoir, sinon comme salles, du moins comme mise en scènes fort modeste, au demeurant, et comme sujets de pièces, des théâtres à l'européenne. Il en existe quelques-uns, à Tokio notamment. Si la médiocrité scénique les rend un peu lamentables à nos yeux de Parisiens blasés, par contre, rien n'est plus comique qu'un rôle de traître rempli par un artiste nippon, grimé en Anglais, le chef orné d'une copieuse tignasse filasse, les joues garnies de favoris, et s'efforçant visiblement d'imiter les allures et l'accent anglo-saxons. C'est une des charges les plus réjouissantes que j'aie vues.

En Nord-Amérique triomphe le cinéma, avec musique mécanique. Nos films doivent avoir là un de leurs meilleurs débouchés. Le music-hall prospère également. Aucune recherche d'art. Mais quelques artistes trouvent, dans la caricature exagérée du Yankee, une note d'une fantaisie outrecuidante du plus haut comique. Détail à noter : les succès, en ce pays, se manifestent par des sifflets stridents en guise d'applaudissements.

*
* *

Peu de chose au Chili, où le théâtre est demeuré très près de ses débuts.

En revanche, à Buenos-Ayres, la plus grande recherche de tout ce qui a un retentissement en Europe. Une préférence marquée pour l'opéra italien ; mais les troupes françaises sont en grande faveur également et nos artistes trouvent là un public fort instruit des choses théâtrales, très documenté, et en même temps, légitimement jaloux du respect qu'on doit à sa valeur. Avec cela, de belles salles, bien comprises, neuves pour la plupart, et dont certaines pourraient servir de modèle à plus d'un, parmi nos vieux étouffoirs lyriques et dramatiques.

Par contre, quelques fâcheux beuglants français, sur lesquels je n'insiste pas davantage.

Rio de Janeiro, dans sa somptueuse transformation, n'a pas, bien entendu, négligé les théâtres. Un splendide Opéra, notamment, vient de s'y achever. La société brésilienne doit offrir, elle aussi, à nos compositeurs, à nos auteurs et à leurs interprètes, en un cadre somptueux, un public auprès duquel leurs œuvres et leurs personnes trouveront un accueil averti et plein de faveur.

*
* *

Voici, embrassé d'un rapide coup d'œil, ce qu'est, à l'heure actuelle, le théâtre dans le monde.

Nous ne sommes pas seuls, comme vous le voyez, à lui accorder une large place dans notre vie publique.

Les habitants des deux continents partagent les joies profondes, inoubliables, dont chacun de nous est redevable à l'art dramatique.

LE MEILLEUR PAYS, QUAND MÊME...

Il me reste à parler d'un pays où le climat est doux et ne connaît ni les rigueurs du Canada, ni les fournaises des Tropiques, ni les brumes du Nord. Dans ce pays-là, la fortune et l'aisance, bien réparties, ignorent les accaparements des États-Unis et les effroyables misères populaires de la Chine ; l'argent possède une valeur invariable, et la monnaie bien sonnante répudie l'emploi des sales coupures contaminantes ; la vie, à confort égal, est moins coûteuse que partout ailleurs ; les femmes sont élégantes et jolies ; l'art, en honneur ; la société, spirituelle et lettrée ; le climat, salubre, est réfractaire à la fièvre jaune, à la peste des pays chauds, au choléra de l'Inde, à la dysenterie de l'Extrême-Orient ; les idées, plus douces, s'enthousiasment pour la charité, la solidarité, quand, ailleurs, elles admettent encore le supplice légal des « mille couteaux, » ou le fait de « desplantar », de « repasar », mots très expressifs qui signifient : couper la plante des pieds pour immobiliser un captif sans le tuer, ou bien « repasser » sur le champ de bataille pour achever les blessés.

Mais aussi, là sévissent, hélas ! les divisions entre chapelles, l'indifférence nuisible pour les choses du dehors, la routine, le maintien obtus d'organismes usés, la méconnaissance de ses propres forces, de ses éléments de prospérité extérieure, la badauderie jobarde indulgente aux théories destructives de la Nation; les gens, trop favorisés en tout, s'y créent comme à plaisir des sujets de discorde, et, enfants gâtés, gâchent follement leurs dons naturels.

Malgré tout, il y fait meilleur vivre, tout de même. En dépit de ses défauts, on l'aime davantage encore quand on a vu les autres.

Ce pays vous l'avez reconnu : c'est la France...

FIN

TABLE DES MATIÈRES

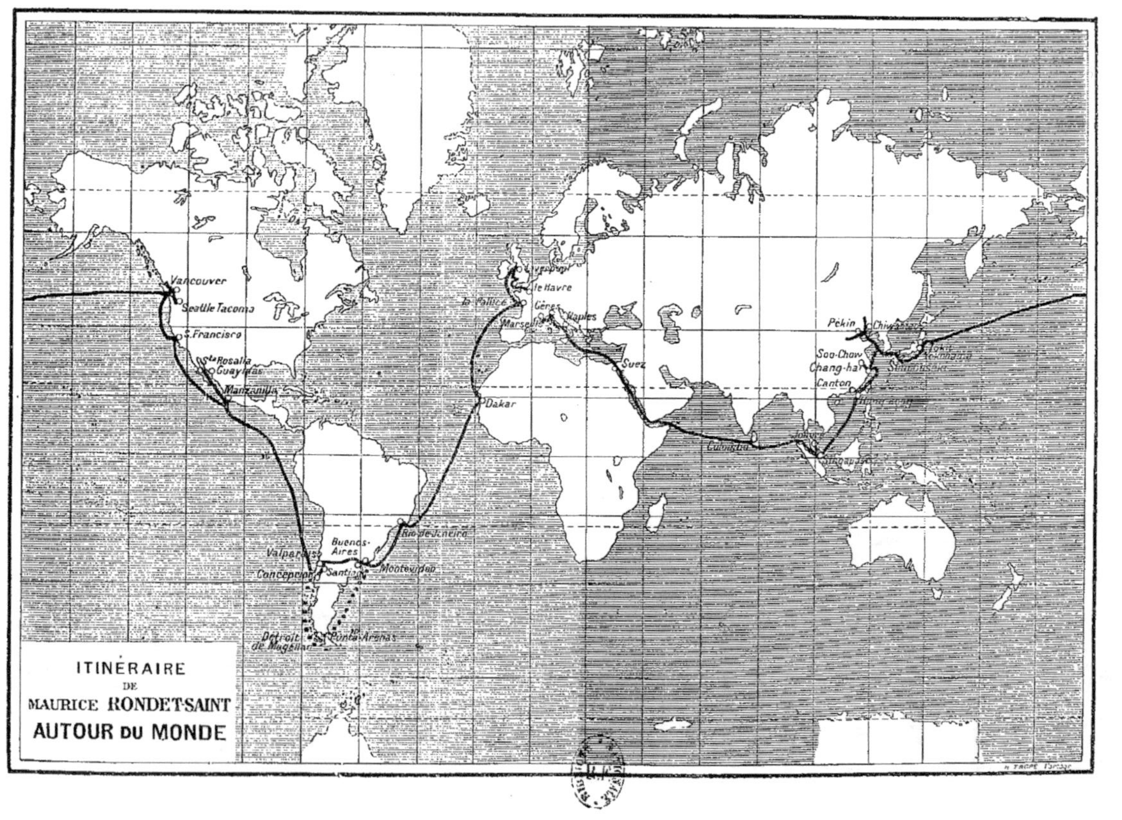

ITINÉRAIRE
DE
MAURICE RONDET-SAINT
AUTOUR DU MONDE
Vancouver
Seattle Tacoma
S. Francisco
Ste Rosalia
Guaymas
Manzanillo
Valparaiso
Concepcion
Santiago
Buenos-Aires
Montevideo
Rio de Janeiro
Detroit de Magellan
Punta-Arenas
la Pallice
le Havre
Gênes
Naples
Marseille
Suez
Dakar
Pékin
Chin-ouan
Soo-Chow
Chang-hai
Canton
Colombo
Singapour

PARIS

TYPOGRAPHIE PLON-NOURRIT ET Cⁱᵉ

RUE GARANCIÈRE, 8